우리 문헌 속 고조선을 읽다

우리 문헌 속
고조선을 읽다

박선미 편

동북아역사재단
NORTHEAST ASIAN HISTORY FOUNDATION

책머리에

고조선 역사에 다가가는 다채로운 방법

이 책은 동북아역사재단이 2018년부터 2023년까지 고조선·부여 관련 국내 사료를 모아 번역한 『한국고대사 자료집: 고조선·부여편』에 실린 자료를 중심으로 고조선 관련 주요 쟁점을 풀어 소개한 것이다. 위 자료집은 모두 6권으로, I권은 17세기 이전 사료, II권은 18세기 사료, III권은 19세기 이후 사료, IV권은 문집(상·하), V권은 관찬사서, VI권은 지리지·교과서류로 구성되어 있다. 학계 전공자의 번역문을 사료의 저술과 편찬 순으로 제시하여, 주제별로 시기적 변화 양상을 살펴보기에 좋다.

『우리 문헌 속 고조선을 읽다』라는 제목에서 알 수 있듯이, 이 책은 고려와 조선 시대 우리 조상들이 문헌에 묘사한 고조선의 여러 모습을 담았다. 고조선의 건국을 기준으로 하는 단기 2333년의 의미, '조선'이라는 나라 이름의 유래, 단군신화의 여러 형태와 시간에 따른 변화 양상, 기자조선설이 만들어진 경위, 위만조선을 둘러싼 논쟁, 조선시대 문인들의 고조선 강역에 대한 논의 등 기초적이지만 여전히 풀리지 않은 쟁점이 옛 문헌에 어떻게 서술되어 있는지 살펴보았다.

또한 조선을 경영한 관료들의 고조선 활용 양상이라든가, 단군·기자의 사적을 세우는 이들과 그곳을 찾는 이들 등 그동안 다루지 않은 장면도 소개했다. 조선의 명·청 외교 관련 기록에서 기자를 '외교적 수사'로 활용한 점에 주목하여 '기자는 사대의 상징'이라는 기존의 관점을 깨는 글도 있다.

이렇게 이 책은 그동안 활용하지 못하고 지나친 소소한 기록을 하나하나 찾아내어 고조선의 이모저모를 살펴보고자 했다. 이 책이 다루고 있는 여러 기록과 해석이 고조선에 관한 오해를 해소하고 진실에 좀 더 다가갈 수 있게 해주리라 믿는다.

잘 알다시피 고조선은 자신들의 역사를 문자로 남겨놓지 않았다. 이 책에는 중국 측 문헌을 다루지 않았으나 기원전 7세기 일을 기록한 『관자』 「경중갑」이나 「규탁」에 제 왕실과 교류하고 교역하였다고 기록되어 있다. 교역이라는 상업활동에는 문자가 중요한 역할을 하니 고조선 사람들도 문자에 관한 정보를 갖고 있었을 것이다. 『사기』 「조선열전」에도 위만조선시기에 "진번 옆의 여러 나라가 상서上書를 올려 천자를 알현하고자 하였으나 막아 통하지 못하게 하였다"라고 되어 있는 것을 보면, 고조선과 그 이웃 나라들은 글을 쓰고 읽을 수 있었을 것이다. 문자로 된 기록문서를 작성해서 사용했을 가능성도 있다. 그러나 안타깝게도 고조선 사람들이 작성했다고 전하는 문헌은 없다. 고조선에 관한 기록이 여러 사료에 나오지만 고조선의 역사를 온전히 복원해 내기가 쉽지 않은 이유다.

우리 옛 문헌도 마찬가지다. 본문을 읽어가면서 우리 조상들이 인식한 고조선과 현재 우리가 알고 있는 고조선은 많이 달랐음을 알게 된다. 아니, 고려와 조선 당대 지식인들 사이에서도 고조선은 여러 모습으로 묘사되거나 표현되고 있다.

이 책에서 필자들이 활용하고 있는 사료는 모두 후대의 기록이다. 게다가 문헌을 기록한 저자의 주관과 저자가 생존했던 시대적 배경이 저술에 영향을 미쳤고, 사료가 만들어진 이후에도 글을 옮겨 적고 주석을 모으는 과정에서 자구의 위치 변동이나 문장 수정 등이 이루어졌다. 주석에 대한 주석이 덧붙여져 사료마다 서로 다른 내용도 적지 않다. 예를 들면 단군신화의 경우 환웅이 인간세상으로 내려와 여인으로 변한 웅녀와 결혼해 단군을 낳았다는 『삼국유사』의 내용은 후대의 문헌에는 단군이 직접 하늘에서 내려온 것으로 바뀌어 기록된다.

따라서 이들 문헌이 고조선의 역사를 객관적으로 기록해 놓았다고 오해하는 일은 없어야 한다. 다만 우리 전통시대 지식인들이 고조선을 어떻게 인식하고 있었는가를 살펴봄으로써 고조선의 역사에 다채롭게 다가가는 방법론을 제시해줄 수는 있을 것이다. 이 책이 고조선을 둘러싼 여러 쟁점을 이해하려는 독자에게 좀 더 다면적이고 개방된 접근법을 제공하기를 기대한다.

이 책은 학계의 전문가들이 사료를 직접 번역하면서 고조선 연구 성과를 종합하여 어려운 주제를 쉽게 푼 것이다. 그럼에도 불구하고 여전히 전문용어와 한자가 많다. 이 점은 대중역사학의 관점에서 학계가 극복할 과제로 남는다.

출판이 되기까지 고조선과 조선시대 전공자들이 많이 애써줬다. 고조선 전공자는 고조선의 역사를 풍부하게 해석하는 데 도움을 주었고, 조선시대 전공자는 고조선 관련 사료가 작성된 시대적 배경과 저자의 학문적 배경을 더해주어 기록의 맥락을 찾아주었다. 여러 분야 전공자가 사료를 번역하고 당대 고조선에 관한 기록에서 보이는 특징을 검토하고 시대적 배경을 함께 살펴보면서 그 의미를 찾아내고자 노력했다.

자료집의 사료를 번역하는 수고로운 일을 해주었는데, 이 책에 귀한 글을 실어준 필자들에게 마음 깊이 감사드린다. 또한 여러 차례의 수정 요청에도 마다하지 않고 꼼꼼하게 읽고 교정을 도와준 출판 관계자들에게도 고마운 마음을 전한다.

2024년 10월
필자들을 대신하여 박선미 씀

차례

책머리에   4

1장   고조선 이해의 기초
'조선'이라는 나라 이름의 유래   15
기원전 2333년의 산출 근거   19
고조선의 '고'에 담긴 뜻   25
조선에 '고'를 붙인 일연   31
21세기에 바라본 고조선   34

2장   단군 기록의 이모저모
고려, 단군을 기록하다   39
조선시대에 추가된 단군 이야기   48
탄생설에서 하강설로의 변화   53
환웅 하강과 단군 하강이 결합하다   58
조선 후기 도가 기록 속의 단군   62

3장 기자조선 인식의 변천

기자는 정말 조선에 왔을까	67
중국 고대 역사책의 수상한 기록	70
'기'자가 새겨진 청동기	73
김부식의 기자 인식	78
고려 전기 외교에 활용된 기자	81
기자조선을 부정한 일연과 긍정한 이승휴	86
한·중·일의 서로 다른 기자 인식	90

4장 위만조선을 둘러싼 논쟁

위만의 국적	97
위만조선을 비난하거나 비호하거나	103
삼한이 위만조선 이후에 등장했다고?	109
마한 정통론의 등장	117

5장 선조들의 고조선 강역 찾기

설왕설래하는 위만조선의 강역 논쟁	127
한 군현을 통한 강역 찾기	131
고조선과 연의 경계, 만번한	137
고조선과 한의 경계, 패수	141

6장　고조선과 삼국을 잇다

부여를 세운 해부루가 단군의 아들로 기록된 까닭　151
위만조선·마한·부여로 고조선과 삼국을 연결하다　158
단군에서 부여로, 부여에서 고구려·백제로　160

7장　고조선을 추앙하는 조선 관료들

이성계가 국호를 조선이라 한 까닭　167
기자조선설을 받아들인 세종　172
단군·기자 제사의 정례화와 위호 논의　176
단군묘·기자묘 조성과 승격　180
기자화상이 만들어진 경위와 기자 유물　187
기자서원을 건립하고 화상을 봉안하다　193
단군을 국조로 받든 고종과 서원을 철폐해야 한다는 사람들　199

8장　외교에 호출된 기자

한·중 관계의 상징, 기자의 등장　209
고구려·수 전쟁의 명분, 기자조선　212
제후국의 모범으로 호출되다　215
기자, 비로소 고려의 '시민권'을 획득하다　218
기자, 명실상부한 외교의 상징이 되다　225
축소된 기자의 역할　228

9장	한·중 사신의 단군과 기자 활용기	
	명 태조 홍무제도 단군을 알고 있었다	235
	권근, 홍무제 앞에서 기자를 노래하다	240
	엄연히 조선의 시조는 단군	242
	내면화된 기자 중시	247
	청에 불쾌한 첫인상을 남긴 기자	250
	세상이 바뀌었으니 기자의 임무도 바뀌어야지	254
	청 사신도 기자묘를 방문하다	259

10장	단군과 기자 사적을 찾다	
	고려 말 기자 사적을 발굴하다	269
	평양 단군릉은 정말 단군의 무덤일까	272
	단군과 기자 사적을 정비하다	277
	단군을 찾아 구월산을 답사하다	282
	강화도 참성단의 단군사적	287
	묘향산에서 단군 유적을 찾다	293
	평양, 기자의 유적지로 조명받다	297
	기자의 실체를 찾고자 한 실학자들	302
	기자묘에 참배하는 명 사신들	310

미주	312
참고문헌	340

1장

고조선 이해의 기초

'조선'이라는 나라 이름의 유래

고조선의 본래 이름인 '조선'의 유래에 대한 가장 이른 시기의 주장은 '조선'이 강 이름에서 나왔다는 것이다. 중국 남조 송의 배인이 쓴 『사기집해』를 보자.

> 장안이 말했다. 조선에 습수·열수·산수가 있다. 삼수가 합해져 열수가 된다. 낙랑과 조선은 여기에서 이름을 따왔을 것이다.[1]

이 글에 등장하는 장안은 위나라 사람이다. 장안은 습수·열수·산수에서 조선이라는 이름을 따왔다고 했는데, 습·열·산과 조선을 언뜻 연결시키기가 쉽지 않다. 이에 관해 당의 사마정은 『사기색은』에서 조선의 '선鮮'은 '산수汕水'에서 유래한다고 하지만, '조朝'에 관해서는 설명하지 않는다.[2]

조선은 기원전 108년 한에게 멸망하므로, 3세기 위나라 때에는 그 땅에 낙랑군이 설치되어 존속하고 있었다. 장안이 이야기하는 조선은 낙랑군이 있던 조선이므로, 삼수는 단군이 나라를 세운 만주 땅이 아니라 낙랑군이 설치된 곳에 있었을 것이다. 『산해경』에 주석을 남긴 곽박도 "조선은 지금의 낙랑현이다"라고 하였다.[3]

한편, '조선'이라는 이름이 숙신肅愼, 식신息愼, 직신稷愼에서 나왔다고 주장하기도 한다. 북한 학자 리지린은 습수·열수·산수에서 숙신·식신·직신이라는 이름이 나왔고, 여기에서 조선이 나왔다고 보았다. 조선의 '선'을 '산수'로 본 것은 『사기색은』과 같다. '조朝'는 습수의 '습濕'과 통한다고 보았다. '습'의 음은 '숙肅' 또는 '식息'과 통한다. 직신은 숙신 혹은 식신의 와전음으로 보았다. 숙신·식신·직신 가운데 어느 것이 조선과 가장 가까운지는 알 수 없다고 하였다.[4]

조선의 의미를 『삼국유사』에 나오는 아사달阿斯達과 연결시킨 주장도 있다. 이병도는 조선이란 나라 이름이 도읍이었던 아사달에서 유래했다고 보았다. 아사의 뜻은 '아침'으로, 일본어 '아사(あさ, 朝)'와 연결시켰다. 달은 원래 산악山岳의 뜻이지만, 양달·응달과 같이 '땅'을 뜻한다고 하였다. 따라서 조선이란 명칭은 '아침 땅'이란 아사달에서 출발하여 나중에 한자어인 조선으로 변했다고 하였다.[5] 이처럼 서울 이름이 나라 이름으로 변한 사례로는 중국의 상商이 있는데, '상'이라는 나라 이름은 처음 상읍商邑에서 출발하였다.[6]

이 밖에도 '동쪽의 해 뜨는 땅'을 의미한다는 해석도 있다. 조선 성종 때 편찬된 『신증동국여지승람』을 보자.

동쪽의 해 뜨는 곳에 거하여 조선이라 하였다.[7]

이 기록에서는 동쪽의 해 뜨는 곳에 위치해서 조선이란 이름이 생겨났다고 했다. 이 해석은 조선朝鮮이란 한자어를 풀이한 것으로 보인다. 안정복은 조선이라는 이름과 관련하여 『순암집』에서 "아침 해가 선명하다는 뜻으로 조선이라 했다"⁸라는 항간에 떠도는 말을 전하고 있는데, 이 또한 동쪽과 해를 연상시킨 것이다. 이것은 조선이란 이름이 어디에서 유래했다기보다 조선을 한자식으로 풀이한 것에 불과하다. 안정복도 이 견해를 따르지 않고 『동사강목』에 조선을 선비와 연결시키고 있다.

> 기자 때 요 땅의 절반이 그의 봉토였고, 선비산 동쪽에 있어서 조선이라 칭하였다.⁹

안정복은 선비의 동쪽 땅에서 조선이 나왔다고 보았다. 이 내용을 검증하려면, 먼저 기자 땅과 선비 땅의 위치를 알아야 한다. 선비의 동쪽이라고 했을 때 조선의 '선'을 선비의 '선'과 연결시켰고, '조'는 아침이므로 동쪽과 연결시킨 것으로 보인다. 조선은 단군조선부터 있었는데, 안정복은 기자조선이 위치한 땅을 중심으로 조선의 유래를 정했다. 단군조선과 기자조선의 영토가 같은 것을 전제로 하고 있다.

근대역사학의 시작을 열었다고 평가하는 신채호는 어떻게 이해했을까? 그는 『만주원류고』에 나오는 구절에 주목했다.

> 국초[청 초]에 옛날에는 소속을 주신이라고 칭했으니, 숙신에서 온

말이다.[10]

신채호는 만주어 주신과 숙신, 조선의 음이 서로 비슷하다고 보았다. 숙신이 곧 주신이고, 주신이 곧 조선이라고 하였다. 활을 잘 쏜다는 뜻의 주몽도 만주어에서 왔다고 하였다.[11] 정인보도 이 견해를 따랐다.[12] 양주동은 조선을 이두로 읽으면, 조는 '밝', 선은 '새'라고 하여 '밝새'라고 풀었다. 이는 '밝다', '날이 새다'라는 의미로 동쪽 나라를 말한다.[13]

『태조실록』에는 이성계의 건국과 관련하여 잘 알려지지 않은 이야기가 나온다. 1392년 이성계가 나라를 세우고 아직 나라 이름을 정하지 않았을 때 '조명早明'이란 말이 떠돌아다녔는데, 국호를 조선이라고 한 뒤에 조명이 조선을 이른 것인 줄 알았다고 한다.[14] 조선의 조朝를 파자破字하여 서로 연결하면 조명早明이 나온다. 조명은 '아침이 밝다'라는 뜻인데, 조선이란 한자에서 유추해서 만든 참언이다. 여기서 눈길을 끈 것은 조朝에서 나온 명明자다. 조선이란 나라 이름에서 '명明'자를 이끌어내 조선과 명이 서로 긴밀히 연결되어 있음을 강조한 점이 흥미롭다.

기원전 2333년의 산출 근거

단군왕검이 기원전 2333년에 고조선을 창건했다고 상식처럼 알고 있지만 자세한 내막은 잘 모르는 것 같다.

기원전 2333년이라는 연도는 조선 초에 편찬된『동국통감』을 따른 것이다.『동국통감』은 중국 고대 전설상의 성군 요임금이 왕위에 있던 무진년에 단군이 나라를 세우고 국호를 조선으로 삼았다고 전한다.

『동국통감』은 우리 역사를 단군조선에서 고려까지 다룬 편년체 사서로, 서거정 등이 왕명을 받아 조선 성종 때 편찬하였다. 여기에는 '신등안臣等案'이라 하여 편찬자의 의견이 덧붙여져 있다. 요임금 무진년에 대한 내용은 신등안에 언급되어 있다.『동국통감』편찬자들은 요임금이 즉위한 해는 갑진년(기원전 2357)이며 무진년은 요임금 25년이라 하면서, 단군이 요임금과 같은 해 즉위했다는 것은 잘못된 주장이라 기록하였다.

한편, 고려 충렬왕 때 편찬한『삼국유사』에 인용된『고기古記』에는 고임금 50년 경인년에 단군왕검이 나라를 세웠다고 하였다. 고임금은 요임금을 의미한다. 고려 3대 왕 정종의 이름과 같아서 바꿔 기록한 것이다. 일연은 요임금 즉위 원년은 무진년이고 요임금

1장 고조선 이해의 기초   19

50년은 정사년이라며 『고기』의 기록에 문제를 제기하였다. 『삼국유사』에 인용된 또 다른 책 『위서魏書』에서는 단군이 요임금과 같은 시기에 나라를 세웠다고 하였다.[15]

『삼국유사』와 비슷한 시기에 이승휴가 편찬한 『제왕운기』에서는 단군이 요임금과 함께 무진년에 나라를 세웠다고 하였다. 단군은 요임금 25년 또는 50년에 나라를 세운 것이 아니라 요임금과 같은 해에 나라를 세웠다는 의미다. 고려 말 대표적인 성리학자인 이색도 단군 원년은 요임금 원년 무진년이라 하였다.[16] 무진년은 요임금 25년이 아닌 즉위년이므로, 이색은 단군이 요임금과 같은 해에 즉위하였다는 이승휴의 주장을 따른 것이다.

『삼국유사』에 인용된 『고기』와 『위서』, 『제왕운기』, 『동국통감』 등에서 단군의 즉위년을 요임금 50년, 즉위년, 25년으로 다르게 기록하고 있는 것은 무엇 때문일까? 이는 요임금이 전설상의 왕이기 때문에 언제 왕이 되었는지 명확히 알 수 없었던 점과 관련이 있다.

중국에서 요임금 원년에 대한 인식은 당에서 송으로 넘어가면서 달라진다. 당 왕조 때인 728년에 대연력이라는 역법이 제작되었다. 대연력은 729년부터 33년 동안 사용되었다. 여기서 하 우왕의 원년을 경술년으로 비정하였다. 사마천이 쓴 『사기』에 의거하면 요와 순 임금 재위기간이 140년이 되어 요임금이 즉위한 해는 경인년이 된다. 즉 대연력은 요임금 즉위년을 경인년으로 본 것이다. 『삼국유사』에 인용된 『고기』에 언급된 경인년은 본래 요임금 50년이 아닌 즉위년에 대한 간기일 수 있다.[17]

대연력이 33년밖에 사용되지 않았지만 조선 후기 기록에는 신라에도 전해져 사용되었다는 내용이 있다. 대연력은 일본에서도 763년부터 100여 년간 사용되었다고 하니, 신라에서도 충분히 여러 해에 걸쳐 사용되었을 가능성이 있다. 그런데 대연력은 주 무왕의 즉위년을 기묘년으로 기록했다. 기묘년은 상(은)의 신하인 기자가 조선으로 왔다고 알려진 해이다. 『삼국유사』의 『고기』에서는 주 무왕이 기묘년에 기자를 조선에 봉하니 단군이 장당경으로 거처를 옮겼다고 나온다. 경인년, 기묘년 등은 대연력에 의거하여 계산된 셈이다. 이런 점에서 단군신화의 앞선 전승에서는 요임금 원년 경인년에 단군이 나라를 세웠다고 했을 가능성이 있다. 이후 다른 역법이 사용되면서 경인년이 요임금 원년이 아닌 50년으로 바뀌게 되었고, 이것이 『고기』에 반영된 것이다.

『제왕운기』처럼 요임금 원년을 무진년으로 본 책은 남송 때 유서劉恕가 편찬한 『통감외기通鑑外紀』이다. 『동국통감』처럼 갑진년을 기준으로 삼은 책은 서진 초 황보밀皇甫謐이 쓴 『제왕세기帝王世紀』, 북송 때 소옹邵雍이 쓴 『황극경세서皇極經世書』 등이다. 이승휴와 이색 등은 『통감외기』에 따라 무진년을 요임금 원년이라 한 것이고, 『동국통감』 편찬자들은 『황극경세서』 등에 따라 무진년을 요임금 25년으로 계산한 셈이다.

결국 요임금 즉위년에 대한 인식이 여러 차례 변화하면서 단군 즉위년에 대해서도 다양한 해석이 생겼다고 볼 수 있다. 『동국통감』에서 무진년에 대해 요임금 즉위년이 아닌 25년이라고 비판한 것은 이러한 배경을 모른 채 당시 알려진 요임금 즉위년 인식에 근거했다는 점에서 한계가 있다. 단군 건국 연도에 대한 빠른 기록에서는 『삼국유사』에 인용된 『위서』처럼 단군이 요임금과 같은 해에 즉위했다고 서술되었을 것이다. 그렇다면 단군신화를 가장 먼저 기록한 『고기』가 계산한 단군 건국 연도는 언제일까?

『고기』에서는 단군왕검이 즉위하여 1,500년 동안 나라를 다스렸으며 아사달에 들어가 신선이 되어 1,908세가 되었다고 하였다. 1,900이나 2,000이 아니고 1,908이라는 구체적인 수치를 제시한 점이 주목된다.

단군이 나라를 다스린 연수에 대해 『동국통감』은 1,048년이라 하였으며, 『제왕운기』에서는 1,028년, 『제왕운기』에 인용된 『단군본기』에서는 1,038년이라 하였다. 『제왕운기』에서는 단군의 치세 이후 164년 뒤에 기자가 조선으로 왔으며 기자의 후조선이 928년 동안 지속되었다고 하였다. 이후 위만조선이 88년 지속되었고 다시 72년 뒤에 신라가 건립되었으며 992년 동안 이어졌다고 하였다. 종합하여 단군에서 신라 멸망까지 모두 3,288년이라고 하였다. 후조선부터 신라 멸망까지의 기간을 고려하면 단군의 치세는 1,048년이 옳다. 20년의 오류는 위만조선 멸망에서 신라 건국 사이에서 범하였는데, 『제왕운기』에서 위만조선은 기원전 108년에 멸망하고 신라는 기원전 57년에 건국된 것으로 서술하고 있으므로 두 사건 사이에는 72년이 아니라 52년의 기간이 있다. 여하튼 신라가 멸망한 935년은 단군이 나라를 세운 지 3,288년째 되는 해라 하였으므

문헌별 고조선 건국 연도

로, 단군이 건국한 해는 기원전 2353년이 된다. 중간에 20년을 잘못 더하였으므로 이를 빼면 기원전 2333년이 된다. 『동국통감』 역시 갑진년 기원전 2357년을 요임금 원년으로 보고 단군이 요임금 25년 무진년에 나라를 세웠다고 봤으니, 기원전 2333년이 나온다.

『제왕운기』에 인용된 『단군본기』에서 단군의 치세를 1,038년이라 한 것은 남송대인 1170년에 편찬된 나필羅泌의 『노사路史』에 근거한 것이다.[18] 이 책에서는 요임금 원년을 무인년으로 보았다. 무진년보다 10년이 늦으므로 단군의 치세도 1,048년에서 10년을 줄인 것이다. 이에 따르면 단군의 건국 시기는 기원전 2323년이 된다. 여하튼 『단군본기』의 입장은 단군이 요임금과 같은 해에 나라를 세웠다는 것이다.

1장 고조선 이해의 기초 23

그렇다면 처음 『고기』에서 생각한 단군의 건국 연도는 언제일까? 『고기』에서 사용한 대연력은 『제왕운기』가 근거한 『통감외기』보다 하 우임금의 원년을 120년 높여 본다. 즉 기원전 2453년이 무진년이고 요임금이 즉위한 경인년은 기원전 2491년이다. 『고기』의 저자가 처음에 생각한 단군 건국 연도는 우리가 지금 알고 있는 기원전 2333년이 아니라 기원전 2491년이었다.

『고기』에 따르면 단군이 나라를 다스린 햇수는 1,500년, 산신으로 지낸 햇수는 1,908년으로, 합하면 3,408년이다. 기원전 2491년에서 3,408년이 지난 때는 918년으로, 바로 태조 왕건이 고려를 세운 해다. 이를 근거로 『고기』의 단군 관련 내용이 고려의 건국 시점에 맞추어 작성되었다고 주장하는 학자도 있다.

고조선의 '고'에 담긴 뜻

처음 단군이 세운 나라 이름은 조선이었는데, 왜 앞에 '고古'를 붙였을까. 흔히 이성계가 세운 조선과 구분하기 위해 예전에 있었던 조선이란 의미로 고를 붙였다고 알고 있다. 이 답은 반은 맞고 반은 그렇지 않다.

이성계가 '조선'이란 나라 이름을 정한 때는 1393년[19]이다. 그런데 '고조선'이란 나라 이름이 처음 보이는 기록은 고려시대 일연이 편찬한 『삼국유사』다. '고조선'이란 나라 이름은 이성계의 조선이 등장하기 한참 전부터 있었던 것이다. 고려시대 사람들에겐 단군조선 이외에도 기자조선, 위만조선 등이 있었다. 즉, 몇 개의 조선이 있었으므로, 고려시대에 고조선이란 나라 이름은 기자조선, 위만조선보다 먼저 세워진 단군조선을 부르는 것이었다. 물론 지금은 이성계의 조선과 구분하여 편의상 단군부터 위만에 이르는 조선을 고조선으로 부르고 있다.

그럼 왜 『삼국유사』는 단군조선을 전조선이라 하지 않고 고조선이라고 했을까. 『삼국유사』는 단군의 조선을 '고조선' 항목명을 붙여 서술하고 기자를 여기에 붙여 서술하고 있다. 위만의 조선은 '위만조선'이란 항목을 따로 두고 있다. 『삼국유사』는 기자조선 또는 위만조선보다 먼저 세워졌다는 의미로 '고'를 붙여 고조선이라고 한 것이다. 그런데 기자조선, 위만조선보다 먼저 세워진 왕검조선(단군조선)에 '전前'을 붙이지 않고 왜 '고古'를 붙였는지는 알 수 없다. 먼저 세워졌다는 의미로 붙였다고 말할 수 있지만 유래가 없는 구분법이기 때문이다.

나라 이름이 같을 경우 구분하는 방법은 여러 가지가 있다. 가장 대표적인 방법이 '전후'이다. 중국 연의 경우 전연이 있고 후연이 있다. 우리나라의 경우 전백제와 후백제, 전고려와 후고려가 있다.[20] 고려시대 이승휴도 『제왕운기』에서 '전후'를 사용하여 단군의 조선을 전조선, 기자의 조선을 후조선이라고 구분했다.

나라가 존재했던 지역을 중심으로 '동서남북'을 사용하여 구분하기도 한다. 중국 한의 경우 전한과 후한으로 구분하기도 하지만 서한과 동한으로 구분하기도 한다. 중국 연의 경우 북연과 남연으로 구분한다. 우리나라의 경우 북부여·동부여·남부여가 있고, 현재 남한과 북한이 있다.

나라를 세운 인물의 이름이나 성으로 구분하기도 한다. 중국 역사에는 춘추시대의 송, 남조의 송, 조광윤의 송, 이렇게 송이 세 번 등장하는데, 이 중 남조의 송을 유송劉宋이라 구분한다. 우리나라의 경우 단군조선·기자조선·위만조선·이씨조선도 이와 같은 구분이다.

이처럼 나라 이름이 같을 경우 전후, 동서남북, 이름이나 성 등을 사용해 구분하는 것이 보통이다. 고조선처럼 '고'를 붙인 이름은 없어서 매우 특별한 경우다.

고조선의 '고古'에는 먼저 여러 조선 가운데 가장 오래된 조선이라는 의미를 갖고 있다. 여기에 덧붙여 이상적이고 본받고 싶어하는 의미도 깔려있다고 생각된다. '고전古典'은 모두가 읽어야 하는 책, '고졸미古拙美'는 옛 모습을 띤 아름다움, '고법古法'은 본받아 다시 실행할 좋은 법이란 의미가 있다. 또 예로부터 상고주의尙古主義라고 하여 뭔가 이상적인 옛것을 숭상한다는 단어도 있다.

단군조선(왕검조선)에 '고'를 붙인 것은 여러 조선 가운데 가장 이상적인 조선, 이상적인 국가란 의미를 부여하기 위한 특별한 목적이 아니었을까. 『삼국유사』에서 일연이 단군조선을 이상적인 국가로 보았던 또 다른 장치는 '제석帝釋'이었다. 단군의 계보는 위로 환인-환웅으로 이어진다. 환인에 대해서 일연은 '제석'이란 주석을 달았다.[21] 제석은 불교의 천신을 말한다.

불교에서 땅과 하늘에 걸쳐 있는 산이 수미산이다. 수미산 꼭대기 하늘이 도리천이고 그곳의 주인이 제석이다. 산 중턱에는 사천왕천이 있고 그 주인이 사천왕이다. 산 아래가 바로 인간이 살고 있는 염부제다. 넓게 보면 하늘 아래 염부제를 조종하는 천신이 제석이다. 단군신화에서도 넓게 보면 환인이 인간세계를 조종하고 있다.

일연은 어떻게 환인을 제석으로 보았을까. 환인桓因을 석제환인釋提桓因의 줄임말로 본 것 같다. 석제환인은 석가釋迦+제환提桓+인드라因陀羅의 줄임말이다. 석가는 'Sacro'의 음역이고, 제환은

'Deva', 즉 천天이고, 인드라는 'Indra', 즉 제帝이다. 제석帝釋은 석가의 석과 인드라의 제를 합성한 단어다.

이처럼 고조선 또는 단군신화 연구자들은 '석가제환인드라→석제환인→환인'으로 이해하고, 단군신화가 불교식으로 윤색되었다고 보고 있다. 환인을 근거로 해서 단군신화가 단군~위만조선 당대가 아닌 후대에 문자로 정착되었다고 보고 있다.

그런데 사실 환인은 석제환인의 줄임말이 아니다. 네 글자로 되어있으니 2+2로 구성되었다고 쉽게 생각한 것이다. 석제환인은 '석+제환+인'으로 나뉜다. 따라서 제환은 붙어 있는 단어다. 이를 '석제+환인'으로 나누지는 않는다. 입증은 해인사에 보관 중인 고려대장경에서 할 수 있다. 고려대장경에는 '석제환인'이 1,310번 보인다. '환인'은 얼마나 보일까. 놀랍게도 한 번도 보이지 않는다. 이는 석제환인을 환인으로 줄일 수 없다는 것을 단적으로 보여준다.

일연도 석제환인을 환인으로 줄일 수 없다는 것을 알았을 것이다. 그럼에도 불구하고 단군신화의 환인을 석제환인과 같은 제석으로 주석을 달아 자신이 '고조선'으로 명명한 왕검조선(단군조선)이 불교의 천신인 제석의 보살핌을 받는 이상적인 국가라고 말하고 싶었던 것이다. 일연이 생각한 이상적인 국가는 불교의 천신이 지켜주는 불교국가였다. 그리고 자신이 속한 고려도 불교의 천신이 지켜주는 국가라고 믿고 싶었다. 몽골의 침략을 받았던 고려인이 고려대장경을 만들어 몽골군을 물리치려고 했던 것과 같은 맥락

일연이 해석한 단군신화 구조

이다.22

　환인이 수미산 정상의 제석천帝釋天23이라면, 수미산 중턱은 사천왕천이다. 태백산에 내려온 환웅을 사람들은 '환웅천왕'이라고도 불렀다고 하는데,24 천왕은 '하늘의 왕'이란 일반적인 의미와 함께 '제석천-사천왕천'으로 이어지는 불교적 하늘관을 말하기도 한다. 불교에서는 제석이 사천왕을 시켜 인간세계(염부제)를 살피도록 한다고 한다. 단군신화에서 환인이 환웅을 지상세계에 보낸 것과 비슷한 구도다. 한편, 인간세계를 다스리는 인왕人王은 중국에서 '仁王'으로 번역되기도 한다. 대표적인 호국경전인 『인왕경仁王經』은 인왕이 나라를 다스리는 방법을 설한 경전이다.

　단군신화의 환인-환웅-단군 계보는 불교적 세계관에서 제석-

사천왕-인왕으로 연결되는 구조다. 제석과 사천왕의 보호 속에 인왕인 단군이 세운 조선은 불교의 이상적인 국가가 되고, 거기에 걸맞게 '고'를 붙여 '고조선'이란 나라 이름을 부여한 것이다.

단군신화에서 고조선의 이상적인 국가 모습을 보여주는 것이 환인-환웅-단군으로 이어지는 통치이념인 홍익인간弘益人間이다. 이는 '널리 인간세상[25]을 이롭게 한다'라는 의미로 그 자체가 이상적인 국가, 이상적인 사회를 말하고 있다.

일연은 고조선의 건국 연대를 중국의 이상적인 시대인 요순시대와 비교하고 있다. 요임금이 다스리던 시대와 단군이 다스리던 시대가 같다고 하였다. 이 또한 고조선을 이상국가로 보는 일연의 인식이 반영된 것이다.

조선에 '고'를 붙인 일연

우리가 흔히 쓰고 있는 고조선이란 나라 이름을 만들어낸 사람은 누구일까. '고조선'은 일연이 편찬한 『삼국유사』에 처음 등장하는 나라 이름이다. 왕검조선의 '조선'에 '고'를 붙여서 만든 이름이 고조선이다. 『삼국유사』에 처음 보이므로 고조선이란 이름은 당연히 일연이 붙인 이름이라고 생각할 수 있다.

『삼국유사』는 항목마다 이름을 붙였다. 「기이」의 첫 항목명은 '고조선'이고 「흥법」의 첫 항목명은 '순도조려順道肇麗'다. 이 모든 항목명은 일연이 붙였을까. 한 사람이 붙였을까. 아니면 여러 사람이 붙였을까.

『삼국유사』「기이」편에는 '고구려高句麗'란 항목이 있고, 「탑상」에는 '고려영탑사高麗靈塔寺'란 항목이 있다. '고려영탑사'의 고려는 고구려를 말한다. 『삼국유사』 항목의 고구려와 고려처럼 같은 나라인데도 이름이 통일되지 않고 따로 등장해서 항목명을 한 사람이 달지 않았다고 볼 수도 있다. 그렇다면 고조선도 일연이 지은 나라 이름이라고 장담할 수 없게 된다.

그런데 『삼국유사』를 잘 살펴보면 고구려 국호와 관련하여 한 특징을 발견할 수 있다. 고구려와 고려가 혼재되어 있지만 시기별로

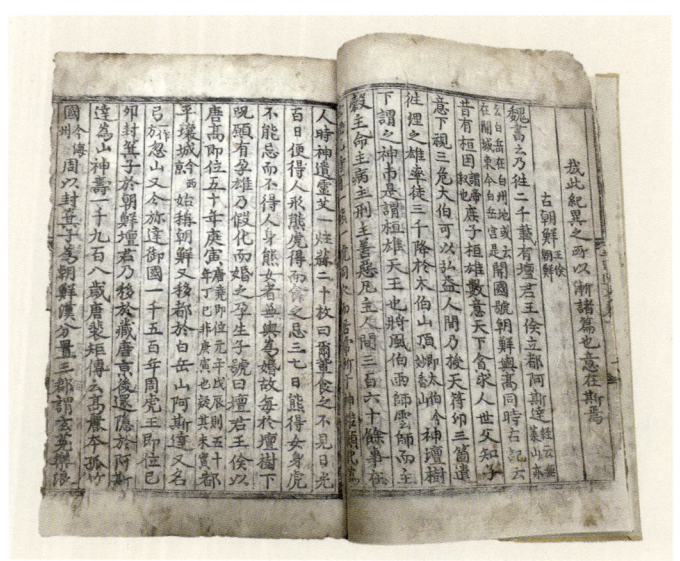

『삼국유사』,「기이」, 고조선(왕검조선)
연세대학교박물관 소장, 파른본

좀 다르다. 고구려란 나라 이름은 백제 근초고왕 때(371년, 함안 원년)를 기점으로 그 이후로는 보이지 않는다.[26] 반면 고려라는 나라 이름은 전 시기에 등장한다.[27] 고구려는 4~5세기에 나라 이름을 고려로 바꾸었거나 고려란 나라 이름을 더 자주 사용하였다.[28] 『삼국유사』 '고구려' 항목의 내용은 고구려 건국과 관련된 내용이고, '고려영탑사' 항목은 고구려 말 승려 보덕과 관련된 내용이다. 건국을 얘기할 때는 고구려, 고구려 말의 상황을 얘기할 때는 고려라고 항목명을 구분한 것이다. 따라서 『삼국유사』 항목명은 한 사람이 썼고, 그 사람은 편찬자 일연일 가능성이 높다.

『삼국유사』는 단군신화를 최초로 실은 것만으로도 사료적 가치가 높지만, 그에 못지않게 '고조선'이란 나라 이름을 맨 처음 사용한 것도 매우 중요하다.『삼국유사』는 '고'에 특별한 의미를 붙여 한국사의 첫 나라인 왕검조선(단군조선)을 이상국가로 설정하였다.

21세기에 바라본 고조선

일반적으로 고조선은 왕검조선(단군조선)을 가리킨다. 고조선이란 나라 이름은 고려시대 『삼국유사』에서 처음 등장하는 이름이다. 위만조선도 『삼국유사』에 등장한다. 『제왕운기』는 단군조선을 전조선, 기자조선을 후조선이라고 하였다. 따라서 고조선은 기자조선, 위만조선과 구분되는 나라 이름이었다. 이때 '고'는 '가장 오랜'의 뜻과 함께 '이상적인 국가'라는 의미도 갖고 있었다.

이성계가 세운 조선이 등장한 이후 현재 우리가 일컫는 고조선은 단군조선·기자조선·위만조선 세 조선을 모두 포함하는 나라 이름이다. 이때 '고'는 편의상 이성계의 조선보다 앞서 있었던 조선이란 의미로만 사용하고 있다. 조선보다 앞서 있었던 의미의 고조선이란 나라 이름에는 '이상적인 국가'라는 의미가 빠지게 되었다. 왜냐하면 일연이 『삼국유사』에서 이상적인 국가라는 의미로 이름 붙인 나라는 왕검조선이었기 때문이다.

하지만 일연이 13세기에 이상적인 국가라는 의미로 이름 붙인 고조선은 21세기 현재 관점에서 봤을 때도 여전히 유효하다. 즉 현재적 관점에서 단군부터 위만까지 이어지는 긴 조선을 이상적인 국가라는 의미의 고조선으로 부를 수 있다.

역사상 많은 나라가 세워졌다가 멸망했다. 이 가운데 가장 이상적인 건국과 멸망을 겪은 나라는 어디일까? 나라마다 하늘로부터 인정받고 건국했다는 건국신화가 있다는 점에서 이상적인 건국에 대해서는 우열을 가리기 어렵다. 그런데 멸망에 이상적인 나라가 있을까.

고구려의 멸망은 연개소문의 아들끼리 권력투쟁이 있었고, 백제의 멸망은 의자왕의 실정이 있었고, 신라의 경순왕은 나라를 왕건에게 건네주었다. 고려 공양왕은 이성계에게 나라를 건네주었고, 조선 순종은 일본에 나라를 넘겼다. 이 마지막 왕들 가운데 가장 '칭찬'을 받은 왕은 경순왕이었다. 그렇다면 신라의 멸망이 우리 역사상 가장 이상적인 멸망이었을까?

고조선은 어떻게 멸망했을까. 고조선은 한과 1년간 치열한 전쟁을 벌였다. 일부 항복하자는 의견이 있었지만 우거왕은 거부하고 끝까지 싸웠다. 결국 우거왕은 항복을 주장하는 사람이 보낸 자객에게 죽었다. 그래도 고조선은 항복하지 않았다. 우거왕의 대신이었던 성기가 계속 한에 저항했으나, 그도 자객에게 죽임을 당했다. 고조선은 이렇게 멸망했다. 마지막 왕이 나라의 멸망과 함께 저항하다 죽은 경우는 고조선뿐이다.

사람들은 하늘로부터 보호받거나 불교의 천신으로부터 보호받으며 세워진 나라는 영원할 것이라고 믿었다. 그리고 그 나라의 구성원들은 목숨을 걸고 나라를 지키려고 했다. 이 관점에서 보았을 때, 고조선은 출발도 이상적이었고 멸망도 이상적이었다고 볼 수 있다.

자신이 다스리던 나라를 위해 목숨을 바친 우거왕과 모시던 왕의 나라를 끝까지 지키려고 했던 성기의 의로운 역사는 고조선이 멸망한 후에도 끝나지 않고 수많은 건국과 멸망을 거치면서 현재까지 이어지고 있다.

2장

단군 기록의
이모저모

고려, 단군을 기록하다

우리나라는 매년 10월 3일을 개천절이라 하여 국경일로 지정하고 있다. 개천절은 국조 단군이 4355년 전(기원전 2333) 10월 3일 우리나라의 첫 국가인 '조선'을 세웠다는 날이다. '개천開天'이라는 말엔 환웅이 태백산 신단수로 내려와 홍익인간弘益人間과 이화세계理化世界의 뜻을 펼친 날이라는 의미도 포함됐다.

우리 역사서 중 '단군'이 처음 등장하는 『삼국사기』는 1145년경 김부식 등이 고려 인종의 명을 받아 편찬한 삼국시대의 정사正史다. 김부식은 유학자적 입장에서 삼국시대의 역사를 서술하였기 때문에 단군신화를 수록하지 않았다. 단지 지리지에서 "평양은 본래 선인仙人 왕검이 살던 곳인데, 혹은 왕이 도읍한 곳을 왕검이라 부르기도 한다"라고만 기술하였다. 여기에서 말하는 '선인 왕검'은 단군을 가리킨다고 보아야 할 것이다.

본격적으로 단군 이야기를 기록한 가장 이른 시기의 책은 『삼국유사』이다. 이 책은 고조선부터 후삼국까지의 역사와 문화를 정리한 책인데, 고려 충렬왕 때 일연이 지은 것으로 13세기 후반에 편찬되었다.

일연은 고려 무인정권기의 유명한 승려로, 특히, 최씨 무인정권과 밀접한 유대를 갖고 있었다. 그는 충렬왕의 명에 따라 1277년부터 운문사에 머무르면서 『삼국유사』를 집필하였는데, 정사에 기록되지 않은 비합리적이고 재미있는 야사도 수집하여 수록했다. 『삼국사기』가 기록하지 않은 단군 전승이 수록될 수 있었던 것도 이런 연유에서다.

『삼국유사』 「기이」에 실려 있는 단군 이야기의 제목은 '고조선'인데, '왕검조선'이라는 부제가 달려 있다. 고조선의 건국 과정은 『위서魏書』와 『고기古記』를 인용하여 전한다. 『위서』는 "2,000년 전에 단군왕검이라는 이가 있어 도읍을 아사달에 정하고, 나라를 창건하여 이름을 조선이라고 했다"고 기술하고 있다. 이 짤막한 기록이 현존하는 단군조선에 관한 첫 번째 이야기다. 후대 문헌에 단군을 '檀君'으로 표기한 것과 달리, 여기에는 '壇君'이라고 표기하였다. 일연은 단군조선의 도읍지인 아사달에 대해 "무엽산無葉山 혹은 백악白岳이라고도 하고, 백주白州 혹은 개성 동쪽에 있다고 하면서 지금의 백악궁白岳宮이다"라고 주석을 달아 놓았다. 이는 『삼국유사』가 인용한 『고기』에서 단군조선의 첫 도읍지를 평양성이라고 한 것과 대비된다. 그런데 『삼국유사』에 인용된 『위서』는 현재 전하지 않고 『삼국지』 「위지」에는 단군에 관한 이야기가 없다. 그래서 『위서』가 어떤 책인지 아직까지 명확한 결론에 도달하지는 못했다.

『삼국유사』는 『고기』를 인용하여 새로운 단군 이야기를 전한다. 『고기』의 이야기는 『위서』보다 더 풍부한 이야기를 담고 있다. 조선의 도읍지에 대해 『위서』에서는 아사달이라고 한 반면, 『고기』에서는 평양성으로 기술하고 있다는 점이 다르다. 이렇게 아사달을 개성 동쪽이라고 보는 입장과 평양으로 보는 입장의 차이에는 고려시대에 개성 세력과 평양 세력이 단군조선의 정통성을 자신의 연고지에 연결하려는 의도가 있었다고 추측된다.

『위서』와 마찬가지로 『고기』의 정체에 대해서도 의견이 분분하다. 『고기』에 대해 '옛 기록'이라는 일반적 명칭, 신라·고구려·백제 등 각국의 고기, 중국의 역사책과 대비되는 『해동고기』와 『삼한고기』 등을 가리키는 것으로 보는 견해가 있다.

여하튼 『고기』의 단군에 관한 내용은 다음과 같이 세 부분으로 나누어 볼 수 있다. 첫째, 환웅이 하늘에서 내려온 이야기, 둘째, 곰이 여인이 되는 이야기, 셋째, 단군이 나라를 세우는 이야기다. 환웅은 단군의 아버지이기 때문에 환웅 이야기는 단군의 선대에 대한 설명이라 생각하면 된다.

옛날 환인의 서자 환웅이 여러 차례 천하에 뜻을 두고 인간 세상을 구하고자 하였다. 아버지가 아들의 뜻을 알고 아래로 삼위태백 땅을 내려다보니 널리 인간을 이롭게 할 만하여 이에 천부인 세 개를 주어, 가서 그곳을 다스리게 하였다. 환웅이 무리 3,000명을 거느리고 태백산 꼭대기 신단수 아래에 내려오니, 이를 일러 신시라고 하였으며, 그를 환웅천왕이라고 하였다. 그는 풍백·우사·운사를 거느리고, 곡식·생명·질병·형벌·선악 등 무릇 인간의 360여 가지 일을 맡아서 세상에 있으면서 다스리고 교화하였다.[1]

환인은 후대에 전하는 여러 단군신화에서 천신, 하늘님, 하늘나라의 임금 등으로 불렸다. 환인의 존재는 태양이나 하늘을 숭배하던 것과 연관되었을 가능성이 있다. 그래서 환인은 단군 이야기에서 하늘의 일을 담당하는 존재라 할 수 있다.

일반적으로 다른 나라의 건국신화나 영웅 이야기에서는 아버지와 아들이 대립적인 관계로 나타나는 경우가 많은 데 비해, 단군신화에서는 이 둘이 조화로운 관계로 나타난다. 환인은 아들 환웅이 하늘 아래 인간 세상에 뜻을 두고 있음을 알고, 그 마음을 잘 이해하였으며, 천부인 3개를 주어 잘 다스릴 수 있도록 도움을 주고 있다. 이처럼 단군신화는 서양과 달리 조화롭고 순조롭게 전개된다.

천부인이 무엇인지 분명하게 알 수는 없다. 그러나 고조선이 건국된 시기가 청동기를 사용하던 시기인 것을 생각해 보면, 청동단검, 청동거울, 청동방울은 제의를 위한 도구이자 권위의 상징이었을 것이다. 환웅은 환인의 뜻에 따라 정통성과 권위를 인정받을 수 있는 물품과 여러 사람을 이끌고 태백산 신단수 아래로 내려왔다. '신단수神壇樹'는 말 그대로 제단이 있는 성스러운 나무가 있는 곳이다. 오래된 나무를 숭배하는 모습은 인류 보편적인 현상이다. 여러 나라의 건국신화에 우주목宇宙木이나 신단수가 나오는데, 특히 러시아 지역에는 '샤먼 트리shaman tree'라는 것이 있다.

환웅은 성스러운 신단수 아래로 내려와 신시를 열었다. 그를 환웅천왕이라고 하는데, 풍백·우사·운사의 도움을 받아 360여 가지

세상일을 다루었다. 풍백·우사·운사는 바람과 비와 구름을 관장하는 신으로 볼 수 있다. 당시 사람들은 거친 자연환경에 그대로 노출되었기에 자연으로부터 자신을 보호해줄 신적 존재가 필요했을 것이다.

일연과 비슷한 시기에 이승휴는 『제왕운기』를 저술하였는데, 여기에도 단군신화가 나온다. 이 책은 『본기本紀』라는 고서적을 인용하여 단군 전승을 전하였는데, 『삼국유사』에 인용된 『고기』와 용어에서 약간 차이가 난다.

> 『본기』에 이르기를 "상제 환인에게 서자가 있는데, 환웅이라 하였다. [환인이 환웅에게] 말하기를 '[땅으로] 내려가 삼위태백에 이르러 인간을 널리 이롭게 하여라'라고 하였다. 환웅은 천부인 3개를 받고 귀신 3,000명을 데리고 태백산 꼭대기 신단수 아래로 내려왔으니, 이분을 일러 단웅천왕이라 한다"라고 하였다.[2]

『본기』에서는 환인을 상제라고 하고, 환웅천왕을 단웅천왕이라고 하였으며, 환웅이 데리고 온 무리를 귀신으로 표현했다. 고려시대에 집필된 『삼국유사』와 『제왕운기』 외에 조선시대의 여러 문헌에도 단군신화가 수록되었는데, 이 중에는 환인을 천신으로 표현하기도 하였다. 대표적으로 1678년에 편찬된 『순오지』가 있다. 이 책은 홍만종이 민간에 전하던 신화나 일화 등을 채집하여 기록한 책이다. 여기에서는 『고기』의 단군 전승을 기본으로 하되 신단수 아래로 내려온 주체를 천신으로 기술하였다.

단군신화의 두 번째 이야기는 사람이 된 곰, 즉 웅녀 이야기다. 『삼국유사』에서 인용한 『고기』의 내용을 보자.

이때 곰 한 마리와 호랑이 한 마리가 있어 같은 굴에 살면서 항상 신령스러운 환웅에게 사람이 되게 해 달라고 빌었다. 환웅은 신령스러운 쑥 한 타래와 마늘 20쪽을 주면서 말하기를, "너희들이 이것을 먹고 백 일 동안 햇빛을 보지 않으면, 곧 사람의 모습으로 될 것이다"라고 하였다. 곰과 호랑이는 이것을 얻어먹고 삼·칠일 동안 금기하였는데, 곰은 여자의 몸이 되었으나, 호랑이는 참지를 못하여 사람의 몸으로 되지 못하였다.[3]

여기에 나오는 호랑이와 곰에 대한 역사가의 견해는 약간 다르다. 호랑이는 환웅 집단과 교화를 이루지 못한 집단을 의미한다고 보기도 하며, 호랑이와 곰을 토템으로 숭배하는 집단으로 보기도 한다. 이 중 곰 토템을 가지고 있는 집단을 남만주와 한반도 북쪽에 거주하는 토착민으로 보기도 한다. 그런데 『제왕운기』가 인용한 『본기』의 웅녀 모습은 이와 약간 다르다.

단웅천왕은 손녀에게 약을 먹여 사람의 몸이 되게 하였다.[4]

『삼국유사』에서 인용한 『고기』에는 환웅이 단군의 아버지로 설

『삼국유사』, 「기이」, 고조선(왕검조선)
서울대학교 규장각한국학연구원 소장, 정덕본

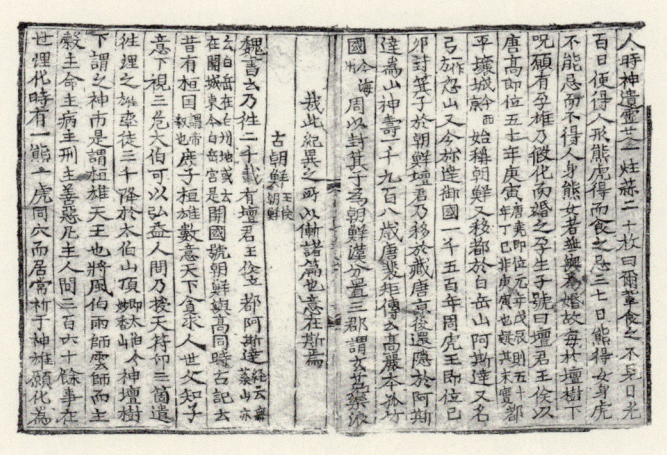

『제왕운기』, 「동국군왕개국연대」, 전조선기
출처: 국립중앙도서관 디지털컬렉션

정되었다면, 『본기』에는 신단수로 내려온 단웅천왕이 손녀에게 약을 먹여 사람의 몸이 되게 했다고 하여 단웅천왕이 단군의 증조부로 설정되어 있다. 즉, 『고기』에서의 '곰과 쑥 및 마늘'이 『본기』에서는 '단웅천왕의 손녀와 약'으로 표현이 바뀌고 전체 내용도 대폭 축소되어 있다. 역사학자들은 『본기』의 손녀 이야기는 『고기』의 웅녀 이야기보다 좀 더 합리적이라는 점에서 『고기』의 웅녀 이야기가 좀 더 오래됐다고 보고 있다.

다음으로 단군이 나라를 연 부분을 살펴보자. 『삼국유사』가 인용한 『고기』의 조선 창업 부분은 다음과 같다.

> 웅녀는 혼인할 사람이 없어 매번 신단수 아래에서 아이를 갖게 해달라고 빌었다. 환웅이 이에 잠시 사람으로 변하여 그와 혼인하여 아이를 임신하여 낳으니, 이름을 단군왕검이라고 하였다. 단군은 요임금이 즉위한 지 50년인 경인년에 평양성에 도읍하고, 비로소 조선이라 일컬었다. 또 도읍을 백악산 아사달로 옮겼는데, 그곳을 궁홀산 또는 금미달이라고도 한다. 1,500년 동안 나라를 다스렸다.[5]

반면, 『제왕운기』에서 인용한 『본기』의 기록은 다음과 같다.

> [손녀를] 단수신과 혼인시켜 남자 아이를 낳게 하니, 이름을 단군이라 하였다. 조선의 영역에 자리잡고 왕이 되었다. 그리하여 시라,

고례, 남·북옥저, 동·북부여, 예와 맥이 모두 단군의 후손이었다. 1,038년을 다스리다가 아사달 산에 들어가서 산신이 되었으니, 죽지 않은 까닭이다.[6]

보는 바와 같이, 단군의 아버지가 각각 환웅, 단수신으로 다르게 나온다. 또 『본기』는 『고기』와 달리 단군조선의 후예 이름을 열거해 놓고 있다. 즉, "시라, 고례, 남옥저, 북옥저, 동부여, 북부여, 예와 맥이 모두 단군의 후손이다"라고 하였다. 『본기』는 『고기』보다 좀 더 역사적 연속성을 강조하는 것으로 보인다.

조선시대에 추가된 단군 이야기

고려시대 문헌에 수록된 단군신화는 크게 환웅 이야기, 웅녀 이야기, 단군 이야기라는 구조로 이루어진다. 조선시대에는 『고기』와 『본기』의 단군신화를 토대로 하되, 이 세 이야기에 새로운 내용이 더해진다. 대표적으로 『표제음주동국사략』, 『대동운부군옥』, 『순오지』, 『청장관전서』, 『기언』, 『기년아람』, 『조야집요』, 『춘관통고』, 『대동장고』, 『오주연문장전산고』, 『동사절요』, 『대동역사』 등이 있다.

『표제음주동국사략』은 16세기 초에 호조참의 등을 역임하다가, 명종 즉위년에 을사사화에 연루되었던 유희령이 편찬한 역사서다. 이 책은 기본적으로 『고기』의 내용을 따르고 있으나, 단군의 성이 환씨桓氏고 이름이 왕검王儉이라고 적시해 놓았다. 또한 『제왕운기』의 『본기』에서 말한 '부여는 단군의 후손'이라는 부분을 구체화한다. 즉, 단군은 비서갑 하백의 딸을 아내로 맞이하여 부루夫婁를 낳았다는 것과, 단군이 아들 부루를 도산塗山의 회맹에 파견하였다는 이야기가 추가된다. 도산회맹은 중국 하의 우왕이 제후들을 불러모아 개최한 회맹이다.

사실 부루의 도산 파견 이야기가 처음 기술된 책은 조선 초기에 간행된 권람의 『응제시주』인데, 이후에 편찬된 문헌의 단군 이야기에는 이러한 표현이 상투적으로 삽입되는 경향이 나타난다. 부루의 도산회맹 참여는 곧 단군조선의 정통성과 역사성을 담보하려는 시대적 흐름과도 연관이 있을 것이다.

이외에도 『표제음주동국사략』에는 단군이 강화도에 참성단을 쌓고 하늘에 제사를 지냈다는 이야기, 단군이 세 아들에게 명하여 강화도에 각기 성을 쌓게 하였는데, 이를 삼랑성이라고 한 이야기 등이 추가로 나온다. 참성단과 삼랑성 이야기는 1451년에 편찬된 『고려사』에 가장 먼저 등장한다.[7] 이러한 참성단과 삼랑성 축조 이야기는 고려 무인정권기에 강화도에 도읍을 옮기면서 몽골 침입에 대비하여 성을 쌓고 국가적 제사를 실시한 역사적 사실이 기반이 되어 삽입되었다고 볼 수 있다.

조선시대에는 단군조선의 관료제와 단군의 가계에 관한 내용이 추가되기도 했다. 『기언』은 조선 후기에 이조판서와 우의정을 역임하였던 허목의 시가와 산문을 엮어 그의 사후인 1689년에 간행한 시문집이다. 여기에서는 단군 이전 시대를 신시라고 하였으며, 단군 시대에 임금과 신하의 관계가 생겼고, 백성의 수는 적었으며, 풍속은 질박하고 순후했다고 하였다. 또한 단군이 해부루에게 나라를 전하여 북부여가 세워졌고, 해부루의 어머니는 비서갑의 딸이었으며, 단군이 부루를 도산의 회맹에 파견한 내용 등이 수록되어 있다.

단군의 가계를 기술한 문헌은 『기년아람』이다. 이 책은 정조 때 금화현감 등을 역임한 이만운李萬運이 1778년에 편찬한 아동용 역

참성단(사적 제136호)
인천광역시 강화 마니산 소재

사연표다. 이 책에서도 환웅 하강 전승을 따랐는데, 환웅과 환인을 각각 단군의 부친과 조부라 하였으며, 아내인 비서갑은 하백의 딸이며 해부루를 낳았다고 하였다. 그리고 아들 부루를 도산에 파견한 일, 부루가 뒤에 북부여의 왕이 된 일화 등은 『기언』의 기술과 같다. 웅녀의 경우 곰이 신령스러운 약을 먹고 여인이 되어 환웅과 혼인을 했다고 하였다. 이것은 『제왕운기』에서 환웅이 자신의 손녀에게 약을 먹여 인간의 몸이 되게 하였던 이야기와 차이를 보이는 대목이다. 그 밖에 단군이 백성에게 펼친 교화 및 풍속의 변화상이 수록되어 있다.

　단군신화 내용 가운데 신단수 아래로 내려온 주체를 다르게 표현한 것도 있다. 홍만종의 『순오지』(1678)는 신단수 아래로 내려온 주체를 천신으로 기술하였고, 유의양柳義養의 『춘관통고』(1788)와 저자 미상의 『조야집요』(1784)는 환인이 내려와 신시를 세운 것으로 기록했다. 웅녀 이야기 부분도 곰이 환인에게 기도를 드리자, 환인이 준 약을 먹고 여인이 되어 환인과 함께 단군을 낳은 것으로 기술하였다. 신령한 약을 먹어 사람이 됐다는 내용은 이규경이 19세기 후반에 지은 『오주연문장전산고』에도 나온다.

이유장李惟樟의 『동사절요』(17세기)는 『고기』 이후의 여러 전승을 모두 수록해서 단군조선의 사회상을 보다 구체적으로 묘사했다. 단군조선시대에 풀로 옷을 해 입고 나무로 밥을 지어 먹었으며, 여름에는 작은 굴에서 살고 겨울에는 동굴에서 살았다고 설명했다. 또한 단군이 백성에게 머리카락을 엮어 머리를 덮는 것과 의복 및 음식 제도를 가르쳤다는 내용이 포함되어 있다. 삼랑성 이야기와 부루의 도산 파견 이야기, 단군이 신하 팽오에게 명하여 산천을 다스려 백성이 살 곳을 정하게 한 이야기 등도 수록하였다.

백과사전류에 수록된 단군신화도 흥미롭다. 조선 중기 문인 권문해權文海가 편찬한 『대동운부군옥』(1589)은 옛날부터 전해온 온갖 서적 190여 권에서 중요한 내용을 뽑아 수록한 것이다. 여기에서는 『고기』의 단군 이야기에 환인을 천제 혹은 신인神人이라고 하였고, 웅녀를 신웅神熊이라고 표현하였다. 부루가 도산에 파견된 이야기, 마니산과 삼랑성 이야기도 있다. 특히 신지神誌 선인仙人이 단군시대 사람으로 『구변국九變局』이라는 도참서를 저술하였다는 이야기가 수록되어 있다.

이와 같이 조선시대에는 『삼국유사』와 『제왕운기』에 수록된 단군신화에 여러 내용이 추가되었는데, 이것을 종합한 책이 『대동역사』다. 이 책은 한말에 독립협회와 대한자강회에서 활동했던 정교鄭喬 등이 편찬한 역사서로, 단군조선에서 통일신라시대까지를 다루었다. 여기에서는 단군조선을 정식 왕조로 상정하고 연도에 따라 역사적 상황을 서술하였다. 단군이 나라를 개국하여 옷 입는 양식이나 머리 양식, 음식과 식사하는 방법 등을 개선했다는 것, 비서갑의 여식을 왕후로 삼았다는 것, 단군조선의 사방 영역, 마니산 제사, 삼랑성 축성, 태자 부루를 도산회의에 파견한 것 등에 대해 서술하였다. 단군조선의 강역에 대해서도 서술하고 있는데, 동쪽으로는 큰 바다에 닿아 있고, 서쪽으로는 요하에 맞닿아 있으며, 남쪽으로는 조령에 이르고, 북쪽으로는 흑룡강과 접한다고 하였다.

 ## 탄생설에서 하강설로의 변화

조선은 유학의 나라였다. 『삼국유사』에 나온 '기이'한 단군 이야기는 거부되었고, 이를 좀 더 합리적으로 해석하려는 움직임이 있었다. 그래서 단군신화에서 태백산에 강림한 주체를 환웅이 아닌 단군으로 보는 견해가 등장하게 된다. 단군의 하강 이야기에서는 환웅과 웅녀의 결합이 자연스럽게 삭제된다.

유학자들의 입장이 적극 반영된 단군의 하강 이야기를 기술한 것은 1445년(세종27)에 정인지 등이 편찬한 『용비어천가』부터였다.

> 평양은 본래 세 조선의 옛 도읍지다. 도당씨 요임금 무진년에 신인이 박달나무 아래에 내려왔는데, 나라 사람들이 그를 임금으로 추대하였다. 평양에 도읍하고 단군이라 불렀다. 이가 전조선이다.[8]

> 신지는 단군 시기의 사람으로 세상에서는 신지 선인이라고 부른다.[9]

『용비어천가』는 하늘에서 내려온 주체를 환웅이 아닌 단군으로 기술했다. 즉, 신인神人이 박달나무 아래에 내려왔는데 나라 사람들이 그를 임금으로 추대했으며, 그가 곧 단군이라는 구조다. 고려시대에 불교적 색채를 띠던 단군 이야기는 유교의 시대인 조선에 들어와서는 환인이라는 존재나, 환웅이 내려왔다는 이야기, 곰이 인간이 되는 이야기, 그리고 환웅이 웅녀와 결혼하여 단군을 낳았다는 이야기 등을 믿을 수 없다고 생각하게 된 듯하다.

그리하여 앞의 내용을 모두 삭제하고 단군이 박달나무 아래로 내려왔고, 왕으로서의 위엄이 있는 그를 나라 사람들이 임금으로 모신 것으로 바꾸었다. 이후의 일이긴 하지만, 단군은 '신성한 사람神人'으로서 내려왔다는 것도 하늘에서 내려왔다는 실제 물리적 과정이 아니라 '신성한 존재'인 단군이 태어났음을 상징적으로 표현한 것이라는 견해가 도출되면서 좀 더 합리성을 가지게 된다.

한편 『용비어천가』에서 '신지'가 처음으로 언급되었다. 그는 선인이자 도참가로서 단군조선 때의 사람이라고 기술하고 있다. 신지에 관해서는 이후 선도仙道 계열의 찬술가들이 이를 원용하여 또 다른 단군 이야기로 기술하기도 하였다.

『용비어천가』에서 시작한 단군 하강 이야기는 이후 조선시대에 단군 전승의 대표적인 입장이 된다. 여러 공적·사적 역사서가 단군 하강 이야기를 표준으로 생각하여 기술하였다. 대표적으로 『고려사』, 『동국통감』, 『동사촬요』, 『동사강목』, 『기년동사약』 등이 있다.

『고려사』는 1451년(문종 원년)에 김종서와 정인지 등이 왕명을 받아 고려시대를 대상으로 편찬한 기전체 정사다. 여기에서는 『용비어천가』를 기본으로 하여 새로이 참성단과 삼랑성에 대한 이야기를 기술하였다. 이 이야기는 환웅 하강 이야기 계열에서도 나오는데, 현재까지는 『고려사』에서 처음 언급한 것이라 할 수 있다.

강화도 마니산에는 단군이 하늘에 제사를 지냈다는 참성단과 단군이 세 아들에게 건설하게 했다는 삼랑성이 있다. 참성단과 삼랑성 이야기는 고려 무인정권기에 강화도로 도읍을 옮긴 이후, 강화도가 정치적으로 부각되면서 새로 추가된 이야기라 할 수 있다. 오늘날 역사가들은 몽골 침입에 대비하며 하늘에 제사를 지내고 기도를 하는 과정에서 하늘 제사의 정통성을 단군조선으로 소급시키려는 노력과 강화도 곳곳에 성을 쌓으면서 대몽 항쟁의 정당성을 확보하려는 차원에서 기술된 것으로 평가한다.

『동국통감』은 서거정 등이 왕명을 받아 1485년(성종16)에 완성한 역사서다. 이 책도 『용비어천가』를 기본 구조로 하고 있다. 단군이 하강하여 나라 사람들이 임금으로 추대하였고, 단군이 평양에 나라를 세웠다는 이야기다. 단군조선시기의 상황에 대해서는 백성은 순박하였고 풍속은 질박하였다고 전한다. 단군의 수명으로 기술된 1,048년은 단씨檀氏가 대대로 전하여 지나온 햇수라는 주장도 여기에서 처음 등장한다. 이를 단군의 수명이 아닌, 나라의 역사 기간으로 해석한 것 역시 유학자의 합리적인 해석이라 할 수 있다.

『동국역대총목』은 홍만종이 단군조선에서 조선 후기까지의 역사를 서술하여 1705년에 편찬한 역사서다. 그는 자주적 입장을 견지하면서 단군 하강 이야기를 기술하였다. 단군이 출현하기 이전에는 임금이 없어 사람들이 풀로 옷을 만들었고 나무 열매를 먹었으며,

여름에는 작은 굴에서 지냈고 겨울에는 동굴에서 살았다고 한다. 이때 단군이 태백산에 내려와서 조선을 개국하여 여러 교화정책을 폈다고 서술하였다.

단군 하강 이야기가 보다 구체적으로 표현된 책은 『동사강목』과 『기년동사약』이다.

안정복이 1778년에 완성한 『동사강목』은 『용비어천가』의 단군 하강 이야기와 『동사촬요』의 단군조선에 관한 여러 풍습 및 제도, 그리고 부루의 도산회맹 파견과 참성단 및 삼랑성 이야기 등을 모두 수록하고 있다. 여기서 새롭게 추가된 내용은 단군이 나라를 세운 지역에 관한 것이다. 그에 따르면, 단군이 나라를 세운 지역이 압록강 안팎 및 요遼 땅이라고 하였으며, 단군의 후손이 북쪽으로 옮겨 부여국을 세우고 '해解'로 성을 삼았다고 하였다. 그리고 묘향산이란 이름은 향나무가 많기 때문에 붙여진 이름으로, 단군이 태백산 박달나무 아래에 하강하였고, '단檀'은 향나무인 까닭에 후대 사람들이 그 임금을 단군이라 칭하고 그 산을 묘향이라 불렀다고 추정하였다.

『기년동사약』은 조선 후기 헌종 때 형조참판을 역임한 이원익이 단군시대부터 조선 헌종 즉위년까지의 역사를 기술하여 1851년에 출간한 역사서다. 이 책에서는 『동사강목』의 단군 이야기를 대부분 계승하였다. 특기할 점은 이원익이 지금의 춘천에 해당하는 우수주牛首州에 팽오의 비석이 있다고 한 대목이다. 단종과 세조 대 사람인 김시습이 "춘천 일대는 옛날 맥국貊國이었다"고 했다는 이야기를 수록하기도 했다. 그리고 이원익은 해모수가 북부여에서 나라를 세우고 아들을 낳아 이름을 부루라 하면서 해모수가 곧 단군이고 그 후예가 대대로 '단군'이란 명칭을 호로 삼았다고 기술하였다.

 ## 환웅 하강과 단군 하강이 결합하다

현존하는 기록 중 환웅 하강 이야기가 최초로 기술된 것은 『삼국유사』가 인용한 『고기』다. 그리고 단군 하강 이야기는 1445년에 편찬한 『용비어천가』의 기록이 가장 빠르다. 『삼국유사』의 편찬 시기가 13세기 후반이기 때문에 이로부터 150년이 지난 시점에 유학자들이 태백산으로 하강한 주인공을 환웅에서 단군으로 바꾼 것이다. 변경된 이후에는 환인의 존재도 사라지게 된다.

단군 하강 이야기가 나오자, 이것을 기존의 환웅 하강 이야기와 혼합하여 기술하는 경우도 나타났다. 조선시대에는 유학적 입장에서 단군 하강 이야기가 주류를 형성하고 있었지만, 고려시대부터 전래된 환웅 하강 이야기를 수용하는 입장에 있던 저술가도 상당히 많았다. 『응제시주』, 『동사보유』, 『연려실기술』, 『총사』, 『임하필기』 등이 그것이다.

1462년에 간행된 『응제시주』는 당시 관찬사서에 담긴 단군 하강 이야기를 따르고 있지만, 『삼국유사』의 환웅 하강 이야기 요소도 보인다.

① 옛날에 신인이 박달나무 아래에 내려왔는데, 나라 사람들이 그

를 임금으로 추대하였다. 이를 단군이라 불렀는데, 요임금 무진년이었다.[10]

② 상제 환인에게 웅이라는 서자가 있었는데, 아래 세상으로 내려가 인간을 교화하려는 뜻이 있었다.…비서갑 하백의 딸을 취하여 아들을 낳으니, 이가 부루다. 곧 동부여의 왕이 되었다. 우임금이 도산에서 제후들과 회맹할 때 단군은 아들 부루를 보냈다.…은나라 무정 8년 을미년에 이르러 아사달산에 들어가 신이 되었으니, 지금의 황해도 문화현 구월산이다.[11]

③ 부여의 왕 해부루는 단군의 아들이다.[12]

④ 서경은 곧 지금의 평양부다. 본래 삼조선의 옛 도읍지였다. 단군이 처음 도읍하였는데, 이를 전조선이라고 부른다.[13]

『응제시주』의 ①은 전형적인 단군 하강 이야기이고, ②는 환웅 하강 이야기다. ②에서 단군이 비서갑 하백의 딸과 혼인하여 부루를 낳았고, 단군이 아들 부루를 도산회맹에 파견했으며, 이후 부루는 부여의 왕이 되었다는 이야기가 나온다.

흥미롭게도 『응제시주』 이전에 부루 파견 이야기가 존재했을 가능성이 제기됐다. 『회헌선생실기』라는 책에 부루의 도산회맹 파견에 관한 이야기가 있기 때문이다. 회헌은 고려 말 유학자였던 안향이다. 이 책 권1의 「충선왕을 모시고 원에 간 느낌을 읊조린다」에서 부루 관련 이야기가 나온다.

이 시는 안향이 1298년에 세자 시절의 충선왕을 따라 원을 다녀오면서 쓴 시인데, "도산에서 폐백을 올린 부루를 부끄러워하노라"라고 읊조리고 있다. 이것은 당시에 이미 부루가 단군의 아들이며, 도산의 회맹에 참여했다는 이야기가 알려져 있었다는 것을 말해 준다.

부루의 도산 파견 이야기는 『삼국유사』와 『제왕운기』 등 고려 후기의 문헌기록에는 없고, 조선 초의 『세종실록』 「지리지」와 『응제시주』 등에서 처음 확인된다. 그러므로 수록된 시가 안향이 지은 것이라면, 고려 말에 이미 부루 이야기가 있었다고 할 수 있다. 그런데 앞의 ③에서는 부여 왕인 해부루가 단군의 아들이라는 이야기가 나온다. 『응제시주』에서 주목할 만한 것은 이 단계에 와서 비로소 단군의 가계와 후계가 구체적으로 등장한다는 점이다.

『동사보유』, 『연려실기술』, 『총사』에서는 환웅 하강과 단군 하강의 전승을 모두 담고 있다. 『동사보유』는 광해군 시기에 우의정을 지낸 조정趙挺이 단군조선에서 고려까지의 역사를 서술한 책이다. 이 책에서는 신인神人이 태백산에 내려와 나라 사람들의 추대로 임금이 되었다는 단군 하강 이야기와 환인의 아들 환웅이 태백산에 내려온 이야기 및 인간이 된 웅녀가 낳은 아들 단군이 나라를 개창했다는 환웅 하강 이야기를 모두 전하고 있다.

18세기 후반 이긍익이 저술한 『연려실기술』은 환웅 하강과 단군 하강 이야기를 모두 서술하고 있다. 단군이 나라를 창설하고 나서 백성에게 머리를 땋고 관을 쓰는 법을 가르쳤다고 서술하였으며, 참성단과 삼랑성 및 부루 도산 파견 이야기 및 북부여와 동부여 개국 이야기 등을 담고 있다.

　19세기에 홍경모洪敬謨가 저술한 『총사』에는 기존에 없던 새로운 단군 관련 이야기가 있다. 단군이 나라를 세우기 전에 사람들은 소박하고 수수하였으며, 짐승처럼 무리를 이루고 있었다고 서술하였다. 그리고 박달나무 아래에 내려온 까닭에 '단檀'을 쓰고, 군장이기에 '군君'을 써서 '단군檀君'이라고 하였는데, 이 명칭은 조선 임금의 명칭으로 수천 년간 쓰였다고 했다.

　조선 말 이유원李裕元이 쓴 『임하필기』에도 기존의 단군 이야기와 다른 내용이 실려 있다. 즉 환웅과 단군을 같은 존재로 보았는데, 천신 환인의 아들 환웅이 태백산에 내려왔고, 이분이 바로 단군이라고 기술한 것이다. 이는 환웅 하강 이야기와 단군 하강 이야기를 절묘하게 결합시킨 것이라 할 수 있다.

조선 후기 도가 기록 속의 단군

단군신화는 선도仙道 혹은 도가 계열의 요소도 있다. 『삼국유사』인용 『고기』와 『제왕운기』 인용 『본기』에서 전하는 단군신화에도 선도나 도가 계열의 표현이 나온다. 『본기』에서 단웅천왕이 손녀에게 약을 먹이고 인간이 되게 한 것은 도교에서 약을 먹고 신선이 되는 것과 관련 있고, 『고기』에서 단군이 왕위에서 물러난 후 아사달에 숨어서 산신이 되었다는 내용도 선도사상과 관련이 있다.

단군 이야기 속 불가 계열 요소는 고려시대에 승려에 의해, 유가 계열 요소는 조선시대 유학자에 의해 기술되기 시작하였다. 선도 및 도가 계열 요소는 조선 중기 이후부터 추가되기 시작해 성리학적 질서에서 벗어나 있는 지식인에 의해 받아들여진 것으로 보인다. 단군신화에 도가 계열의 요소가 강하게 반영된 문헌으로는 『대동운부군옥』, 『해동이적』, 『청학집』, 『오계일지집』, 『기언』, 『해동악부』 등이 있다.

『대동운부군옥』의 저자 권문해는 여러 단군 관련 이야기를 수집해 수록했다. 『구변국九變局』이라는 책을 소개하는 부분을 보면 이 책이 단군시기의 신지神誌가 쓴 도참서라고 서술하고 있다. 그런데 이 『구변국』이라는 책명은 1666년경에 홍만종이 지은 『해동이적』

에도 나온다.『해동이적』은 도교 관련 인물의 신이한 일들을 열전 형식으로 편찬한 것이다. 여기에 단군의 무덤, 삼성사, 참성단, 삼랑성에 관한 이야기가 나온다. 신지는 단군시대의 선인으로,『진조구변도국震朝九變圖局』을 편찬했다고 하였다.

『청학집』에는 기존 문헌에 없는 전혀 새로운 내용이 나온다. 이 책은 조여적이 도교의 도맥을 정리한 선가서仙家書로 1648년에 지었다. 조여적은 이사연李思淵이라는 사람에게 선술을 배웠다고 한다. 그는 스승을 따라 덕유산에 들어가 약초를 캐어 영험스러운 약을 만들어 병든 이를 고쳐주기도 했고, 한라산·지리산·금강산 등을 돌아다니며 호연지기를 기른 것으로 보인다. 스승이 떠난 후 지리산에서 선사들이 남긴 문적과 시를 모으고 그들의 사적을 기록하여 『청학집』을 만들었다.

이 책에 금선자金蟬子라는 인물이『기수사문록記壽四聞錄』이라는 서적을 인용하면서 단군을 비롯하여 옛 선법의 계보를 설명하고 있다. 환인진인眞人, 명유明由, 광성자廣成子로 이어지는 선법의 계보를 수록하고 있으며, 환인을 동방 선파의 종주로 표현하고 있다. 또한 환인의 아들인 환웅이 동쪽의 백성을 교화하였으며, 단군이 이 업을 계승했다고 하였다. 단군은 쑥으로 만든 정자와 버드나무로 만든 궁궐에서 다스리다가, 이후 아사산에 들어가 신선이 되었다고 기록했다. 또한 금선자는 취굴자翠窟子라는 인물과의 문답에서 단군에게 부루·부소·부우·부여라는 네 아들이 있었다고 말했다고 한다. 부루는 우왕의 도산회맹에 참여했고, 부우는 오랑캐의 난을 진압하였으며, 부소는 나라에 질병이 들자 의약으로 백성을 살렸으며, 부소는 산에 있는 맹수를 불로 사냥하며 물리쳤다고 기록하고 있다.

이의백李宜白이 신선 관련 유적지를 답사하면서 들은 내용을 기록한 『오계일지집』의 단군 관련 이야기도 흥미롭다. 요임금 시기에 왕검이 임금이 되어 아사달에 도읍을 정하여 처음 단군이 되었고, 태자 부루를 왕으로 세우고 스스로 아사달산에 들어갔다는 내용은 다른 책에도 나온다. 그러나 단군이 구월산 팔대 산봉우리에서 노닐고 있다가 비서갑의 여인을 왕비로 삼아서 부소·부루·부여를 낳았고, 아사달산에 들어가 도를 닦다가 금린金潾에 와서 신선이 되었다는 부분이 새롭다. 이 책에도 단군의 아들과 후손에 대한 이름을 차례대로 나열해 놓았다.

3장

기자조선 인식의 변천

 ## 기자는 정말 조선에 왔을까

　기자가 동쪽 조선으로 갔다는 내용이 처음 등장하는 『상서대전』과 『사기』는 상 멸망으로부터 900여 년이 흐른 기원전 150~기원전 100년 사이에 기록됐다. 정말 기자는 고조선으로 이주하여 새로운 왕이 되었던 것일까? 정답부터 이야기하자면 '아니오'다.

　기자가 고조선으로 가서 기자조선을 세웠다고 가정한다면, 기존 고조선 지배세력과 충돌이 일어날 수밖에 없다. 이를 해결하기 위해서는 다수의 군사력이 동원되어야 하는데, 기자가 동원할 수 있는 군사력은 상의 유민이었을 것이다. 그런데 기자가 다수의 유민을 이끌고 먼 요동 지역까지 이동하려고 했다면, 거대한 군사 집단과 함께 주의 통제에서 벗어나야 했을 것이다. 무왕의 입장에서 이를 허락할 리도 만무하지만, 용인했다고 하더라도 기록에 누락될 수 없었을 것이다. 그런데도 900년 가까이 기자의 행적이 중국 기록에 남아있지 않다가 후대에 비로소 등장했다는 것은 역으로 기자의 고조선 망명 이야기가 역사적 사실과 맞지 않다는 것을 증명하고 있는 셈이다.

　그렇다면 『상서대전』과 『사기』의 집필자는 왜 기자가 조선으로 갔다는 이야기를 만들어 삽입했을까? 이 문제와 관련해서는 위만조선의 존재, 그리고 한사군의 설치에 주목할 필요가 있다.

위만은 본래 고조선이 연과의 전쟁에서 빼앗긴 연 지역에 있던 고조선계 엘리트였다.[1] 당시 연 왕은 노관盧綰이라는 인물로, 유방이 병사를 일으켜 항우와 겨룰 때 유방의 편에서 공을 세워 제후국의 왕이 된 인물이다. 그러나 노관은 이후 유방에게 반기를 들었고, 일이 여의치 않자 흉노로 망명해버렸다. 연에 남아있던 위만은 입장이 곤란해지자 곧바로 무리 천여 명을 모아 고조선으로 망명하였다.

고조선에서는 위만의 망명을 받아들이고 그에게 서쪽 땅 100리를 떼어주어 살게 하고 변방 수비의 임무를 맡겼다. 위만은 그곳에서 한의 지배에 반기를 들고 망명해오는 중국인들을 받아들이며 세력을 키워나가기 시작하였다. 그리고 마침내 기원전 194년, 고조선의 준왕에게 반기를 들고 쿠데타를 일으켜 고조선의 새 임금이 되었다. 이른바 '위만조선'이 탄생한 것이다. 고조선의 새로운 주인이 된 위만은 통치체제를 안정시키고 한의 동북쪽 변경에서 세력을 키워나갔다. 위만의 왕위는 그의 아들을 거쳐 손자 우거에게까지 안정적으로 계승되었다.

한 역시 초기의 혼란을 수습하고 외부로 세력을 확장하기 시작하였다. 무제 대에 이르면 흉노를 토벌하여 북방을 안정시켰다. 이제 한의 눈길은 위만조선을 향하기 시작하였다. 한은 육군과 해군을 동원하여 수륙 양면으로 위만조선을 침략하였다. 위만조선은 고군분투하며 1년간 저항하였지만 결국 내부에서 분열이 발생하면서 우거왕이 살해되고 만다. 기원전 108년, 마침내 위만조선은 멸망하고 그 영역에 한사군이 설치되었다.

한 가지 주의할 것은 중국의 입장에서 고조선은 완벽한 '외국'이었다는 점이다. 고조선이 중국의 일부 국가와 무역을 한 흔적은 있지만 정치적으로 예속되었던 적은 없었다. 고조선은 중국에 충성을 바칠 의무도 없었고, 한도 위만조선을 정벌할 명분이 없었다.

그런데 여기서 기자조선이 등장하면 이야기는 백팔십도로 바뀌게 된다. 기자조선이 역사적 사실이라 가정하고 역사를 재구성해보자.

기원전 1,000년경, 주 무왕에 의해 기자가 조선 땅에 책봉되었다. 기자조선은 중국에 책봉을 받는 제후국이었던 것이다. 그런데 위만이라는 인물이 나타나 기자조선의 군주인 기준箕準을 쫓아내고 위만조선을 건립하여 한과 반목하기 시작하였다. 이에 한이 위만조선을 정벌하고 한사군을 설치하였다.

기자조선이 등장하면서 한반도와 요동 일대는 기원전 1,000년 이전부터 중국에 책봉을 받는 제후국으로 변모하였다. 반면 기자조선을 축출한 위만은 한의 입장에서 당연히 토벌해야만 하는 대상으로 전락하였다. 기자조선의 등장으로 위만조선 정벌은 물론이요, 한사군을 설치해야 할 명분이 생긴 것이다. 기자조선설의 등장이 위만조선 정벌과 동시대에 이루어지고 있다는 점 역시 그 의도를 보여주는 또 다른 증거라 할 수 있다.

중국 고대 역사책의 수상한 기록

상·주 교체기에 조선으로 갔다는 기자箕子 이야기는 지금까지 해결되지 않은 미스테리로 남아있다. 춘추전국시대 문헌에 나타난 기자는 비간比干, 미자微子와 함께 상의 마지막 충신이자 어진 인물로만 묘사되어 있지 고조선과 연관은 없다. 따라서 적어도 전국시대까지는 기자가 조선으로 왔다는 기록이 중국에 없었다고 본다.

기자와 조선을 연결시킨 이야기는 서한시대의 『상서대전』에 처음으로 보인다.

> 주 무왕은 은을 멸망시키고 공자 녹보에게 은을 계승하게 하고 기자를 옥에서 풀어주었다. 기자는 주에 의해 자신이 풀려난 것을 참을 수 없어 조선으로 도망쳤다. 무왕이 그 소식을 듣고 그를 조선에 봉했다. 기자는 이미 주의 봉함을 받았으므로 신하의 예를 하지 않을 수 없어서 무왕 13년 무왕을 찾아뵈었다. 무왕은 기자가 조알한 것을 기회로 홍범洪範을 물었다.[2]

그런데 『상서대전』은 복생伏生이 직접 지은 것이 아니라, 그의 사후에 장생張生, 구양생歐陽生이나 위만조선과 한의 전쟁을 겪은 아관兒寬이 스승 복생의 이름을 가탁하여 편찬했다고 전한다.³ 무엇보다 현존하는 『상서대전』은 송대 이후 편찬된 것이기 때문에 '기자동래箕子東來' 기사가 원본에 있었는지는 확인할 수 없다.

이보다 약간 늦은 시기에 나온 사마천의 『사기』 「송미자세가宋微子世家」는 무왕이 먼저 기자를 조선에 봉했다고 하여 차이를 보이고 있으나, 기자가 조선에 봉해졌다는 핵심 내용은 같다. 무왕이 기자를 주의 통치가 못 미치는 지역에 봉했다는 것을 그대로 받아들일 수는 없으나, 기자가 조국이 멸망하자 해외로 망명했고 주 무왕이 그것을 인정했다는 정도로 받아들일 수 있다.

그런데 사마천은 「조선열전」에서 기자에 대해 전혀 언급하지 않았다. 또한 『사기』 130편은 사마천이 편찬한 원본 그대로 전해오는 것이 아니며 「송미자세가」의 '기자동래' 기사도 사마천의 저술이 아닌 후대에 추가되었을 가능성이 있다.

즉 『상서대전』과 『사기』의 '기자동래' 기사는 후대에 삽입된 것인지 원본에 있었던 것인지 불분명하다. 한 무제 직후인 소제 시원 6년(기원전 81) 염철회의 자료를 바탕으로 편찬된 『염철론鹽鐵論』에는 기자와 조선 관련 기사가 있지만, 기자를 조선과 연관시킨 기사는 없다. 따라서 기자가 조선에 갔다는 전승은 위만조선 멸망 후 어느 정도 시간이 흐른 후에 새롭게 등장한 이야기일 가능성이 높다.⁴ '갔다'는 표현도 사실 '망명'으로 바꿔야 한다.

기자가 조선으로 갔다는 전승은 시대가 내려올수록 한층 풍부해진다. 『한서』 「지리지」는 기자가 조선으로 가서 현지 주민을 교화했다고 기록했고, 『삼국지』「예전」은 고조선의 왕을 기자의 후손으로 기록했다. 서한시대의 기자 관련 기록이 단순히 기자가 조선에 갔다는 기자동래설 정도라면 동한시대 이후의 기록은 기자가 명실상부한 조선의 통치자로 표현되며 위만 이전 고조선 왕들을 그 후손으로 서술했다는 점에서 기자조선설이라고 부를 수 있겠다.[5]

특히 『삼국지』「예전」은 기자가 범금팔조를 만들어 가르치고 40여 대가 지나 준이 왕을 칭했다고 했다. 그런데 『한서』「지리지」는 기자의 조선 지역 교화를 언급하면서도 범금팔조를 기자와 연결시키지는 않았다. 즉 범금팔조는 본래 기자와 무관한 고조선대의 관습적 법률로 낙랑 사회까지 이어진 것으로 보이는데, 『삼국지』는 범금팔조를 기자가 제정했다고 왜곡한 것이다. 또한 동한시기에 저술된 『잠부론潛夫論』에는 준왕이 등장하지 않고 위만에게 나라를 빼앗겨 해중海中으로 옮긴 한서韓西의 이야기만 나오며 조선을 기자와 연결시키지는 않고 있다. 이것은 '한韓'으로 표현되는 토착세력을 나중에 기자의 후손으로 윤색했을 가능성을 보여준다.[6]

이와 같이 기자가 조선으로 갔다는 전승은 역사적 사실로 보기 어렵다. 그러나 중국 정사를 중심으로 기자동래설이 고착되면서 중국 문헌의 조선 관련 기록에 상투적으로 기자가 봉해진 지역이라는 표현이 들어가게 됐고, 이것이 고대 중국인에게 조선은 '기자의 나라'라는 고정관념을 심어주게 됐다. 특히 수나라 때 배구裴矩는 요동은 기자가 봉해졌던 땅이기 때문에 수복해야 한다며 고구려 침략의 명분을 만들기도 하였다.

'기'자가 새겨진 청동기

중국 요령성 요하 서쪽 지역에서 '기箕'로 해석할 수 있는 '기䁆'자가 새겨진 청동기가 발견됐다. 이 청동기는 정말 기자가 동쪽으로 이주한 증거일까?

1970년대 초 요령성 객좌현喀左縣을 중심으로 상·주 청동예기가 매장된 유적이 발견되었다.[7] 중국 학계는 이를 상·주 사람들이 이 지역까지 진출한 증거로 해석하였다. 기자와 관련된 것으로 추정되는 기후방정䁆侯方鼎도 함께 출토되었는데, 기자가 요서 지역으로 이주하여 기자조선을 세우고 이후 요동과 평양으로 이동했다는 견해의 주요 근거 자료가 되었다.[8] 요서 지역에서 발견된 상 및 주 관련 유물은 기자 문제가 활성화되는 계기가 되었는데, 소량의 유물을 근거로 기자조선의 존재를 인정하는 문제가 있었다. 최근 중국 학계는 기자조선의 초기 도읍지가 요서 지역이 아니라 평양 지역이라고 보는 추세지만, 여전히 이른 시기부터 요서 지역에 상과 주의 세력이 미쳤다는 확대 해석이 나오고 있다.[9]

『사기집해史記集解』와 『사기색은史記索隱』에 따르면, 기자箕子의 '기'는 국명이고 '자'는 작위를 일컬으며 이름은 서여胥餘이다. 일반적으로 기자는 상 말~주 초에 활동한 기자 서여를 일컫는데, 기자가 봉해진 기국에 대한 기록은 거의 남아있지 않다.

갑골과 금문에는 문헌에 등장하는 기자와 관련된 것으로 보이는 '기箕'와 '기후箕侯'라는 명문이 나타난다. 상 시기의 기족箕族 관련 청동기는 중국 하남성 안양安陽 일대에서 출토되어 기족 집단이 당시 도읍인 은허에서 주요한 역할을 수행한 것으로 나타난다. 서주 초기에 제작된 기족 청동기는 섬서성과 하남성, 하북성, 북경 등에서 발견되었다. 이처럼 광범위한 지역에서 같은 시기의 기족 청동기가 발견되는 것은 상·주 교체의 여파로 기족이 이동을 했기 때문으로 보인다. 특히 북경에서 많이 발견되어 서주 초기 기자 일족이 주로 연 지역으로 이동한 것으로 보인다.[10]

상 말~주 초 청동기가 매장된 구덩이는 요서 지역 뿐만 아니라 북쪽으로 내몽골 지역까지 이른다. 요서 지역의 상·주 청동기는 하북 지역을 거쳐서 온 것으로 보인다. 상과 인접한 지역에 위치한 하북 지역의 토착집단은 중원 지역과 교류가 활발했고 문화적 영향도 받았다. 중원의 청동예기靑銅禮器 문화를 받아들여 무덤에 부장했다. 내몽골 지역의 경우 천보동天寶同, 두패자頭牌子, 서우파라西牛波羅 유적에서 청동예기가 발견됐다.

반면 객좌 일대를 중심으로 한 요서 지역은 중원 지역과 직접 교류가 아닌 중간의 하북 지역을 거쳐 제한적으로 상·주의 청동기가 유입됐다. 상 말에 이르러 중원의 청동기가 하북 지역을 거쳐 요서 지역까지 들어오지만, 소량이어서 두 지역의 교류는 상당히 제한되었을 것으로 짐작된다.

요서 지역 상·주 청동기 매납유적의 연대는 서주 전기와 중기 두 시기로 나뉜다. 시기를 달리하여 두 차례 상·주 청동기의 유입이 있었던 것인지, 아니면 서주 중기에 일괄적으로 매장되었는지는 알 수 없다. 또한 주민의 이동에 의한 유입인지 아니면 교역에 의한 유입인지도 확실하지 않다. 다만 일부는 현지 주민이 수입을 통해 매납했을 가능성이 높다.[11]

객좌 북동北洞유적의 경우 기족과 관련된 상의 유민이 제사를 드린 흔적일 가능성도 있으나, 주변에 상 유민이 정착했다고 볼 만한 유적은 발견되지 않고 있다. 따라서 이들이 객좌 지역까지 이주했다고 보기 어렵다. 서주 후기~춘추시대가 되면 기족 청동기는 산동성에서만 발견되는데, 기족의 마지막 정착지가 산동성 일대였음을 알 수 있다.[12]

요서 지역 상·주 청동기 매납유적은 토착세력과는 별도로 매장된 한정된 지역의 문화라는 점, 기자와 고조선을 연관시킨 기록은 기자 이후 천 년이 지나서야 나온다는 점 등에서 기자조선이 실제로 존재했음을 증명하기는 어렵다. 중국 학계는 기자가 평양에 정착해서 기자조선을 세웠다고 주장하지만 이를 증명할 아무런 고고자료나 문헌자료는 없다. 또한 '기후'가 새겨진 예기를 근거로 기자가 요서 지역으로 이동하여 나중에 한반도로 이동했다고 주장하지만, 기족 관련 유물은 요동이나 평양에서는 발견되지 않고 오히려 산동 지역에서 발견된다. 중국 학계의 주장이 역사적 사실과는 맞지 않다는 의미다.

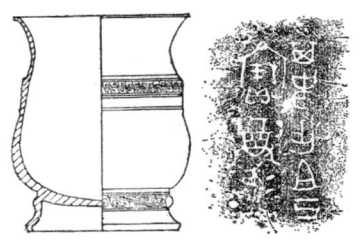
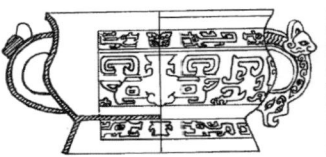

유리하유적 253호 출토 기사치(其史觶)13   마초촌유적 출토 동궤(銅簋)14

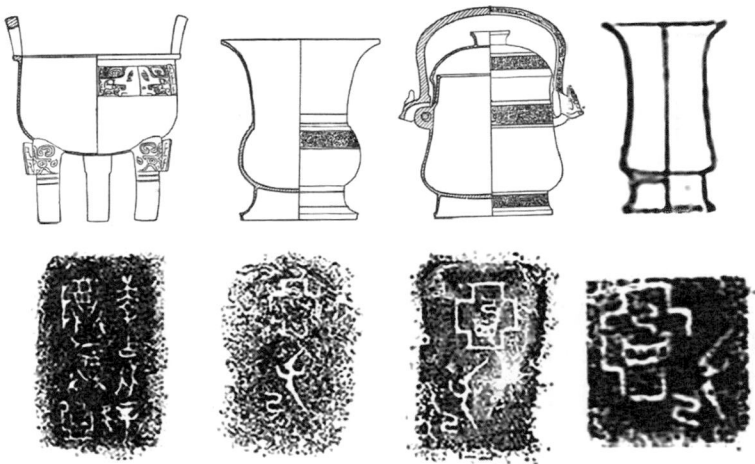

우란산유적 출토 정(鼎), 존(尊), 유(卣), 치(觶)15

북동유적 출토
기후방정(其侯方鼎)16

중국 동북지역 출토 기족 청동기17

이처럼 문헌기록이나 고고자료를 검토해 보면 기자조선이라는 용어 자체가 성립될 수 없음을 알 수 있다. 그러니 '기자조선'이라는 확정적 용어 대신 '기자조선설'이라 하거나, 기자·기족의 활동을 중국의 역사로 고조선사와 구분할 필요가 있다.

김부식의 기자 인식

1123년(인종1)에 송의 서긍徐兢은 휘종의 명을 받아 한 달가량 고려에 체류하였다. 당시 송은 강력한 북방 국가인 거란·여진을 견제하기 위해 고려의 힘이 필요했다. 서긍은 송으로 돌아가 고려의 여러 실정을 그림을 곁들여 설명한『고려도경高麗圖經』을 편찬한다.

『고려도경』은 고려의 역사를 기자부터 시작하고 있다. 즉 서긍은 고려의 선조를 기자에서 찾고 있으며 이후 위만이 조선 땅을 차지했다고 하였다. 그리고 부여 왕이 하신河神의 딸과 결혼하여 낳은 주몽이 고구려를 건국하고 이후 대조영이 발해를 세웠다고 한다. 또한 고씨가 멸망하고 오랜 뒤에 점차 회복되어 왕건이 작위를 받아 나라를 차지했다고 서술하였다.[18]

고구려가 망했으나 왕건에 의해 회복되었다는 인식은 실제와는 차이가 있으나, 고려의 역사가 고조선-부여-고구려로 이어지는 인식을 보이는 것은『구삼국사』에서 추정하는 역사체계와 비슷한 면이 있다. 다만 고조선의 주체를 단군이 아니라 기자로 본 것은 다르다. 여기서 신라, 백제가 누락되고 고구려, 발해를 부각시켜 고려의 역사적 정통성을 연결시켰다. 이는 서긍의 개인적인 인식이라기보다 당시 송 조정의 인식을 대변하는 것으로 보인다. 한편으로는 고려가 스스로의 역사적 정통성을 그렇게 인식하고 있었음을 반영하는 것이기도 하다.[19] 고려의 조상을 기자에서 구한 것은 송 지식인들의 보편적인 인식이라고 할 수 있는데, 북송 신종 대에 활동한 방원영龐元英이 편찬한 『문창잡록文昌雜錄』에도 "고려는 부여씨에서 나왔으며 은의 도가 쇠약해지니 기자가 조선에 가서 그 땅에 머물렀다"고 하였다.

고려의 역사가 기자로부터 시작되었다고 표현한 『고려도경』의 인식을 고려가 어떻게 받아들였는지는 알 수 없다. 그러나 이보다 약간 뒤에 쓰여진 『삼국사기』에 영향을 주었을 가능성이 있다. 이를 통해 고려인들의 기자 관련 인식을 엿볼 수 있다.

『삼국사기』에는 기자가 몇 차례 언급되어 있다. 「연표」에 "해동에 나라가 있은 지는 오래되어 기자가 주 왕실에 의해 봉해지고 위만이 한 초에 왕호를 참람하게 일컬었을 때부터이나 연대가 아득히 멀고 문헌이 소략하여 자세히 알 수 없다"[20]고 기록되어 있다. 「고구려본기」에서는 "현도와 낙랑은 본래 기자가 봉해진 곳으로 기자는 그 백성들에게…범금팔조를 두었다"[21]고 했다. 김부식은 기자의 인의仁義 문화가 고구려에 계승되지 못한 것을 안타까워하며 기자를 유교문화의 상징으로 내세웠다. 이것은 더 이상 고려가 기자를 외교관계에서만 강조한 것이 아니라 내부에서도 중시하게 되었으며, 기자는 대외정책의 상징이 되었음을 말해준다.[22]

김부식이 기자를 강조하고 '고구려 계승' 대신 '신라 계승'을 내세운 것은 묘청의 난을 제압한 직후라는 시대적 상황과도 관련 있다. 김부식은 서경천도운동의 역사의식인 고구려중심사관을 수정해 신라중심사관을 확립하려 했다. 따라서 김부식은 '단군조선-고구려'의 정통 계승을 부정하기 위해 단군 대신 기자를 강조했을 수 있다. 그는 단군에서 이어지는 고구려를 정통으로 잡는 고구려계 중심의 전승에 동조할 수 없었던 까닭에 가급적 단군을 언급하지 않았다. 다만 「신라본기」 박혁거세조에서 조선 유민에 의해 신라 6촌을 이루었다는 기사를 통해 간접적으로 조선 계통을 신라가 계승한 것처럼 보이게 서술하면서 그 이상의 언급은 피한 것으로 보인다.[23]

단군 전승은 고구려 지역을 중심으로 전해오면서 고구려 건국신화와 융합되기도 하고 '고구려 정통설'의 명분이 되기도 했는데 우리 역사의 시원을 알려주고 일찍부터 민간신앙의 대상이기도 했다. 반면 기자는 본래 단군에 비해 제한된 범위의 민간신앙에 머물렀다. 『삼국사기』에 이어서 편찬된 『삼국유사』, 『제왕운기』에서 다시 단군을 강조한 사실은 『삼국사기』의 인식체계에 대한 당시의 강한 비판의식을 엿볼 수 있다. 그러나 국왕의 명으로 편찬한 『삼국사기』에서 기자가 강조되고, 국가적인 제사의 대상이 되어 있었다. 따라서 이후 역사가들은 기자가 우리 역사에서 차지하는 위치를 정리할 필요가 있었다.[24]

 고려 전기 외교에 활용된 기자

건국 초 고려인이 기자를 어떻게 인식했는지는 고려가 맺은 이웃 국가들과의 외교관계 관련 자료를 통해 짐작할 수 있다.

933년(태조16) 후당이 왕경王瓊과 양소업楊昭業을 보내 태조를 고려 국왕으로 책봉하고 "주몽이 개국한 전통을 계승하여 그 군장이 되고 기자가 번국으로 있던 옛 사실을 본받아 나의 교화를 넓힌다"25고 조서를 전하였다. 후당은 고려가 기자조선 및 고구려와 관련된 국가였다고 본 것이다.

그 후 1055년(문종9)에 도병마사의 요청으로 동경유수에게 글을 보내 "당국은 기자의 나라를 이어받아 압록강으로 경계선을 삼았다"26고 했다. 고려에서도 대외적으로 알려진 기자를 활용하여 양국의 국경 문제를 언급한 것이다. 신종 대에 금 황제가 보낸 국서에는 "기자의 옛 터는 진실로 변한의 옛 땅"27이라는 표현이 있다. 금 역시 고려와 기자를 영토적으로 연관시켜 보고 있었다.

이와 같이 고려의 주변국들은 고려를 '기자의 나라'를 이었다고 인식하고 있었고, 이에 고려도 외교적으로 기자를 활용하였다. 그러나 당시 고려가 국내적으로도 기자를 왕조의 건국자로 보았는지는 의문이다. 고려 초에 편찬된 것으로 보이는 『구삼국사舊三國史』를 주목해보자. 이 책은 현존하지는 않지만 『삼국사기』와 『삼국유사』 편찬에 영향을 주었다고 알려져 있다. 단군 관련 문헌이 인용하는 『단군본기』는 『구삼국사』에 포함되어 있다는 견해가 있다.[28] 『구삼국사』는 고구려를 중심으로 삼국의 역사를 정리한 것으로 추정되는 책이다. 또한 고려 전기에는 거란과의 전쟁에서 서희가 고려의 고구려 계승성을 주장하며 강동6주를 획득하는데. 이 사건은 고려인들에게 고구려 계승의식의 중요성을 알게 해주었을 것이다.

『구삼국사』는 삼국의 본기 중 「고구려본기」를 제일 먼저 서술한 것으로 추정된다.[29] 「고구려본기」를 앞에 두기 위한 설명이 필요했을 텐데 「단군본기」를 맨 앞에 두었다고 한다면 단군으로부터 시작된 역사적 전통을 고구려가 이어받았고 다시 고려로 연결되었다는 사실을 자연스럽게 강조한 것으로 보인다.

이것은 『삼국사기』 「고구려본기」가 시조 동명성왕에 앞서 부여왕 해부루 이야기를 하는 것에서도 유추해볼 수 있다. 다른 문헌을 보면 해부루는 북부여 왕 해모수의 아들 혹은 고조선 단군의 아들(혹은 자손)이라고 한다. 『삼국사기』의 경우 해모수는 해부루가 동부여로 옮겨가고 옛 수도에 도읍한 인물로 나오기에 원자료에서 해부루의 아버지로 등장할 수 있는 건 단군뿐이다. 따라서 『구삼국사』에 「단군본기」가 있었다면 '단군·조선-해부루·부여-주몽·고구려'로 이어지는 계승관계를 자연스럽게 강조할 수 있었을텐데, 김부식은 신라 계승의식을 바탕으로 삼국사를 다시 쓰다 보니 단군의 존재를 가급적 언급하지 않았던 것으로 보인다. 『삼국유사』의 「왕력」에서도 주몽을 단군의 아들이라고 기록하였는데, 이러한 '단군-고구려'로 이어지는 계승의식을 강조한 사서에는 중간에 기자의 존재가 들어갈 여지가 없었을 것이다. 따라서 고려 초기 국사체계에서 기자나 기자조선의 존재는 언급되지 않았던 것으로 보인다.[30]

고려 숙종 대에는 기자사당이 세워진다. 1102년(숙종7)에 예부에서 "우리나라가 예의로 교화하기는 기자로부터 비롯되었으니, 원컨대 그 분묘를 찾고 사당을 세워 제사하십시오"라고 아뢰자 숙종은 서경에 기자사당을 세웠다. 이때 기자사당을 세우자고 청한 사람은 송에 사신으로 다녀온 정문鄭文이었다. 당시는 유교정치가 강화되는 시기였으므로 숙종 대의 기자 숭배는 평양 지역의 기자신앙을 국가신앙으로 흡수한 것이라고 볼 수 있다. 이보다 앞서 지광국사비에는 1021년에 서경의 중흥사 법회에서 국사가 '기자고도箕子古都'를 칭한 내용이 있다. 따라서 현종 대에도 서경과 기자를 연관시킨 인식이 있었음을 알 수 있다.

고려 중기 유학의 절정기라 할 수 있는 예종, 인종 양 대에 걸쳐서 『서경書經』이 매우 중시되었다. 특히 홍범洪範은 가장 많은 강의가 이루어져 당시 정치이념과 부합했음을 짐작할 수 있다. 기자가 주 무왕에게 전했다고 알려진 홍범을 당시 고려 조정에서 주목하여 기자에 대한 우호적인 인식을 가져왔을 것이다.

이처럼 고려 전기 기자에 대한 인식은 제한된 범위에서 확인된다. 기자의 동래나 교화는 인정하더라도 기자조선이라는 하나의 왕조로 인식한 것 같지는 않다. 그러다가 숙종 대에 와서 왕실이 기

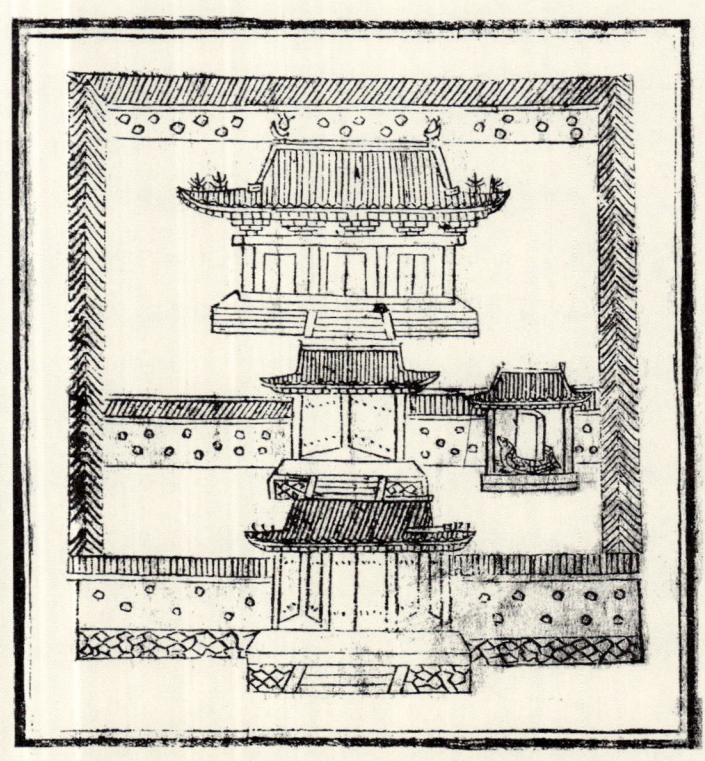

「사당도」(윤두수 편, 『기자지』, 16세기). 고려 숙종 때 기자사당이 처음 세워진다. 이는 송과의 대외관계를 의식한 실리적 외교의 출발이라는 상징성이 있다.
서울대학교 규장각한국학연구원 소장

자 숭배를 공인했다. 이것은 유교정치의 강화라는 측면도 있지만, 국제관계에서 확고한 위치를 차지한 기자의 존재를 쉽게 무시할 수 없었던 외교적 상황과 관련이 있을 것이다.[31]

기자조선을 부정한 일연과 긍정한 이승휴

『삼국유사』와 『제왕운기』는 현존하는 문헌 가운데 가장 먼저 한국사를 통사적으로 서술한 사서이다. 두 책 모두 단군을 시원으로 우리 역사를 서술한 것은 이전의 문헌을 계승했지만 '단군조선-고구려'의 체계를 벗어나 고대 국가들을 한층 더 포괄적으로 서술하고 있다.

이 둘은 비슷한 시기에 저술됐지만 기자에 대한 인식은 큰 차이를 보인다. 『삼국유사』가 인용한 『고기』는 "주 무왕이 기자를 조선에 봉하자 단군은 도읍을 장당경으로 옮겼다"[32]고 하여 기자의 존재는 단군이 도읍을 옮겨간 이유를 설명할 때 잠시 언급될 뿐이다. 단군이 1,908년 동안 계속 나라를 다스렸으며 기자가 조선의 왕이 되었거나 그의 후손이 이어졌다는 인식은 보이지 않는다. 마한조에서도 『위지』를 인용하여 준왕이 위만에게 패하여 바다 건너 마한을 세운 이야기를 하면서도 기자와 준왕의 관계에 대해서는 언급하지 않았다. 이것은 기자와 준왕을 연결시키는 기록에 회의를 품고 있음을 암시한다.

일연은 고조선(왕검조선)조를 단군왕검의 고조선 건국을 역사적으로 설명한 『위서』, 건국 사실을 좀 더 자세하면서도 신화적으로 서술한 『고기』를 인용하여 들려준다. 그런데 고조선조 말미에 내용에 맞지 않는 『당배구전唐裵矩傳』 및 『통전通典』을 인용하여 한 군현이나 고구려, 기자조선을 언급한다. 특히 한 군현의 수와 이름이 기록마다 다름을 지적하며 강한 의문을 제기한다. 일연은 왜 이러한 내용을 서술한 걸까? 이것은 군현 기사의 신빙성에 문제가 있음을 지적하며 아울러 '기자조선-한의 3군-고구려' 계승에 대한 인식도 우회적으로 반박하기 위한 것으로 보인다.[33] 즉 일연은 기자조선을 인정하지 않고 고조선은 단군왕검이 건국한 왕검조선만을 가리키며, 왕검조선은 위만조선과 고구려로 이어졌다고 본 것이다. 고조선조의 부제를 '왕검조선'이라 한 것은 위만조선이 위만이 세운 조선이란 의미인 것처럼 왕검을 시조의 이름으로 본 것이다.

반면 『제왕운기』는 단군조선이 1,028년으로 끝났다고 했다.[34] 그리고 이후 후조선인 기자조선 928년이 이어졌다고 기록하고 있다.[35] 단군의 통치가 이미 기자가 동래하기 이전에 끝났으며 이후 기자가 조선에 봉해져 후조선의 역사가 이어졌다는 것이다. 『제왕운기』에서는 기자조선을 후조선이라 하고 기자는 후조선의 시조로 본다.

단군 전승에는 본래 기자에 대한 서술이 없었으나 위만조선이 망한 후 기자 전승과 뒤섞이게 되었다. 결국 단군의 통치 기간을 기자가 동래하기 전으로 끊고 기자조선시대를 중간에 삽입하여 『제왕운기』와 같은 새로운 체계가 만들어졌다고 보인다.[36] 따라서 『삼국유사』가 인용한 『고기』의 "기자의 동래로 단군이 도읍을 옮겨갔다"

기자조선을 부정한 일연, 긍정한 이승휴

는 내용은 기자 관련 내용이 처음 삽입된 경위, 단군의 통치가 계속되는 고조선사의 틀을 유지하면서도 기자의 동래를 인정한 초기의 정황을 보여준다. 즉 왕검조선이 장당경으로 도읍을 옮긴 일은 본래 기자와 무관하였으나 '기자 동래' 기사가 중간에 삽입되어 마치 기자 때문에 천도한 것처럼 기록되었다. 이 기록은 시간이 흐르면서 단군은 장당경 도읍 이전 시기만 다스린 것이 되고 이후 시기는 기자가 조선에 봉해져 기자조선이 되었다고 윤색되어 갔을 것이다.

이승휴가 기자조선설을 채택한 것은 그가 가진 소중화의식과 함께 시대적 상황이 작용했다고 보인다. 이승휴는 『제왕운기』 지리기에서 고려를 중국과 구분되는 또 하나의 천하이며 중국 사람들은 '소중화'라고 불렀다고 하였다.[37] 그는 기자가 세운 후조선부터 중국과 동질적인 문명을 지니게 되었다고 생각했다. 그러면서 현실적으로 원의 간섭을 수긍할 수 있는 명분이 필요했기에 『제왕운기』에서 기자가 먼저 조선으로 도망하여 스스로 나라를 세웠으나 주 무왕이 멀리서 조서를 보냈기에 예의상 사례하지 않을 수 없어 찾아뵈었다고 하였다. 이것은 기자조선의 자주성을 강조한 것으로 당시 몽골에 고려왕이 친조해야 했던 상황에서 비슷한 사례를 역사 속에서 확인한 것이라 볼 수 있다.[38]

원간섭기에 성리학은 역사 서술에 영향을 주고 기자는 더욱 강조됐다. 기자사당은 1102년에 세워졌으나 제사가 제대로 이루어지지 못하다가 1325년(충숙왕12)에 다시 시행되었다. 이후 공민왕은 1352년 평양부에 사당을 세워 기자에게 제사를 지내게 하였고, 이듬해 원에게 고려를 '기봉箕封'으로 불러달라고 요청했다. 이러한 표현은 공민왕 재위 후반부터 일반화된 것으로 보이는데,[39] 원을 포함한 주변 국가와의 관계에서 문명국으로서의 자부심을 과시하려는 의도가 아닌가 짐작된다. 1369년 공민왕은 동녕부를 정벌하며 붙인 방에 "우리나라는 요임금과 같은 시기에 나라를 세웠으며 기자가 조선에 봉해져 요하 이동을 대대로 영토로 삼았다"고 하여, 요동 수복의 명분을 단군과 기자에서 함께 찾았다.

한·중·일의 서로 다른 기자 인식

근대에 들어오면서 한국의 학자들은 역사적으로 기자조선은 성립될 수 없다고 보았다. 그렇지만 기자의 동래 가능성 자체를 완전히 부인한 것은 아니며 중국 요령성 요하 서쪽 지역에 국한된 정권이거나, 아니면 일개 망명객으로 조선에 귀화했을 뿐 조선의 왕이 된 것은 아니라고 보았다.

신채호는 기자가 왕이 된 것이 아니라, 훗날 그 후손이 고조선의 일부 지역을 관할하는 왕이 되었다고 보았다.[40] 다른 학자들은 기자조선이 상의 기자가 세운 국가가 아닌 토착세력이 세운 국가로 보고 그 대안을 제시하였다. 최남선은 기자조선이 고조선의 왕위를 차지한 태양의 아들을 의미하는 '개아지조선解氏朝鮮'이라고 주장했고,[41] 정인보는 '검'을 최고의 존칭이자 조선 전체를 다스리는 왕을 뜻한다고 보아 기자조선 대신 '검조선'이라고 했다.[42] 안재홍은 고조선시대의 수장을 '크치'라고 했으며 기자 대신 크치를 사용해 '크치조선'이라고 해야 한다고 주장했고,[43] 이병도는 『삼국유사』 고조선(왕검조선)조에 나오는 아사달을 사용해 아사달사회(단군조선)에서 정권이 한씨韓氏로 바뀌었다고 하여 기자조선 대신 '한씨조선'이라고 불러야 한다고 하였다.[44] 오늘날 고대사학자들은 기자조선의 존재를 인정하지 않는다.

반면 구한말 일본의 관변학자들은 단군조선을 부정하고 기자조선을 강조하는 기조로 일관했다. 이것은 당시 한국의 타율성을 강조하기 위함이었다. 그런데 일본 관변학자 중에도 기자조선을 부인하는 사례가 있었다. 시라토리 구라키치白鳥庫吉와 이마니시 류今西龍가 대표적이다. 시라토리는 단군과 기자가 모두 조선의 시조가 아니라고 주장했다. 그는 '기자 동래'가 『상서』, 『좌전』 등에 나오지 않고 한대가 돼서야 『사기』와 『상서대전』에 나오는 것은 후대에 한반도로 이주한 중국인들이 기자의 후손을 자청한 것이라 보았다.[45] 이마니시도 '기자 동래'를 부인하며 어환의 『위략魏略』은 낙랑 한씨韓氏의 계보 위작에 근거한다고 보았다.[46] 이후 일본 학계는 기자조선도 점차 부정하게 되었다.

일본 관변학자들이 기자조선을 부정한 것은 단군조선 뿐만 아니라 고조선사 자체를 부정하기 위함이었다. 그들은 연나라 사람 위만으로부터 고조선이 시작되었다고 보아, 조선 나아가 대한제국의 타율성을 주장하였다.

한편, 근대 중국 학계에서는 고조선에 대한 본격적인 연구가 없었으나 고조선의 위치나 기자조선에 대한 단편적인 연구가 있었다. 고힐강顧頡剛은 기자조선을 부정하며 진·한대에 고대 중국인들이 한반도로 도망오면서 기자 이야기가 한반도 지배 역사와 연결되었고 위만의 반란과 한 무제의 침공 이후 전설이 왜곡되었다고 보았다.[47]

김육불金毓黻은 기자가 조선에 갔고 주 무왕에 의해 봉해졌다고 주장했다. 그는 『한서』 「지리지」와 평양 지역의 낙랑 관련 유물을 근거로 기자가 평양 부근에 봉해졌다고 보았다.[48] 부사년傅斯年은 『상서대전』 등의 기록을 통해 조선을 은상殷商의 후예로 보면서 중국 동북지역의 역사와 황하 유역의 역사가 상호작용하여 발전했다고 보았다. 그는 기자 고사가 상과 동북지역이 매우 밀접한 관계였음을 보여준다고 하면서, 이것이 상이 몰락한 이후에도 여전히 요동을 지킬 수 있었던 이유였다고 설명했다. 그는 상이 동북지역에서 일어났으며, 패망한 후에 다시 동북지역으로 돌아갔다고 보았다. 부사년에 의하면 동북의 예맥족은 기자의 건국을 근본으로 하고 있으며, 기자조선은 압록강 이북에 걸쳐있었던 것이 된다.[49]

근대 중국 학계의 이러한 주장은 터무니없게 느껴지는데, 이는 일제의 만주 침략이라는 시대적 배경 속에 만주의 역사를 중국사로 편입해야 한다는 위기감에서 나온 결과물이기 때문이다.

최근에는 중국 학계의 기자조선 연구가 『기씨조선사箕氏朝鮮史』라는 단행본으로 출판되었다.[50] 이 책은 중국 국가기금으로 수행한 연구총서의 결과물이다. 이 총서는 중국 역대 왕조의 정사 서술방식인 기전체를 따르면서도 현대적인 체계에 맞춰 정리하였는데, 통일적다민족국가론의 시각에서 동북지역의 모든 역사를 중국의 지방정권으로 본다는 문제가 있다. 또한, 고대 중국 동북지방의 국가들이 중원 왕조의 속국 혹은 지방정권이라는 시각이 시종일관 반영되어 있다.

『기씨조선사』의 핵심적인 내용은 단군의 역사성을 부인하고 기자조선의 존재를 그대로 인정하면서 기자조선의 영역을 한반도 안에 국한하였다는 것이다. 이 책에 묘사된 기자조선의 역사는 사료에 대한 자의적 해석과 고고자료에 대한 주관적 판단으로 일관되어서 신빙성이 떨어진다.[51]

4장

위만조선을 둘러싼 논쟁

위만의 국적

위만조선의 건국자 위만에 대한 기록은 『사기』 「조선열전」에 나온다. 위만은 전한 초 혼란의 시대에 고조선으로 망명하여 준왕의 신임을 받아 홀(천자가 제후를 봉할 때 주는 좁고 긴 판)을 하사받았다. 같이 망명한 무리와 함께 고조선 서쪽 100리의 땅에 살면서 고조선의 울타리 역할을 했으나 한의 군대가 침입해 온다고 거짓으로 알리고 고조선의 수도로 쳐들어와 준왕을 몰아내고 스스로 왕이 되었다.

『사기』 「조선열전」의 첫 구절은 "조선왕만자, 고연인야朝鮮王滿者, 故燕人也"로 시작하는데, '고연인故燕人'이라는 표현을 두고 위만이 어느 나라 사람이었는가에 대한 의견이 전통시대부터 분분했다. 고려와 조선에서 저술된 역사서에서는 위만의 출신이나 종족에 대해 별로 관심을 보이지 않았다. 오히려 위만이 고조선 준왕의 신하였는가 하는 문제에 관심을 보였다. 대체로 『사기』, 『한서』 등의 기록에 따라 위만을 '연 지역 사람'이라고 적는 경우가 대다수였다. 『제왕운기』 위만조선기와 『동국세년가東國世年歌』에서 한의 장수로 표현한 것이 약간 독특할 따름이다. 위만의 출신, 종족에 대한 관심은 위만조선의 종족적 성격과 연관해서 20세기에 들어와 높아졌다.

'고연인故燕人'을 어떻게 해석해야 할까? 이것을 '옛 연 사람'이라고 해석하면 위만이 마치 춘추전국시대 연의 혈통을 이은 사람처럼 보인다는 문제가 있다. '연국인燕國人'이 아닌 '연인燕人'이라 했기 때문에, 이때의 연은 지역적 개념으로 보아야 한다. 즉 위만의 고향이 연 지역이라는 의미다. 당시는 중국 전국시대가 진의 시황제에 의해 통일되었다가 다시 한 고조에 의해 재통일된 시기였다. 이 때문에 위만이 망명하여 고조선으로 넘어올 무렵 연은 더 이상 특정 국가를 지칭하는 표현이 될 수 없다. 『사기』의 기록 중 다른 인물을 소개하는 부분을 보면 대체로 출신, 종족이 아닌 출신 지역을 제시하고 있다.[1]

연 지역 사람이라고 해서 위만이 한족漢族이라고 단정할 수도 없다. 춘추전국시대에 연은 산융·동호·조선·맥 등 여러 이민족을 복속하였다. 이들은 모두 연의 주민으로 편성되었다. 한족이 아니어도 연의 주민일 수 있다. 이런 점에서 '연인'이라고 표현했다고 해서 위만을 한족이라 단정할 수 없다. 그렇다면 연 지역 사람 위만의 국적을 어떻게 이해해야 할까?

기원전 203년 8월에 한의 유방과 초의 항우가 중원을 놓고 다툴 때 북맥인北貊人이 연인燕人과 함께 날쌘 기병을 선출해 한에 원군을 보낸 일이 있었다.[2] 북맥인은 북쪽에 있는 맥인인데, 맥은 고조선과 관련된 종족이다. 이 사건 전에 연 왕 장도臧荼는 유방에게 장군 온개溫疥와 승상 소섭탁미昭涉托尾가 이끄는 원군을 파견한 적이 있는데,[3] 8월에 파견된 북맥·연 연합기병은 이들과는 다른 부대였다. 이들이 장도가 파견한 원군이라면 연으로 표시하면 그만이다. 특별히 북맥을 언급했다는 것은 이들이 연과 구별되는 세력이었음을 뜻한다. 즉 연 지역 주변에 연인과 구별되어 독자적인 세력을 이루고 있던 맥인이 있었음을 의미한다. 전한 초에 고조선 지역으로 망명했던 사람 중에는 연의 동북쪽에 살던 맥족 또는 고조선계 주민이 포함되었을 것이다. 이것이 연인이라는 표현 때문에 위만을 한족으로 단정할 수 없는 이유다.

위만은 한의 제후국인 연의 왕 노관盧綰이 흉노로 망명할 즈음에 고조선으로 망명하였다. 노관은 한을 세운 고조 유방의 고향친구로 연 왕으로 봉해졌으나 고조가 죽자 흉노로 망명하였다. 시기적으로 노관이 망명한 시기에 위만도 망명했다는 점에서 위만을 노관의 부하장수 쯤으로 보기도 한다.[4] 그런데 망명 시기가 비슷하다고 하여 이 둘이 밀접한 관계에 있었음을 증명하는 것은 아니다. 설사 밀접한 관계였더라도 그것이 위만의 출신, 종족을 나타내는 것은 더욱 아니다. 유방을 돕기 위해 파견되었던 북맥 기병부대가 있었다는 것은 한 건립 초기에 맥인이 어느 정도 정치적 지분을 가지고 활동했음을 의미한다. 한을 도운 대가로 특별한 정치적 보상을 받았을 가능성이 있다. 당연히 노관이 제후왕으로 활동한 연 지역에도 맥인이 세력을 이루고 있었을 가능성이 높다. 정치적으로 높은 지위에 있었던 맥인도 있었을 것이다. 위만이 어떤 인물이었는지는 정확히 알 수 없지만, 적어도 한족 출신으로 단정할 수 없는 것만은 분명하다.

위만의 고조선 망명

　위만을 고조선계로 보는 견해[5]도 있는데, 다음 세 가지에 근거를 두고 있다. 첫째, 위만이 고조선으로 올 때의 외적인 모습이다. 『사기』 「조선열전」에는 퇴결만이복椎結蠻夷服 차림을, 『한서』 「조선전」에는 추결만이복椎結蠻夷服을 했다고 하였다. 『위략』에서는 호복胡服, 『삼국지』 「예전」에서는 퇴결이복椎結夷服을 했다고 하였다. '퇴결' 또는 '추결'은 북상투를 했다는 것이고, '만이복'은 중국인 입장에서 봤을 때 오랑캐 복장을 했다는 것이다. 만蠻은 중국 남쪽 오랑캐, 이夷는 동쪽 오랑캐, 호胡는 북쪽 유목지역의 오랑캐를 가리키지만, 이들 용어는 단순히 오랑캐를 의미하는 말로도 쓰였다. 위만이 '만이복'을 했다는 것은 중국인과 다른 차림을 했다는 뜻이다. '퇴결' 또는 '추결'을 했다는 것도 중국인과 다른 방식으로 머리를 묶었음을 뜻한다. 한마디로 위만은 중국인과 다른 옷차림과 헤어스타일을 하였다.

둘째, '조선'이라는 국명과 왕험(왕검)이라는 도읍명을 사용했다는 점이다. 조선은 위만이 망명하고 찬탈한 나라였다. 이 때문에 위만은 왕위를 찬탈한 후 국명을 조선이 아닌 다른 이름으로 바꿀 수도 있었다. 좀 더 많은 세력을 포괄할 수 있는 예나 맥 등을 사용하여 국명을 새롭게 만들 수도 있었을 텐데 그렇게 하지 않고 '조선'을 그대로 사용하였다. 중국 역사서에는 고조선의 도읍명이 왕험王險[6]으로 나오고, 우리 사료인『삼국유사』에는 왕검王儉[7]으로 나온다. 왕검은 고조선의 시조 단군왕검에 보이는 명칭이다. 물론 중국 사서에는 왕험으로 되어 있기 때문에 단군왕검에서 유래한 명칭인지는 판단하기 어렵다. 다만『삼국유사』에서 왕검으로 고쳐 적은 것을 보면, 일연은 위만의 도읍명을 단군왕검과 관련 있다고 보았음을 알 수 있다.

셋째,『사기』,『한서』등 위만에 대해 기록한 초기 문헌에서 위만의 성씨가 언급되지 않았다는 점이다. 즉 두 사서에는 위만이라는 용어는 없고 그냥 '조선 왕 만朝鮮王滿'이라고만 되어 있다. 위만의 성씨가 처음 기록된 책은 2세기 후반 무렵에 왕부王符가 쓴『잠부론潛夫論』[8]이다. 여기에는 위만의 성이 '魏'로 되어 있다. 3세기 중후반에 작성된『위략』,『삼국지』등에는 '衛'로 되어 있다.[9]『삼국유사』는 '魏'로 표기하였다. 북한의 박시형은『사기』「태사공자서」의 "燕丹散亂遼間, 滿收其亡民, 厥聚海東, 以集眞藩, 葆塞爲外臣, 作朝鮮列

傳, 第五十五."라는 구절이 둘씩 대구를 보인다는 점을 들어 첫 번째 구절은 6자, 두 번째 구절은 5자로 이루어진 것에 주목하고, 사마천이 위만의 성씨를 알지 못했다고 하였다.[10] 본래 위만의 성씨는 알려지지 않았기 때문에 여섯 글자가 자연스러운데 다섯 글자로 두 번째 구절을 적었다는 것이다. 위만이 중국인이 아니다 보니 중국식 성씨를 사용하지 않았고, 그래서 이름만 전한다는 주장을 폈다.

『삼국유사』에서 위만의 성씨를 중국의 관찬사서에 보이는 '衛'가 아닌 『잠부론』의 '魏'로 쓴 것은 의미가 있다. 고려시대 인물 중에 '衛' 성씨를 사용한 예는 확인할 수 없다. 반면 '魏'씨는 예종 때 문하시중을 지낸 위계정(魏繼廷) 등이 있다. 그는 장흥 위씨로, 본래 중국 홍농 사람이었지만 선덕여왕 때 신라로 귀화한 위경을 시조로 한다. 위경의 후손은 고려 왕을 섬겼으니 고려인이라 할 수 있다. 일연은 고려에 있는 성씨로 위만의 성씨를 표기한 것이다. 즉, 일연은 위만이 고려의 구성원과 관련이 있음을, 우리 민족의 일원임을 드러내고 싶어했던 것이다.[11]

'魏滿'이라는 표현은 이첨이 쓴 『쌍매당협장문집』에도 보인다.[12] 이첨은 조선 초에 하륜, 권근 등과 함께 『동국사략』을 편찬한 인물이다. 다만 아쉽게도 이외의 기록에서는 모두 '衛滿'으로 사용하였다. 성씨만으로 위만의 출신을 논할 수 있는 상황은 아니었기 때문에 중국 정통 역사서인 『삼국지』 등에 실린 표현을 따른 것이다.

 ## 위만조선을 비난하거나 비호하거나

고려와 조선의 역사서를 보면, 위만조선을 고조선의 한 부분으로 인정하는 점은 공통적이나 위만조선에 대한 인식은 약간씩 다르다. 『제왕운기』처럼 위만과 위만조선을 비판적으로 서술하거나, 『삼국유사』처럼 특별한 비판을 가하지 않고 우호적으로 서술하기도 하고, 『동국통감』처럼 직접적으로 비판하기보다는 위만 및 위만조선에 대해 부정적인 기사를 중심으로 서술하기도 한다.

『제왕운기』[13]는 위만이 한의 장수이자 연에서 태어났다고 서술하고, 한 고조 12년에 준왕을 공격하여 나라를 빼앗았다고 기록하고 있다. 손자 우거왕 때에 이르러 허물이 가득 차게 되어 한 무제의 군대에 토벌을 당하였다고 서술하였다. 3대에 걸쳐 88년밖에 나라가 이어지지 못한 것에 대해 한을 배반하고 준왕을 내쫓은 것 때문에 재앙을 입은 것이라고 하였다. 유학자였던 이승휴 입장에서는 기자가 세운 후조선을 무너뜨린 위만이 달갑지 않았던 것이다. 그는 후조선에 대해서는 "[기자의] 유풍이 아름답고 도탑게 전하였다네"라고 하여 우호적으로 묘사하였다. 기자 유풍이 있는 나라를 무너뜨린 위만에 비판적이었던 것이다.

『삼국유사』는 『한서』「조선전」의 내용을 반 정도 분량으로 축약하여 서술하였다. 축약한 내용을 보면 일정한 패턴이 보이는데, 위만조선에 불리하거나 직접 관련이 없는 내용을 줄였다.[14] 즉 위만이 한의 도움으로 세력을 키웠다는 내용이나 위만조선이 한의 침공 빌미를 제공했다는 내용, 한 내부의 문제 등에 대한 내용을 삭제하였다. 예를 들면 위만의 세력 확대 과정에 대해서 "무력으로 주변의 소읍을 침범하여 항복시키니 진번·임둔이 모두 와서 복속하여, 사방이 수천 리나 되었다"로 서술하였다. 본래 『한서』에는 '무력으로' 앞에 "위만이 한 요동태수와 외신外臣이 될 것을 맹약하고 병기와 재물을 얻었다"는 내용이 들어가 있다. 일연은 이러한 내용을 삭제함으로써 위만조선이 한의 도움으로 성장한 것이 아니라 자체적인 역량으로 성장한 것처럼 보이게 하였다.

한과 전쟁이 벌어지게 된 배경에 대해서도 위만조선에 불리한 내용은 삭제하였다. 위만조선이 중국 망명객들을 유인하였으며 한 조정에 알현하러 가지 않았다는 내용, 조선의 비왕裨王 장長을 살해한 한 사신 섭하涉何에 대해 무제가 칭찬한 내용 등을 삭제함으로써 위만조선이 한과 군신관계에 있지 않았다는 것을 강조했다. 특히 한 사신 섭하가 고조선의 비왕을 살해한 내용을 실어 전쟁의 근본 원인이 한 측에 있음을 서술하였다. 결국 일연은 『한서』의 내용을 인용하였지만 위만조선이 한과의 관계에서 주체적으로 대응했다는 인상을 주도록 내용을 줄였다.

1485년(성종16)에 편찬된 『동국통감』도 『삼국유사』와 마찬가지로 『한서』의 내용을 축약하여 위만조선조를 구성하였으나 『삼국유사』와 다른 방식으로 줄이면서 위만조선에 대한 비판적 태도를 보였다.『동국통감』은 위만이 요동태수와 외신이 될 것을 맹약하고 한으로부터 병기와 재물을 얻어 주변 세력을 복속하였다는 내용을 넣었다. 이를 통해 위만조선이 한에 신속되어 있었고 한의 도움을 받아 세력을 확대했음을 드러냈다. 고조선과 한의 전쟁 배경에 대해서도 우거왕이 중국 망명객을 유인하였고, 황제를 알현하지도 않았으며 주변 세력이 천자를 알현하는 통로를 막았으며, 위만조선에 사신으로 온 한의 섭하를 살해했기 때문인 것으로 표현했다. 섭하가 고조선의 비왕을 살해한 것은 기록하지 않음으로써 한 측의 잘못을 감추었다. 즉 전쟁의 원인 제공을 온전히 위만조선에 돌리는 서술이다. 위만조선에 대해 한의 도움을 받아 성장하였으면서도 오히려 한을 배반한 나라로 묘사한 것이다. 의리·명분론적 입장에서 봤을 때 위만조선은 불의한 국가임을 드러내고자 한 것이다.

이와 같은 세 형태의 서술 양상은 이후 역사서에 영향을 주었다. 고려 말 조선 초에 이첨이 쓴『쌍매당협장문집』에서는 위만조선의 성립과 멸망 과정을 간략히 서술하고 특별한 비판을 가하지는 않았다.[15] 이첨은 권근 등과 함께『동국사략』편찬에 참여하였던 인물이다.『동국사략』의 고조선 관련 기록은 지금 전하지 않는데,『쌍매당협장문집』에 실린 고조선 관련 기록은『동국사략』의 내용을 축약한 것으로 추정된다.[16]

조선 세종 때 권제가 편찬한『동국세년가』에서도 위만조선의 성립과 멸망을 간략히 시로 읊고 있지만『제왕운기』처럼 위만을 직접적으로 비난하지는 않았다. 단지 주석에서 위관이 국가를 세운 것을 '절거竊據'로 표현하여 약간 부정적으로 보았다. '절'은 나라를 도둑질했다는 의미를 담고 있다.

『동국통감』 편찬 이후에는 위만이 준왕의 신하였다거나 위만조선이 한과의 전쟁 원인을 제공했다는 식의 서술이 여러 책에서 보인다. 유희령의 『표제음주동국사략』, 오운의 『동사찬요』, 조정의 『동사보유』, 권별의 『해동잡록』, 이유장의 『동사절요』 등 16·17세기 역사서에서 그러한 내용이 지속적으로 보인다. 물론 박상朴祥의 『동국사략』처럼 위만조선의 역사를 수십 자로 줄인 경우에는 위만조선의 성립과 멸망을 간략히 소개하는 데 그치기도 하였다. 박상은 위만이 준왕을 공격한 행위에 대해 '유축誘逐'이라 하여[17] 속임수를 썼다는 정도의 수준에서 묘사하였다.

17세기 후반과 18세기에 마한 정통론이 확대되면서 위만조선에 대한 비판은 더욱 강해졌다. 마한 정통론은 위만조선과 마한은 같은 시기에 공존했다는 인식이 확대되면서 조선 후기에 나타났다. 위만조선은 고조선의 준왕을 몰아내고 조선을 국호로 삼았던 국가이고, 마한은 위만에게 쫓겨 한 지역으로 간 준왕이 세운 국가다. 두 나라 모두 고조선과 관련이 있는 상황에서 마한 정통론 입장에 있던 학자들은 마한이 고조선의 정통을 계승한 국가로 보았으며, 준왕을 몰아낸 위만을 비판하였다. 이에 홍여하의 『동국통감제강』, 안정복의 『동사강목』 등에서는 위만조선에 대해 별도 항목을 두지 않고 마한 기사에 덧붙였다. 이원익의 『기년동사약』에서도 단군조선기, 기자조선기처럼 별도 항목을 두지 않고 위만조선을 진국삼한기辰國三韓紀에 포함하여 서술하였다. 위만조선이 정통성 없는 국가임을 드러낸 것이다. 심대윤의『동사』역시 위만조선을 별도 항목으로 다루지 않고 기자조선조에 포함하여 서술하였다.

위만과 위만조선에 대한 직접적인 비판도 강해졌다. 홍여하는 위만의 나라가 3대에도 못 미쳐 멸망한 것을 두고 "천도가 어그러지지 않았다"[18]는 평가를 덧붙였다. 이종휘는 "심하구나. 위씨의 속임수여! 처음에는 왕 위만이 사기로써 기자 천년의 사직을 멸망시키더니, 끝에 손자 우거 또한 사기로써 한 천자의 노여움에 도전하였다가 끝내 나라를 멸망시키고 자신도 죽었다"[19]라고 하였다. 위만조선의 건국 과정과 한과의 외교에서 속임수가 심했다고 신랄하게 지적하고 있는 것이다. 이러한 원색적인 비난은 허목의 저술에서도 드러난다. 허목은 단군, 기자와 마찬가지로 위만을 세가로 편찬하였으나, 위만에 대해 조선의 신하가 되었다가 속임수로 나라를 빼앗았다는 점에서 심하게 의롭지 못하다고 평하였다.[20]

한편, 위만조선에 대해 특별한 비판을 하지 않으면서 단군조선, 기자조선과 마찬가지로 별도 항목으로 서술한 책도 꾸준히 저술되었다. 이만운의『기년아람』, 한치윤·한진서의『해동역사』, 홍경모의『대동장고』, 이유원의『임하필기』가 대표적이다.『해동역사』는 중국 기록을 주로 참고하여 고조선을 기록하면서 단군조선은 간략하게 다루었으며 위만조선에 가장 많은 지면을 할애하였다. 위만조선에 대한 중국 역사가들(사마천, 반고, 사마정, 범엽, 위소 등)의 평가도 실었으나 개인적인 평가는 하지 않았다.[21] 『기년아람』에서는 위만조선의 성립과 멸망을 간략하게 언급하면서 준왕의 신하였다거나 한 사신을 죽였다는 내용은 언급하지 않았다.[22] 『임하필기』도 위만조선이 기준을 내쫓고 왕이 된 내용만 간단하게 서술하였다.[23] 반면 『대동장고』는 위만조선을 후조선으로 표현하여 조선국(단군조선), 중조선(기자조선)과 나란히 놓았다. 다만 위만이 준왕으로부터 관직을 받은 것과 한 사신을 죽인 내용은 포함하였다.[24] 이처럼 위만조선에 대해 무조건 비판적으로만 바라보지 않은 것은 『삼국유사』의 영향이 컸다고 할 수 있다.

삼한이 위만조선 이후에 등장했다고?

준왕이 남쪽으로 이주하여 마한을 세웠다는 기사로 인해 마한과 위만조선이 같은 시기에 존재했다는 인식은 조선 후기에 확산되었다. 조선 전기까지만 해도 위만조선 이후에 삼한이 등장했다는 인식이 더 일반적이었다.[25]

17세기 이전에 저술된 책은 단군조선, 기자조선, 위만조선, 4군, 2부, 삼한 순으로 구성되어 있다. 위만조선 멸망 후 한이 4군을 설치하였다가 다시 2부로 편제한 내용을 서술하고 나서 삼한을 서술하는 식이다. 고조선의 역사를 위만조선까지 서술한 다음 삼한을 서술하기 위한 방식으로 생각할 수도 있으나 다르게 생각할 여지도 있다. 왜냐하면 『동국통감』을 왕한테 올리는 글을 보면, "(위만조선이) 4군으로 오이를 나누듯이 된 뒤와 2부로 베 폭이 찢어지듯이 된 뒤로 여러 한韓이 봉기하였다가 쇠퇴하였으며, 삼국이 솥발과 같이 대치하여 할거하였습니다"[26]라고 하였다. 위만조선의 강역이 4군·2부로 갈라진 이후에 여러 한이 일어났다는 것이다. 삼한 70여 국이 위만조선 멸망 이후에 등장했다는 의미이다. 위만조선과 삼한이 시간적으로 선후관계에 있었다는 뉘앙스를 준다.

이러한 서술방식은 먼저 저술된 『제왕운기』, 『동국세년가』 등에서도 확인된다. 『제왕운기』에서는 위만조선이 4군으로 나뉜 후에 때때로 모이고 흩어지는 부침이 있다가 삼한 70여 개 국가가 이루어졌다고 하였다.[27] 삼한은 위만조선 멸망 이후에 성립된 것으로 본 셈이다. 또 위만에게 패한 준왕이 금마군으로 옮겨가서 도읍을 세우고 왕이 되었다고 하였다.[28] 다만 준왕이 세운 나라를 마한이라 칭하지 않았다. 『제왕운기』에서 마한은 고구려와 관련해서 나온다. 고구려의 주몽왕이 마한의 왕검성에서 나라를 건설하였으며, 왕검성에 대해 '지금의 서경'이라고 하였다. 고려시대의 서경은 평양이니, 주몽이 마한의 도읍에 고구려를 세웠다는 것이다. 이 내용으로 보면 위만조선 멸망 이후 평양 일대에 마한이 들어섰다가 기원전 37년에 고구려가 세워진 것이 된다. 금마로 천도한 준왕은 마한과는 무관한 것으로 본 셈이다.

조선 초에 편찬된 『동국세년가』에도 『제왕운기』와 비슷한 역사계승의식이 보인다. 위만조선 지역이 4군이 되었다가 2부로 개편되었으며, 다시 삼한으로 나뉘었다고 하였다. 4군이 2부로 개편된 내용은 『제왕운기』에서 다루지 않았지만 큰 틀에서는 비슷하다. 삼한이 위만조선 멸망 이후에 등장했다는 점은 동일하다.

이렇게 위만조선 멸망 이후에 삼한이 등장했다는 식의 서술은 17세기까지도 확인된다. 권별이 지은 『해동잡록』 위만조선조를 보면 위만조선 멸망 이후 4군이 되었다가 다시 2부가 설치되었는데, 그 후에 삼한이 되었다는 구절이 있다.[29] 삼한을 위만조선 멸망 이후에 등장했다고 표현한 것이다. 물론 삼한조에서는 준왕이 위만을 피해 금마로 와서 마한을 세웠다고 하였다.[30] 마한의 성립 시기를 위만조선과 비슷하게 본 것이다. 또한 위만조선조에서 변한에 대해 준왕이 건너와 한 왕이 되었는데, 결국 신라 시조에게 항복하였다고 하였다. 진한에 대해서도 진나라 사람들이 망명해 오자 마한이 땅을 갈라 주었다고 하였다. 진은 기원전 221년에 전국시대를 통일하였다가 기원전 209년에 일어난 진승·오광의 난 등으로 멸망하였다. 이로 보아 삼한은 모두 위만조선이 성립할 무렵에 등장한 것으로 여겼다고 볼 수 있으나 위만조선조에서는 삼한이 4군·2부 성립 이후에 등장했다고 하여 시기가 혼란스럽게 섞여 있다. 즉 삼한의 개별적인 성립 시기에 대한 이해와 삼한이 위만조선 이후에 등장했다는 두 인식이 모순된 채로 서술된 것이다.

17세기 후반에 편찬된 이유장의 『동사절요』도 『해동잡록』과 비슷한 양상을 보인다. 『동사절요』 위만조에서는 한이 위만조선을 멸망시키고 4군으로 삼았다가 소제 때 평주와 동부 두 도독을 두었으며, 마침내 삼한이 되었다는 내용이 나온다.[31] 4군·2부 이후에 삼한이 이루어졌다는 것이다. 그러나 삼한조에서 마한은 준왕이 위만에게 패해 내려왔을 때 이루어진 것으로 서술하여 삼한 성립에 대한 인식에서 혼란을 보인다. 17세기에는 이러한 혼란을 피해 한백겸처럼 고조선과 삼한 지역을 구분하기 시작하였으나 여전히 고조선 시기 이후에 삼한이 성립되었다는 인식도 존재했다.

『해동잡록』, 『동사절요』처럼 삼한 성립에 대한 혼란스런 이해가 지속된 것은 삼한-삼국계승론의 영향 때문이다. 마한·진한·변한의 삼한이 고구려·백제·신라의 삼국으로 이어진다는 인식은 통일 후 신라부터 확인된다. 신라 말 대표적인 유학자인 최치원이 쓴 「태사 시중에게 올리는 글」에 "삼가 듣자하니 동해의 밖에는 세 나라가 있었으니 그 이름은 마한·변한·진한입니다. 마한은 곧 고려요, 변한은 곧 백제요, 진한은 곧 신라입니다"[32]라는 구절이 보인다. 삼한을 각각 고려(고구려)·백제·신라에 연결시킨 것이다. 『삼국지』, 『후한서』 등에서는 한에는 세 종류가 있는데, 마한·변한(변진)·진한이라 하였다. 삼한은 '한韓'이라는 하나의 세력인 것이다. 이러한 삼한을 고구려·백제·신라 삼국과 각각 연결시킨 것은 아무래도 삼국이 하나의 종족임을 드러내고 싶었던 것으로 이해된다. 삼국은 각기 다른 조상을 지닌 세력이 아니라 하나의 종족에서 갈라져 나온 세력임을 제시한 것이다.

『제왕운기』도 최치원의 삼한-삼국 관계를 그대로 계승하고 있다.[33] 이 책에는 마한에서 고구려가 성립되었을 뿐만 아니라 백제 시조 온조가 변한 땅에서 나라를 열었고, 신라 박혁거세가 진한 땅에서 개국했다는 내용이 있다. 고구려·백제·신라는 각각 마한·변한·진한 땅에서 나라를 세웠다는 것이다. 특히 마한을 고구려와 연결시키는 서술은 통일신라·후삼국·고려에 거쳐 꾸준히 확인된다.[34] 이러한 인식과 다른 견해를 표명한 사람은 고려 말 조선 초의 문인 권근이다. 삼한-삼국에 대한 권근의 입장은 『삼국사절요』, 『동국통감』, 『표제음주동국사략』 등에 잘 나온다.

권근은 마한을 고구려에 연결시킨 최치원의 주장을 비판하며 백제가 병합한 마한은 준왕이 세운 나라로 익주(익산)에 있었다고 하면서 마한은 백제가 되었다고 하였다.35 권근은 1390~1391년에 익주에 유배되었는데, 이곳에서 『입학도설』을 편찬하였다.36 익주에 기준성箕準城이 있다는 표현은 그때 실제 들은 내용이었을 것이다. 즉, 권근이 마한을 고구려에 연결시키던 기존 주장에 반대하여 마한을 백제로 연결시킨 것은 익주 현지에서 얻은 견문의 결과라 하겠다.37

그 대신 권근은 변한을 고구려와 연결시켰다. 『신당서』의 "변한은 낙랑의 땅에 있다", "평양은 옛 한의 낙랑군이다"라는 구절을 언급하며, 변한이 고구려가 된 것은 의심의 여지가 없다고 하였다. 또한 『후한서』의 "변한은 남쪽에 있고 진한은 동쪽에 있고 마한은 서쪽에 있다"라는 내용에서, 변한이 남쪽에 있다는 것은 한漢의 경계 요동의 땅을 기준으로 말한 것이지 변한이 진한·마한 두 한韓의 남쪽에 있다는 것은 아니라고 하였다.

그런데 『신당서』에는 "신라는 변한의 후손으로 한漢 낙랑 땅에 거주하였다"38로 되어 있어 권근이 인용한 내용과 차이가 있다. 즉, 『신당서』에는 변한이 낙랑 땅에 있었다는 말이 없는데, 권근은 신라가 변한의 후손이라는 표현을 이용해 변한을 고구려에 연결시킨 듯하다. 『삼국지』에서 진한은 낙랑의 아잔阿殘39이라며 진한과 낙랑이 긴밀한 관계에 있는 세력으로 서술하였다. 아阿는 아我(우리)의 의미를 담고 있다고 전한다. 『신당서』 표현은 신라를 낙랑과 연결시킨 것이지, 변한이 낙랑에 있었다는 의미로 읽힐 내용은 아니다. 특히,『삼국지』,『후한서』등 여러 기록을 살펴보면 변한은 진한과 인접한 세력임을 알 수 있다. 그럼에도 불구하고 권근은『신당서』내용을 비틀어서 변한이 낙랑에 있었다고 하면서 고구려에 연결시킨 것이다. 권근의 변한-고구려설은 약간 억지에 가깝다. 그럼 권근이 이런 억지를 부린 이유는 무엇일까.

변한을 경상도 일대로 보지 않고 고구려로 연결시켜 얻을 수 있는 효과는 고구려 역시 한의 일부임을 주장할 수 있다는 점이다.『삼국지』등에 한에는 마한·진한·변한이 있는데, 결국 이들은 하나의 세력이라고 나온다. 삼국을 삼한과 각각 연결하면 고구려·백제·신라가 본래 하나의 세력임을 제시할 수 있다. 마한을 백제로 연결하면 남는 것은 변한과 고구려이다. 둘을 연결해야만 삼한-삼국 계승론이 유지될 수 있다. 고려는 거란의 1차 침입 당시 서희가 이야기했듯이 고구려를 계승한 왕조로 나라 이름도 비슷하다.『주서周書』,『북사北史』등에서는 고구려를 고려로 적고 있다.

조선은 고려에서 나오기는 하였지만 새로운 국가였다. 갓 새 왕조를 세운 조선 입장에서 사회통합은 시급한 과제였다. 당시 두 임금을 섬길 수 없다며 낙향하는 사대부가 많았는데, 새 왕조를 이끌어갈 책임 있는 자리에 있는 관리가 분열을 더욱 조장할 수는 없었을 것이다. 권근은 조선의 개국공신이었다. 마한-고구려 관계를 부정한 권근 입장에서는『신당서』까지 뒤져가면서 억지로라도 고구려를 변한에 연결시킬 필요가 있었던 것이다.[40] 자칫 고구려를 삼한에서 배제하였다가 고려 유신들의 강력한 반발을 받을 수 있었기 때문이다.

『삼국사기』를 보면 고구려와 백제는 부여에서 나왔고 신라는 고조선과 관련된 진한에서 나왔다고 되어 있다. 고조선과 부여는 어떤 관계에 있는지 설명이 없기 때문에 『삼국사기』만 놓고 볼 때 신라는 고구려·백제와 조상이 다른 세력이 된다. 문제는 『삼국사기』가 편찬된 1145년(인종23)으로부터 백 년도 채 안 되어 김사미·효심의 난(1193), 최광수의 난(1217), 이연년의 난(1237) 등 신라, 고구려, 백제의 부흥을 내세운 반란이 일어났다[41]는 점이다. 역사적으로 조상이 다르다는 주장은 집권세력에 불만을 품은 세력이 반란을 일으켜 주민을 선동하는 데 이용될 수 있다. 고려는 국명은 고구려를 계승했지만 신라 지역에서 일어났다. 이런 점에서 고려시대에는 '신라 계승'과 '고구려 계승'이라는 이원적 역사의식이 있었고,[42] 무신집권기의 혼란 상황에서 삼국부흥운동 형태의 반란이 일어났던 것이다. 권근 역시 이러한 점을 알았기 때문에 고구려를 삼한과 무관한 세력으로 놔둘 수 없었다. 삼한-삼국 계승론은 조선 초 사회통합을 위한 논리로 요구되었던 것이다.

한편, 『제왕운기』에서는 삼한, 부여, 비류국, 고구려, 신라, 남·북옥저, 예맥이 모두 단군의 후손임을 선언적으로 제시하였다.[43] 고려 말 조선 초에 단군·기자의 고조선이 우리 민족의 조상이고 고조선에서 삼한을 비롯한 여러 나라가 성립했다는 인식은 여러 기록에서 확인된다. 『삼국유사』도 위만조선을 연결고리로 하여 부여·고구려·신라가 모두 고조선에서 나왔음을 제시하였다.[44] 삼국은 고조선이라는 하나의 종족에서 나왔다는 인식이 마련되어 갔던 것이다. 이러한 고조선 단일종족설은 삼한-삼국 계승론을 대체할 수 있는 통합논리였다.

그럼에도 불구하고 권근이 억지로 변한을 고구려에 연결시킨 것은 조선 초에는 아직 고조선 단일종족설이 사회통합에 효과를 발휘하지 못하였음을 의미한다. 비록 조선이 고조선의 국명으로 계승하였지만 백성들은 단군의 후예라는 공통된 인식을 아직 갖고 있지 못했던 것이다. 이에 기존부터 이야기되던 삼한-삼국 계승론을 버릴 수 없었으며, 사회통합을 위해 고조선 단일종족설과 삼한-삼국 계승론을 같이 활용할 수밖에 없었을 것이다. 이러한 사정 아래 위만조선 멸망 이후에 삼한이 이루어졌다는 논리는 한동안 어색한 형태로 유지되었다.

마한 정통론의 등장

옛 문헌의 통사체계를 보면 고조선의 뒤를 이은 나라가 다르게 나타난다. 고조선에서 위만조선으로 이어졌다고 보는가 하면 마한으로 이어졌다고 기록한 책이 있다.

『동국사략』, 『표제음주동국사략』, 『동사찬요』, 『동사보유』 등 16·17세기에 편찬된 역사서는 기자조선 다음에 위만조선, 4군, 2부를 다루고 삼한을 서술하였다. 이 책들은 고조선의 준왕이 위만에게 패망한 직후 한으로 내려와 마한[45]을 세웠다고 서술하였다. 내용만 따져보면 위만조선과 마한이 같은 시기에 공존한 것으로 보았음을 알 수 있으나 삼한보다 위만조선, 4군, 2부를 먼저 다루었다. 고조선의 뒤를 이은 나라가 위만조선임을 표시한 것이다.

위만조선 대신 마한을 주목한 것은 17세기 후반 홍여하의 저술부터다. 홍여하는『동국통감제강』서문의 범례에서 "기자에서 시작하여 정통의 머리로 삼고, 마한을 계승자로 하며, 위만은 참람한 자라는 점에서 내쳤다"고 하였다. 이 책은「조선기朝鮮紀」가 상하 두 편으로 구분되어 있는데, 상은 은태사殷太師편으로 기자의 일대를 자세히 서술하였다. 하는 기준箕準[46]왕편으로, 전국시대 연의 역왕易王 무렵에 조선후가 왕을 칭한 내용에서 시작하여 위만조선의 멸망까지 다루었다. 위만조선은 별도로 다루지 않고 기준왕편에서 다루었다.

또한 준왕이 남쪽으로 달아난 후의 고조선을 위만조선이라고 부르는 것은 역사가가 정통의 근본을 잃은 것이라 비판하였다. 즉 위만의 나라를 위만조선이라 칭하는 것마저도 잘못되었다는 것이다. 홍여하는 고조선이 나뉘어 남쪽은 마한, 북쪽은 위만에게 속하였는데, 마한이 남방의 여러 나라를 복속하고 성대한 나라를 이루어 기씨의 정통을 이었다고 기록하였다.47 고조선의 정통을 이은 나라는 위만조선이 아닌 마한이라는 것이다. 그는 또 위만의 나라가 3대 만에 멸망하고 마한의 왕통이 200년간 이어진 것은 하늘의 도가 살아있음을 증명한 것이라 평가하였다. 즉, 고조선의 정통이 마한으로 이어졌다는 것이 홍여하의 입장이다. 그는 위만조선을 단군조선, 기자조선과 함께 삼조선에 포함시킨 것 자체를 비판하고 기자의 정통을 계승한 마한을 주목하였다.

18세기에 들어서면 마한 정통론은 더욱 확대된다. 홍만종의 『동국역대총목』이 대표적이다. 홍만종은 책머리에서 동국역대전통도를 제시하였는데, 단군, 기자, 마한, 통일신라를 정통으로 보았고 삼국은 무통으로 처리하였다. 또한 범례에서 "기준은 비록 위만에게 축출되어 나라를 잃고 도읍을 옮겼지만 오히려 기자의 제사를 계승하였으니, 한 소열제昭烈帝가 촉에 나라를 세워 정통을 잃지 않는 것과 같다"라고 하였다.48 촉한의 소열제에 비유하며 마한을 기자, 즉 고조선의 정통을 계승한 국가로 본 것이다. 소열제는 중국 삼국시대 촉의 유비이다. 조조의 위, 손권의 오 등과 함께 삼국이 대립하였으나 정통을 촉으로 보아야 하는 것처럼 준왕이 나라를 잃고 도읍을 옮겨 마한을 세웠으나 정통은 위만조선이 아닌 마한이라는 것이다. 이처럼 17세기에서 18세기 초에 위만조선이 아닌 마한이 고조선의 정통을 계승하였다는 마한 정통론이 나타났다.

그런데 홍만종은 홍여하처럼 위만조선의 역사를 마한에 편입시키지는 않고 삼한과 나란히 서술하였다. 즉 단군조선, 기자조선 다음에 마한·진한·변한의 삼한을 서술하고 위만조선을 서술하는 방식으로 책을 구성하였다. 삼한을 위만조선보다 먼저 서술하는 방식은 여기서 시작된다. 위만조선에 대해서는 부정적으로 비춰지는 내용을 중심으로 간략히 서술하였고, 마한에 대해서는 준왕의 후손에 대한 내용과 조선시대 기자 후손을 대우한 기록까지 자세히 제시하였다.

이익은 「삼한 정통론」이라는 글을 통해 마한의 정통성을 더욱 강조하였다. 이 논설은 『성호문집』과 『성호전집』에 실려 있다. 이익은 단군·기자에 의해 성립된 동방의 정통이 위만에 의해 끊어진 것이 아니라 준왕이 남쪽으로 내려와 마한을 세움으로써 지속되었다고 보았다.[49] 본래 삼한은 동방의 중심에서 벗어난 궁벽한 지역이었지만 준왕이 사람들을 거느리고 와서 국토를 개척하여 동방의 정통이 이어지게 되었다는 것이다. 준왕을 공격한 위만에 대해서는 주를 멸망시킨 적인狄人이나 한漢을 무너뜨린 조조에 불과한 인물이라는 점에서 정통에 넣어서는 안 된다고 하였다. 또한 위만은 80여 년 만에 멸망하고 서북지방의 일부분이 한의 4군·2부로 넘어갔지만, 마한은 위만이 멸망한 뒤에도 117년이나 더 유지했다고 적으면서 마한이 우리나라에서 계통을 전한 국가라고 기록하였다. 마한이라는 국명에 대해서도 주의 사례를 비유했는데, 그는 주가 태邰에서 빈豳으로 도읍을 옮기면서 국명을 빈으로 바꾸고 다시 주周로 옮기면서 국명을 주로 바꾼 것과 같다고 하였다. 따라서 국명이 바뀌기는 하였지만 동방의 정통은 마한에게 있었다고 서술하였다.

이익의 제자 안정복이 쓴『동사강목』은 삼한 정통론의 입장을 반영하여 우리 역사를 서술하였다. 안정복은 우리 역사의 시작이 기자조선부터 시작되었다고 서술하고, 단군을 기자조선 원년 기사에 덧붙였다. 마한과 위만조선에 대해서는 "기준이 나라를 잃고 남쪽으로 달아났으나, 마한을 쳐서 나라를 다시 만들어 태사太師(기자)의 제사가 끊어지지 않게 하였다. 이것 역시 정통이 돌아가는 것이므로『통감강목通鑑綱目』촉한의 예와 같이 썼다"라고 하였다.[50] 안정복은 홍만종처럼 중국 삼국시대 촉한의 예를 들며 마한을 기자조선을 계승한 정통으로 본 것이다. 또한『동국통감』이 위만조선을 단군·기자와 함께 삼조선이라 칭하며 동등하게 다룬 것은 잘못되었다고 비판하였다. 이에 따라 준왕이 위만에게 패해 남쪽으로 가서 마한을 세운 이후의 역사는 마한을 앞에 내세워 서술하였다.

이와 같은 마한 정통론은 18세기에 성행했지만 여전히 위만조선을 앞세우는 책도 있었다.『찬수동국사』,『연려실기술』「역대전고」,『기년아람』,『동문광고』등은 위만조선을 먼저 서술하고 삼한을 다루었다. 특히, 『동문광고』는 위만조선조에서 삼한을 다루었다.[51] 이종휘 역시 마한과 후조선(위만조선)을 모두 본기로 다루었다는 점에서 이전의 마한 정통론보다는 약화되었다고 할 수 있다. 여기에 영향을 준 것은 세 개의 다른 마한이 있었다는 소위 '삼마한설'이다.

삼마한설은 이세귀李世龜가 제시하였는데, 「동국삼한사군고금경역설」에 보인다.[52] 여기서 이세귀는 준왕이 위만에게 쫓겨 달아나기 전에 이미 마한국이 있었으며, 준왕은 이 마한을 격파하였다고 보았다. 이후 준왕의 후손이 끊어진 이후에 마한인들이 자립하여 진왕이 되었다고 하였다.

신경준도 기준(준왕)의 마한국에 대해 『후한서』 등의 기록에 근거하여 기준 시기에 이미 세대가 끊어졌다고 보았다.[53] 그러면서 『한서』 「조선전」에 언급된 진국에 대해서는 마한인이 다시 세운 진왕과 관련된 나라로 보았다. 즉 『한서』에서 마한이라 쓰지 않고 진국이라 적은 것은 이미 우거왕 시기에 기준의 세대가 끊어졌다고 이해했기 때문이다. 또한 『삼국지』에서 진秦 사람들이 피난해오자 마한이 땅에 떼어주었다고 하였는데, 이때는 아직 준왕이 남하하기 전이니, 땅을 나누어준 세력은 기준이 아니라 기준 이전의 마한이라고 하였다. 온조에게 땅을 빌려주었다가 멸망한 마한의 경우도 기자 후손 이후의 마한이라 하였다. 이렇게 신경준은 마한에 대해 크게 '준왕 이전의 마한', '준왕의 마한', '준왕 이후의 마한'으로 구분하였다. 이러한 입장은 19세기에 정약용, 한치윤·한진서, 홍경모, 이원익 등에게 영향을 주었다.

반면 이원익은 『기년동사약』을 저술하면서 마한을 정통으로 본 것을 인정할 수 없다고 비판하고 삼한과 삼국을 무통으로 처리하였다.[54] 다만 마한과 위만조선이 공존하던 시기의 역사를 진국삼한기로 서술하고 위씨조선의 역사를 덧붙였다. 기년을 표시할 때에도 '마한·조선·진한·변한'이라 하여 마한을 조선에 앞세웠다. 비록 삼마한설의 입장에서 준왕의 마한이 우거왕 이전 시기에 사라진 것으로 보았지만, 마한을 위만조선보다 앞세운 것이다. 마한을 정통으로 인정하지는 않았지만, 그렇다고 해서 위만조선을 앞세우지도 않았다.

19세기 후반 심대윤이 쓴 『동사』는 약간 다르게 쓰여 있다. 이 책은 단군조선에서 고려까지의 역사를 편년체로 서술했는데, 단군조선, 기자조선, 삼한, 삼국은 표제를 붙여 서술하였다. 위만조선은 별도의 표제를 붙이지 않고 기자조선에 붙여 서술하였다.[55] 마한 정통론 입장에 있던 『동국통감제강』, 『동사강목』 등에서는 삼한편에 위만조선을 다루었던 것과 달리 기자조선편에서 위만조선을 서술한 것이다. 약화되기는 하였지만 마한 정통론이 19세기 후반에도 여전히 영향을 끼치고 있었음을 보여준다.

17세기부터 한백겸의 영향으로 북쪽의 고조선과 남쪽의 삼한이 별개의 역사를 이어갔다는 인식이 확대되었다. 한백겸이 남부와 북부의 역사를 구별하였다면, 마한 정통론은 북쪽의 고조선과 남쪽의 삼한 지역을 다시 하나로 연결시켜주는 역할을 하였다. 즉 기자조선 붕괴 이후 그 정통을 계승한 나라는 남쪽의 마한이라는 점을 강

조하면서 북쪽의 고조선과 남쪽의 삼한을 하나의 세력으로 묶은 것이다.[56]

한편, 준왕의 남쪽 이주 이전부터 한이 존재했다는 인식이 확대되면서 한의 기원에 대한 탐구도 새롭게 이루어졌다. 이종휘는 단군·기자 시대에 삼한이 이미 존재하였으며, 78개국으로 나뉘어 있으면서 조선에 신속하여 공물을 바쳤던 것으로 보았다.[57] 한은 마치 조선의 군현과 같았다고 표현하였다. 한진서는 『시경』에 보이는 한후韓侯를 기자조선으로 보았으며, 기씨가 금마로 천도하기 전에 이미 한을 칭했을 것으로 보았다.[58] 홍경모는 『상서전尚書傳』에 보이는 간䮧의 음이 한과 비슷하다며 한韓으로 보았으며, 한은 기자조선보다 앞서 나라가 된 것으로 보았다.[59] 또한 진국을 삼조선이 거느린 여러 속국 중 하나로 언급하였으며,[60] 진국은 고조선과 함께 남북으로 공존하였다가 후에 마한이 되었다고 보았다.[61] 한은 준왕이 남천하기 이전부터 이미 고조선과 정치적 관계를 지니고 있었다는 것이다. 즉 고조선과 삼한은 오래 전부터 하나의 역사공동체를 이루고 있었다고 보았다.

5장

선조들의 고조선 강역 찾기

설왕설래하는 위만조선의 강역 논쟁

조선 전기만 하더라도 위만조선 멸망 이후에 삼한이 등장했다고 보았기 때문에 위만조선과 삼한의 경계는 논의 대상이 되지 않았다. 그러다가 임진왜란 전후로 해서 삼한을 평양 이남으로 보는 주장이 확대되었고, 이로부터 삼한의 위치에 대한 논의가 본격화되었다. 17세기 초 삼한의 위치에 대한 논의를 잘 보여주는 것은 이수광의 『지봉유설』이다. 이 책에서 이수광은 당시 논의되던 세 가지 설을 소개하였다.[1] 첫 번째는 마한은 전라도, 변한은 충청도, 진한은 경상도라는 설이다. 두 번째는 마한이 가장 커서 전라도·충청도가 되었고, 변한과 진한은 모두 경상도에 있다는 설이다. 세 번째는 경기·충청·황해도는 마한이 되었고, 전라도는 변한이 되었으며, 경상도는 진한이 되었다는 설이다.

첫 번째 설은 1590년 김성일이 일본에 사신으로 갔을 때 왜승 종진宗陳의 요청을 받아 작성한 「조선국연혁고이朝鮮國沿革考異」에 보이는데, 『학봉선생문집鶴峯先生文集』에 실려 있는 글이다. 여기서 김성일은 평양은 삼한이 웅거한 땅이 아니며 위만이 웅거한 땅 역시 조선의 땅 전체는 아니었다고 하였다.

두 번째 설은 한백겸의 주장이다. 한백겸은 『동국지리지』에서 한강 북쪽은 삼조선, 남쪽은 삼한의 땅으로 보았으며, 경상도의 동북은 진한, 서부는 변한으로 보았다.[2] 한백겸은 "남쪽은 남쪽대로 북쪽은 북쪽대로南自南 北自北"라고 하여 한강을 기준으로 북쪽의 고조선과 남쪽의 삼한이 별도의 역사를 전개했다고 보았다.[3]

한백겸의 설은 같은 시기를 살았던 오운(『동사찬요』)을 비롯하여 정극후(『역년통고』), 유형원(『동국여지지』) 등에게 영향을 주었고, 17세기 후반에는 소론 학자 이세귀(『양와집』 「동국삼한사군고금강역설」)의 주목을 받았다. 홍만종도 『동국역대총목』에서 변한을 영남 우도의 남쪽으로 이해하였다.[4] 이 밖에도 18~19세기에 이익의 『성호사설』, 안정복의 『동사강목』, 한치윤·한진서의 『해동역사』, 홍경모의 『총사』「동사변의」, 심대윤의 『동사』 등에서도 삼한을 한강 이남으로 보았다. 다만 심대윤은 삼한을 한강 이남으로 보면서도 위만의 땅에 있었으며 한이 설치한 4군의 밖에 있었다고 하여[5] 독특한 견해를 보였다.

세 번째 설은 성종 때 편찬된 지리지인 『동국여지승람』에 나타나 있다. 이 책은 중종 때 보완하여 『신증동국여지승람』으로 간행되었다. 여기서는 경기·충청도를 마한, 황해도를 조선과 마한, 전라도를 변한으로 보았다.[6] 관찬지리지라는 점에서 한백겸의 한강이남설과 함께 조선 후기에 많은 영향을 주었다. 이수광이 활동하던 무렵의 북인 학자 조정도 이러한 입장을 취하였는데, 『동사보유』에서는 경기·충청·황해도를 마한, 전라도를 변한의 옛 강역으로 보았다.[7]

삼한을 황해도 이남으로 보는 설은 대체로 황해도 전체가 아닌 일부가 위만조선 이후 설치된 4군과 뒤섞여 있었다는 입장을 보였다. 임상덕은 『동사회강』에서 4군의 서남쪽은 한과 뒤섞여 있었다고 하였다.[8] 이종휘는 조정의 『동사보유』와 비슷한 입장을 보였다.[9] 이유원의 『임하필기』에서는 마한을 한강의 남과 북, 충청·황해도 일대로, 변한을 전라도로 보았다.[10]

이만운의 『기년아람』은 판본에 따라 약간 다른 내용을 전한다. 이덕무의 『청장관전서』에 수록되어 있는 『기년아람』의 삼한조에서는 마한을 경기·충청·황해도, 변한을 전라도로 보았다. 1877년 『기년편람紀年便覽』이라는 이름으로 편찬된 본의 동국역대지계東國歷代地界조에서는 삼한을 한강 이남으로 보았다. 처음에는 『동국여지승람』의 영향을 받았다가 조선 후기에 대세를 이루어간 한강이남설을 수용했음을 알 수 있다.

『연려실기술』 「역대전고歷代典故」에도 한강이남설과 황해도이남설이 섞여 있다. 위만조선조[11]에서는 위만조선의 남쪽은 한강을 경계로 삼한과 접한다고 한 반면에 논동국지방論東國地方조[12]에서는 변한을 전라도, 마한을 황해·경기·충청도로 보면서 4군·2부의 땅은 서남쪽으로 한과 서로 섞여 있다고 하였다. 위만조선과 4군의 강역을 약간 달리 보았음을 알 수 있다.

이처럼 조선 후기에 삼한을 황해도나 한강 이남으로 보는 설이 일반화되지만 17세기에는 여전히 위만조선·4군과 삼한의 강역이 겹치는 것으로 보는 입장도 있었다. 권별權鼈은 『해동잡록海東雜錄』

위만조선조와 마한조에서 마한을 평안도로 보았다. 홍여하는 『동국통감제강』에서 삼한-삼국 관계에 대한 설 중에서 변한은 평양의 낙랑 땅에 있으며 고구려가 되었다는 권근의 설을 제시하였다. 이유장도 『동사절요』에서 4군·2부 지역이 삼한이 되었다고 하였다. 이처럼 17세기에는 위만조선과 삼한의 경계에 대해 여러 설이 혼재했음을 보여준다. 그러나 18세기 이후에는 대체로 위만조선과 삼한의 강역을 구별하여 이해하는 것이 일반화되었다.

한 군현을 통한 강역 찾기

조선시대에는 한이 설치한 4군의 위치 고증을 통해 고조선의 강역을 찾으려는 시도가 있었다. 이 때문인지는 모르지만 조선시대 저술된 문헌에는 4군의 대략적인 위치 또는 치소를 제시해 놓은 경우가 많다. 그러나 조선 전기의 기록은 지리 비정이 제한적으로 이루어져 많은 정보를 알기는 어렵다.

조선 초 『쌍매당협장문집』, 『동국세년가』 등에는 위만조선이 4군으로 나뉘어졌다는 내용만 보이며 구체적으로 제시한 위치는 없다. 고려 말 『제왕운기』도 마찬가지다. 『제왕운기』와 『동국세년가』에는 진번과 임둔이 남북으로 있고 낙랑과 현도가 동서로 있었다는 내용만 있다. 또한 4군이 2부가 되었다가 부여와 비류국 및 삼한의 여러 나라가 들어섰다는 내용도 있다. 이로 보면 두 책은 위만조선의 강역을 삼한 전체는 물론 부여 지역까지 이해한 것처럼 보인다. 특히 『제왕운기』는 삼한, 부여, 비류국 이외에도 고구려(고례), 신라(시라), 남·북옥저, 예맥 모두가 단군의 후손이라고 하였다. 『삼국유사』도 4군의 위치를 제시하지는 않았지만 낙랑군에서 분화한 대방군(남대방)을 남원으로 비정하고 있어[13] 사실상 삼한이 위치한 한반도 남부까지 고조선의 강역으로 이해했음을 알 수 있다. 위만조선이 멸망한 이후 4군·2부가 설치되었다가 삼한이 이루어졌으며 다시 삼한이 삼국이 되었다는 인식 속에서 대방군을 남원으로 비정하는 사례도 나온 것이다. 이 밖에 『쌍매당협장군집』에는 진번의 명칭이 와전되어 여진이 되었다거나, 여진은 금나라로 임둔은 정확히 어디에 있었는지 알지 못한다는 내용도 있다.[14]

성종 때 편찬된 『동국통감』은 4군의 일부 치소를 제시하였다.[15] 낙랑군의 치소는 조선현, 임둔군은 동이현東暆縣, 현도군은 옥저성, 진번군은 삽현霅縣으로 기록하였다. 현도군의 치소에 대해서는 후에 이맥夷貊에게 침략당하여 고구려의 서북쪽으로 옮겼다는 내용도 언급하였다. 16세기에 편찬된 『동국사략』, 『표제음주동국사략』은 일부 군의 치소도 비정하였다.[16] 즉 낙랑군은 평양, 임둔군의 동이현은 강릉, 현도군의 동옥저성은 함경도 지역으로 추정하였다. 진번군의 삽현은 비정하지 않았다. 낙랑군의 치소가 평양[17]이고 임둔군의 치소가 강릉[18]이라는 것은 『고려사』 「지리지」에 이미 보인다. 조선 초에 편찬된 지리지에 나타난 지리 관념을 반영한 것이다.

17세기 초에 편찬된 오운의 『동사찬요』는 현도군에 대한 새로운 내용을 추가하였다.[19] 현도는 고조선의 땅으로 유주幽州에서 동북으로 3,000리의 거리에 있다고 하였으며, 위 명제가 현도성을 쌓았다고 하였다. 또한 17세기 초 당시 심양瀋陽의 치소에서 동북 80리에 있던 무순撫順의 천호소千戶所가 옛 현도성이라고 불렸으며 압록강으로부터 700리 떨어져 있었음을 언급하였다. 이맥의 침입을 받아 현도군 치소가 이동한 기록을 추가한 것이다. 무순 노동공원 고성

古城이 제3현도군 치소로 비정된다는 점에서 무순 천호소의 현도성은 제3현도성과 관련된 것으로 보인다. 대체로 신빈新賓 영릉진고성으로 이동한 제2현도성이 다시 무순(제3현도성)으로 이동한 것으로 본다.[20]

『동사찬요』는 패수로 불리는 강이 여럿이었음을 소개하고 있다.[21] 위만조선과 한이 경계로 하였으며 망명 당시 위만이 건넜던 패수는 압록강으로 보았다. 『당서』의 기록을 근거로 고구려 평양성이 있던 패수는 대동강으로 보았으며, 『고려사』 「평산부平山府」에 있는 패강은 저탄猪灘이라고 하였다. 위만조선과 한의 경계인 패수의 위치를 논했다는 점에서 조선 전기와는 달라진 모습이다.

『동사찬요』와 비슷한 시기에 편찬된 이수광의 『지봉유설』에서는 진번의 위치에 대한 의견이 처음 확인된다. 여기에 보면 "『두씨통전杜氏通典』을 상고하여 보면 진번은 마땅히 요遼의 지경에 있어야 한다"[22]는 구절이 보인다. 당대 두우杜佑가 편찬한 『통전』에 의거하여 진번군을 요동에서 찾은 것이다.

반면 같은 시기의 한백겸은 『동국지리지』에서 진번을 다른 곳에서 찾았다. 한백겸은 진번에 대해 조선·임둔·진국의 사이 즉 맥국의 옛 땅에 있었다고 보았다.[23] 맥국은 『삼국사기』 「지리지」에 삭주(춘천)로 나오며[24] 조선시대 편찬된 여러 지리지도 춘천을 옛 맥국 지역으로 서술하였다. 한백겸은 진번이 춘천을 중심으로 강릉, 평양 사이에 위치한 것으로 본 것이다. 그러나 조선 후기에 진번을 국내에서 찾는 견해는 소수였고 대부분은 압록강 북쪽에 있었던 것으로 보았다.

　17세기에 정극후는 『역년통고』에서 진번은 요동의 동쪽으로 함경도 북쪽 오랑캐가 사는 곳에 위치한 것으로 보았다. 유형원은 『반계잡고磻溪雜藁』와 『동국여지지』에서 패수를 압록강으로, 진번의 삽현은 요동 경내로 보았다. 홍여하는 『동국통감제강』에서 진번의 삽현을 요양遼陽 지역으로 보았다. 요양은 지금의 요령성 요하 하류 지역에 있다. 홍여하는 한과 위만조선이 경계로 한 패수는 요양성 서쪽에 있는 요하의 여러 물줄기 중 하나로 보았다.

　18세기에도 진번북방설은 계속되었다. 남구만은 『약천집藥泉集』「동사변증東史辨證」에서 조선의 국경 밖 요동 동북쪽에 있었다고 보았으며, 한의 요동군 속현 중 하나인 번한현과 관련 있다고 보았다. 이세귀는 「동국삼한사군고금강역설」에서 진번을 고구려의 남쪽 압록강 밖으로 보았다. 이익은 『성호사설』 조선사군조에서 진번의 삽현을 요하 서쪽의 중국 본토에서 가까운 곳으로 보았다. 유득공은 『사군지四郡志』에서 『무릉서茂陵書』에 언급된 '장안長安에서 진번군 치소 삽현까지의 거리'를 고려하여 진번을 송화강 동쪽이라고 추정하였다. 정약용은 『아방강역고』에서 진번을 압록강 북쪽의 흥경興京 남쪽 동가강 좌우로 보았다. 동가강은 고구려 발상지 환인桓仁 지역을 거쳐 압록강으로 흘러가는 강이며, 흥경은 후금의 발상지이자 요령성 동쪽에 있던 옛 현으로 지금의 신빈 일대다. 한진서도 『해동역사 속』「지리고」에서 정약용과 마찬가지로 진번을 흥경 동남쪽 파저강(동가강) 좌우로 보았다.

신경준, 안정복 등은 위만조선의 강역 자체를 구체적으로 논하였다. 신경준은 『괄지지括地志』에서 "조선, 고려, 예, 맥, 동옥저 다섯 나라의 땅은 동서로 1,300리, 남북으로 2,000리로 경사京師의 동쪽에 있다. 동쪽으로 큰 바다에 이르기까지 400리이고, 서쪽으로 영주營州의 경계에 이르기까지 920리이다. 남쪽으로 신라국에 이르기까지 600리이고, 북쪽으로 말갈국에 이르기까지 1,400리다"라고 한 것을 제시하며 위만조선의 사방 강계를 언급하였다.[25] 고구려, 예, 맥, 동옥저의 땅이 모두 고조선의 강역이라는 관점에서 논한 것이다. 특히 서쪽 경계의 경우 영주의 경계까지 920리라고 한 점을 미루어 짐작해 보면 위만조선의 서쪽 경계가 압록강 이북까지 미친 것으로 보았음을 알 수 있다. 남쪽은 신라까지 600리라고 한 점에서 대략 한강을 경계로 인식했음을 알 수 있다. 남쪽 강역을 한강으로 본 것은 한백겸이 한강을 기준으로 그 남쪽은 삼한, 북쪽은 고조선으로 구분한 설을 따른 것이다.

안정복은 『동사강목』에서 위만조선의 강역에 대해 "그 영토는 서북으로는 만번한을 경계로 하였고, 주변의 작은 읍과 진번, 임둔을 침략하여 항복시켰으니, 지금 동북 새외와 북도 영동의 땅이 바로 그것이다"라고 하였다. 만번한은 『기자강역고』에서 『한서』「지리지」에 보이는 요동군의 속현 번한潘汗과 관련해서 보았다. 위만조선의 강역이 요동의 일부에까지 미쳤다는 의미다. 안정복은 4군에 대해서도 따로 언급하였는데, 진번을 요동의 동쪽으로 보았다.[26] 또한 진번의 진眞은 숙신에서 나왔으며 여진女眞의 진眞도 진번을 답습한 것으로 보았다. 임둔에 대해서도 강릉으로만 연결시키지 않고 함경도와 강원도의 영동이 임둔의 관할지역이라고 하였다.[27] 패수는 대동강으로 보았다.[28] 남쪽은 한강에 이르러 삼한과 접하였다고 하였다.

박지원의 『열하일기』에도 강역 관련 내용이 나온다. 한사군의 위치에 대해서는 구체적으로 언급하지 않았지만 고조선의 강역이 절반은 요동에, 절반은 여진에 걸쳐 있었다고 하였다.[29] 진번에 대해서는 조선 세조 때 학자 김윤이 영고탑으로 본 것을 타당하다고 보았다. 영고탑은 청대 흑룡강성 영안寧安 지역을 일컫는 말이었다. 패수에 대해서는 요동에서 찾아야 할 것이라 하였으며, 패수를 대동강이라 하는 사람은 우리 강토를 줄여서 말하는 것이라 비판하였다. 이처럼 조선 후기에는 위만조선의 강역을 중국 동북지역까지 확대해서 보는 것이 일반적이었다.

고조선과 연의 경계, 만번한

만번한滿潘汗은 고조선과 전국시대 연의 경계로 나오는 지명이다. 이 경계의 위치를 알기 위해서는 고조선과 연의 전쟁 과정을 알아야 한다.

연이 왕을 칭하고 고조선을 공격하려 하자 고조선도 이에 대응하여 왕을 칭하면서 역으로 연을 침공하려고 하였다. 이로 인해 두 나라 간에 긴장관계가 높아졌는데, 고조선의 대부 예가 연에 가서 유세하여 문제를 해결하였다. 예는 오늘날로 치면 사신으로 간 것인데, 고조선은 먼저 군사적 위세를 과시한 뒤 사신을 보내 전쟁이 일어나지 않도록 한 것이다. 예가 어떤 말을 하였는지는 알 수 없지만 군사력이 뒷받침되지 않았다면 연의 침공을 막기는 어려웠을 것이다. 고조선이 군사적으로 충분한 힘을 갖추고 있었기 때문에 연도 어쩔 수 없이 화친을 택할 수밖에 없었다.

『위략』에는 이후 고조선 왕의 후손들이 점차 포학해지자 연이 장군 진개秦開를 보내 그 서방 2,000여 리를 취하여 만번한을 경계로 삼았다는 내용이 이어진다. 진개의 침공은 연 소왕 때로 본다. 소왕은 기원전 284년에 제를 공격하여 큰 승리를 거두기도 하였다.

당시 고조선 왕의 후손들이 포학해졌다고 표현한 것은 고조선이 연을 자주 침공했기 때문이었을 것이다. 연의 입장에서 포학함이란 군사적 침탈이라 할 수 있다. 고구려 동천왕에 대한 중국 측 기록과 비교해보자. 『삼국지』에서는 동천왕에 대해 흉악하다고 표현하였는데, 『삼국사기』「고구려본기」에서는 동천왕을 매우 선한 왕으로 언급해 놓았다. 심지어 동천왕이 죽었을 때 많은 신하들이 따라 죽을 정도였다. 죽어서도 선한 왕의 신하로 남고 싶었던 욕망의 결과였다. 이처럼 대내적으로 선한 왕이라 할지라도 대외적으로 흉악한 왕으로 표현될 수 있는데, 동천왕이 중원 왕조를 자주 침탈했기 때문이다. 고조선을 포학하다고 표현한 것을 보면 기원전 300년 전후로 연을 자주 괴롭혔던 것으로 보인다. 그만큼 고조선이 군사적으로 연에 밀리지 않았음을 의미한다.

고조선은 진개의 침공으로 2,000여 리나 되는 많은 땅을 잃었다. 2,000여 리라는 표현을 통해 진개 침공 이전에 고조선은 그 이상의 영토를 지닌 국가였음을 유추할 수 있다. 소진이 연 문후에게 유세할 때 연이 사방 2,000여 리의 나라라고 하였다. 영토 면에서 고조선은 연보다 넓었을 가능성이 있다.

진개의 침공에 대해서는 『사기』「흉노열전」과 『염철론鹽鐵論』에 나온다. 『사기』는 기원전 1세기 말 한 무제 때 편찬되었으며, 『염철론』은 무제 다음인 소제昭帝 때 개최된 염철회의의 내용에 대해 선제宣帝 때 환관이 편찬한 책이다. 둘 다 기원전 1세기 전반의 기록이다. 『사기』「흉노열전」에는 진개가 호胡에 인질로 갔다가 돌아와서 동호를 쳐서 1,000여 리를 빼앗았다고 기록하였다. 『염철론』에서는 연이 동호를 쳐서 1,000리를 넓힌 다음에 고조선을 친 것으로 나온다. 이에 연이 침탈한 범위를 동호 1,000여 리, 고조선 2,000여 리로 보기도 하지만 고조선이 빼앗겼다는 2,000여 리 안에 동호 지역도 포함되어 있었다거나 1,000여 리는 남북의 폭, 2,000여 리는 동서의 너비를 가리킨다는 견해도 있다. 여하튼 고조선은 많은 영토를 상실하면서 쇠퇴하였고, 만번한이 고조선과 연의 새로운 경계가 되었다.

만번한은 고조선의 위치를 알려주는 단서라는 점에서 많은 주목을 받아 왔다. 조선시대에는 만번한을 요동 일대에서 찾았다. 16세기 유희령이 쓴『표제음주동국사략』에서는 번藩을 심瀋으로 보고 만심한滿瀋汗이 요동의 땅에 있다고 하였다. 이익은 만滿을 만주로 이해하고 강계 이북과 백두산 서쪽이 모두 연의 통치 범위에 들어간 것으로 보았다.

17세기에 이르면 번한을 전한시대 요동군에 속해 있던 번한현番汗縣으로 보고 만번한을 유추하는 견해가 제기되었다. 유형원은『반계잡고』에서『한서』「지리지」에서 패수沛水가 흘러나온다고 한 번한현을 염두에 두고 만번한을 압록강 근처로 보았다. 다만 진개가 2,000여 리를 빼앗았다고 한 것은 연의 도읍에서의 거리로 보았다. 즉 연경燕京에서 요동도사遼東都司까지가 1,700리, 요동도사에서 압록강까지가 560리라는 점에서 대략 부합한다고 보았다. 신경준도 번한현을 통해 만번한을 살폈는데, 다만 연의 도읍에서 압록강까지가 불과 1,500여 리에 불과하다면서『위략』의 2,000여 리라는 표현은 과장이라고 이해하였다.

　홍여하는 『동국통감제강』에서 만번한을 진번과 연결시켰다. 그는 진번의 치소 삽현을 지금의 중국 요령성 요양遼陽으로 보았는데, 만번한을 이곳으로 추정했다. 그는 만번한을 한대에는 진번군으로 불렀고 당대에는 홀한주로 불렀다고 기록했다.

　정약용은 『아방강역고』에서 한대 요동군에 속해 있던 문현文縣과 번한현을 만번한과 연결시켜 이해하였으며, 요수를 훨씬 지난 지역까지 연에 빼앗긴 것으로 보았다. 진·한대에 그 서쪽을 더욱 잃어 압록강을 경계로 하게 되었다고 한 점에서 만번한은 압록강보다 서쪽에 위치한 것으로 이해하였음을 알 수 있다.

　만번한을 문현과 번한현에 연결하여 이해하는 접근법은 현대 고조선 연구자들에게 많은 영향을 끼쳤다. 연구자들은 『자치통감』에서 동진 함화咸和 8년(333)에 모용황과 모용인이 문현 북쪽에서 싸웠다는 기록을 근거로 하여 해성海城 동남쪽에 있는 석목성이 문현이라고 추정한다. 번한은 문현에서 멀지 않을 거라고 보고 개평蓋平[30]이나 심양[31]으로 보거나 철령 이북의 창도昌圖·개원開原 일대[32]로 본다. 대략 요동반도의 중앙을 가르는 천산산맥 일대까지 연이 진출했을 것으로 이해하고 있다.[33]

고조선과 한의 경계, 패수

『사기』「조선열전」은 진이 멸망하고 한이 들어선 이후에 멀고 지키기 어렵다는 이유로 요동의 옛 새塞를 수리하고 고조선과 패수를 경계로 삼았다고 전한다. 한 고조 유방이 죽고 연왕 노관盧綰이 흉노로 망명할 무렵에 위만이 패수를 건너 진의 옛 공지인 상하장上下鄣에 머물렀다. 위만이 경계를 넘어 고조선 지역으로 들어왔음을 알 수 있다.

패수는 위만조선 시기에도 고조선의 서쪽 경계였다. 위만의 손자 우거왕 때 한은 섭하를 사신으로 보냈는데, 당시 우거왕은 한 황제의 명을 받들기를 거부하였다. 이렇게 섭하는 아무런 성과도 얻지 못하고 돌아가는 도중에 패수에서 조선의 비왕 장을 살해하고 한의 요새로 도망쳐 버렸다. 이후 한 무제가 섭하를 요동의 동부도위로 임명하자 위만조선은 비왕의 원한을 풀기 위해 섭하를 공격하여 죽였다. 이를 계기로 한이 대규모 군대로 위만조선을 침공하였다. 이때 한의 좌장군 순체가 거느린 군대에 맞서 위만조선은 한동안 패수를 사수하였다. 이처럼 패수는 기원전 2세기 말 이후 고조선의 서쪽 경계로서 여러 사건이 일어났던 강이다.

1세기 후반 반고班固가 편찬한 『한서』의 「지리지」에는 패수가 낙랑군의 현으로 나온다. 전한대에 낙랑군에는 25개 현이 있었는데 패수현도 그중 하나다. 『한서』「지리지」에는 패수의 강물이 서쪽으로 증지현增地縣에 이르러 바다로 들어간다고 나온다. 낙랑군조에는 열수列水, 대수帶水에 대한 기록도 있다. 열수는 탄열현呑列縣에서 나와 서쪽으로 점제현秥蟬縣에 이르러 바다로 들어간다고 하였다. 점제현은 평안남도 온천군 성현리의 어을동 성터에서 점제현비가 조사되었다는 점에서 대동강 하구로 보기도 하며, 이를 통해 대체로 열수는 대동강으로 보기도 한다. 대수는 함자현含資縣에서 서쪽으로 대방에 이르러 바다로 들어간다고 하였으므로 재령강으로 보는 견해가 있다. 최소한 패수는 대동강과 재령강이 아님을 알 수 있다.

패수현과 패수에 대한 기록은 『설문해자說文解字』와 『수경주水經注』에도 보인다. 『설문해자』는 후한 화제和帝 영원永元 12년(100)에 허신許愼이 편찬한 자전류 책이다. 여기에는 패수가 낙랑군 누방현鏤方縣에서 나와 바다로 들어간다고 간략히 언급되어 있다. 『수경주』는 전한 성제成帝 때 상흠桑欽이 쓴 『수경水經』에 주를 단 것으로 북위 때 역도원酈道元이 쓴 것이다. 『수경주』에서는 패수가 누방현에서 나와 바다로 들어간다고 하였다. 역도원은 고구려에 사신으로 온 적이 있는 인물이다. 당시 역도원은 고구려 도성인 평양의 북쪽에 패수가 있다는 이야기를 들었다. 이에 역도원은 패수가 낙랑군 조선현을 흐르는 강, 즉 대동강으로 인식한 것이다.

『한서』「조선전」에도 패수 관련 기사가 있는데, 『사기』「조선열전」과 거의 비슷하다. 한이 건립된 이후 요동의 옛 새塞를 수리하여 패수를 경계로 삼았다는 내용은 여기에도 있다.『한서』는 내용이 방대하여 읽기에 어려움이 있었다. 이에 후한 말에 순열荀悅이 헌제獻帝의 명을 받들어『한서』를 줄여 편년체 역사서인『전한기前漢紀』를 편찬하였다. 80만여 자에 이르는『한서』를 18만여 자로 줄인 것이다. 순열은『한서』의 내용을 줄이는 과정에서 내용을 일부 바로 잡기도 하였다. 이러한『전한기』에는 한이 건립된 직후에 멀고 지키기 어려워서 요수遼水를 새로 삼았으며 요수를 건넌 위만이 요遼에 있으면서 진의 옛 땅에 살았다고 기록하였다.『한서』「조선전」의 내용을 줄여서 기록하는 과정에서 패수를 요수로 바꾸어 적은 것이다. 요수는 소요수小遼水를 의미하는데, 현재의 요령성에 있는 요하 지류인 혼하渾河이다. 전한대 한과 고조선의 경계가 혼하였다는 것이다. 위만이 요에 살았다고 하여 진의 옛 공지의 위치도 요동에 있었음을 명확히 하였다.

전한뿐만 아니라 후한대에도 요동군, 낙랑군 등은 한의 강역이었다. 강역에서 벗어나 오랜 시간이 지나면 지리정보에 혼란이 올 수 있지만 계속 한의 강역이었던 요동·낙랑의 지리정보에 한이 착오를 빚었을 가능성은 없다. 오히려 순열이 오류를 바로잡았던 점을 고려하면『한서』에 언급된 고조선 관련 지명의 애매한 부분을 명확히 한 것으로 볼 수 있다. 즉 낙랑군 패수현의 패수浿水와 한 초 고조선과의 경계였던 패수浿水가 다른 강인 데도 불구하고 이름이 같아 혼란을 일으킬 수 있으므로 다른 이름으로 적은 것이다.

고조선과 경계였던 패수를 다른 글자로 적는 것은 전한대부터 확인된다. 기원전 1세기 중엽에 편찬된 『염철론』에서는 진이 중원을 병합한 뒤 동쪽으로 패수沛水를 끊고 조선을 아울렀다고 하였다. 『사기』, 『한서』 등으로 볼 때 중원에서 고조선에 이르는 곳에 위치한 강은 '浿水'인데 '沛水'로 적은 것이다.

3세기 중·후엽에 어환이 쓴 『위략』에서는 위만이 망명하여 고조선으로 갈 때 건넌 강을 추수溴水로 적었는데, 패수浿水를 바꿔 기록한 것이다. 비록 후한에서 위·진으로 왕조가 바뀌었으나 3세기에도 낙랑군은 여전히 중원 왕조의 강역에 포함되어 있었다. 중원 왕조에서 요동·낙랑·대방 등에 관리를 파견하던 때였다. 낙랑군 패수현과 고조선의 서계였던 패수를 구분할 수 있었던 때인 것이다. 이런 상황에서 고조선 서계의 패수와 낙랑군의 패수가 다름을 밝히기 위해 고조선 서계의 강을 다른 글자로 표기한 것이다. 낙랑군 패수현의 패수는 이름은 같지만 고조선 서계의 강과는 다른 강이라 할 수 있다.

그런데 고구려가 도성 부근에 흐르는 대동강을 패강·패수로 부르고 고구려에 사신으로 온 북위의 역도원이 대동강을 패수로 부르면서 대동강패수설이 유력하게 부상하였다. 고구려는 압록강 북안의 환인·집안 일대에서 성장한 나라였기 때문에 고조선이나 낙랑·요동의 지명을 명확히 알았다고 보기 어렵다. 요동 일대가 고구려에 병합된 이후 중원 국가에서 이 지역의 지명을 제대로 파악하기는 더욱 어려웠다. 이러면서 고구려가 패강으로 부른 대동강을 패수로 잘못 이해하게 된 것이다. 통일 후 신라도 대동강을 패강으로 불렀고 이는 고려로 이어졌다.

조선시대에도 패수를 대동강으로 인식한 사례가 많다. 권람의 『응제시주』, 박상의 『동국사략』, 유희령의 『표제음주동국사략』, 권별의 『해동잡록』 등에서는 모두 패수를 대동강으로 보았다. 『고려사』, 『신증동국여지승람』 등에서 대동강을 패강이라 한 것을 그대로 따른 것이다. 조선 후기에도 대동강설은 지속되었는데, 안정복은 『동사강목』에서 압록강, 대동강, 저탄 등 패수에 대한 기록이 있는 강을 검토한 뒤 대동강을 패수로 보았다. 한진서도 『해동역사 속』에서 『한서』 「지리지」에 마자수馬訾水와 패수가 각기 다른 군에 실려 있다는 점에서 압록강으로 보는 설을 비판하며 위만이 건넌 패수는 대동강을 가리킨다고 하였다.

이와 달리 권문해는 『대동운부군옥』에서 패수 압록강설을 처음으로 제기하였다. 즉 우리나라에 패강浿江이 셋 있다고 하면서 위만이 건넌 패수는 압록강이며 『당서』에서 평양성 남쪽에 있다고 한 패강은 대동강이라 하였다. 또한 『고려사』 평산부에서 저탄을 패강이라 지칭한 것도 소개하였다. 오운의 『동사찬요』에서도 3패수에 대한 내용을 제시하고 위만이 건넌 패수를 압록강으로 보았다. 유형원의 『반계잡고』, 이만운의 『기년아람』, 정약용의 『아방강역고』 역시 압록강설을 지지하였다. 이만운은 대동강은 평양부 동쪽 1리에 있어 위만이 패수를 건너 준왕을 핍박했다고 보기 어렵다고 하였다. 정약용은 북위의 역도원이 잘못된 의혹으로 뒷사람들이 다른 강(대동강)을 패수로 보게 되었다고 지적하였다. 한편, 이익의 『성호사설』에서는 고조선의 국경이 되었다는 패수浿水는 추수溴水의 오류이며 압록강으로 추정하였다.

한백겸은『동국지리지』에서 패수 청천강설을 처음 제시하였다. 그는 낙랑군 패수현의 패수에 대해 진·한대 고조선의 북쪽 경계였다는 점에서 대동강일 수 없다고 하였다. 또한 압록강은 마자수였기 때문에 패수가 될 수 없다고 하면서 압록강과 대동강 사이에 있는 청천강이 패수라고 하였다.

남구만의『약천집』에서는 패수에 대한 여러 설을 검토하면서 어느 한 곳으로 결정하기 어렵다고 하였다. 다만 "조선에서 강을 다 '패浿'라 칭하였으니 중국에서 북방의 강을 '하河'라 칭하고 남방의 강을 '강江'이라 칭한 것과 같다"라는 어떤 책의 내용을 인용하여 글을 마무리하였다. 그러면서 한이 진의 옛 새가 멀다고 뒤로 물러나 요동의 옛 성을 수리하여 패수를 경계로 삼았다는 점에서 위만이 건넌 패수는 요동에 있었을 것으로 보았다. 그러나 우거왕 때 한의 침공 당시 좌장군 순체가 패수의 고조선 근대를 격퇴하고 바로 왕검성 아래에 이르렀다는 점을 들어 이 무렵의 패수는 평양에서 멀지 않아야 한다면서 압록강이나 청천강이 되어야 할 것이라 하였다. 위만조선 초와 멸망 무렵 패수의 위치가 달랐다고 본 것이다.

홍여하는『동국통감제강』에서 패수를 요하 유역이라 기록했다. 그는 패수는 본래 요하 물줄기 중 하나로 요양성 서쪽에 있었다고 하였다. 요동은 본래 고조선의 땅으로 평양도 본래 요양에 있었는데 도읍이 지금의 평양으로 옮겨지면서 대동강을 패수로 옮겨 부르게 되었다고 하였다. 박지원도 『열하일기』에서 패수를 요동에서 찾아야 한다고 하였다. 그는 패수를 압록강, 청천강, 대동강 등에서 찾는 것은 조선의 강토를 싸우지도 않고 저절로 줄이는 것이라고 비판하였다. 고조선의 도읍이 옮겨지면서 평양과 패수의 명칭도 옮긴 것으로 이해하였는데, 고조선의 도읍은 본래 요하 서쪽의 영평永平·광녕廣寧 사이에 있다가 요양을 거쳐 지금의 평양으로 옮겨진 것으로 보았다. 김경선金景善도 『연원직지燕轅直指』에서 박지원의 주장을 따랐다.

성해응成海應의 『연경재전집研經齋全集』에서는 고조선의 서계였던 패수와 『한서』 「지리지」의 패수를 구분하였다. 즉 고조선 서계인 패수는 대동강이 아닌 소요수 즉 혼하라고 하였으며, 「지리지」의 패수는 대동강으로 패수현은 양덕 일대에 있었다고 하였다.

근대 민족주의 역사학자인 신채호는 『조선사연구초』에서 평양, 패수 등은 '펴라'라는 음을 빌려 쓴 글자로, 펴라는 본래 강의 이름이며 그 강가에 건설한 도성도 펴라라 이름을 지었다고 하였다. 그러면서 고조선 서계인 패수는 『한서』 번한현조의 패수沛水와 동일한 강으로 인식하고 해성의 한우락犴芋濼에 비정하였다.

6장

고조선과 삼국을 잇다

부여를 세운 해부루가
단군의 아들로 기록된 까닭

부여의 기원에 대해 『삼국유사』 북부여조에 인용된 『고기』는 천제 해모수가 신작 3년(기원전 59)에 흘승골성에 내려와 북부여를 세웠다고 하였다.¹ 이후 해모수는 부루라는 아들을 낳았는데, 해부루는 상제의 명령으로 동부여로 도읍을 옮겼고 동명왕이 북부여를 계승하여 졸본부여(고구려)가 되었다고 하였다.

부루의 탄생과 관련하여 『삼국유사』는 또 다른 이야기를 전한다. 고구려조에서 『단군기壇君記』의 기록을 인용하여 단군이 서하 하백의 딸과 관계하여 부루를 낳았다고 하였다.² 부루가 단군의 아들이라는 것이다. 이렇게 동부여 시조 해부루에 대해 각각 해모수와 단군의 아들이라는 전승이 있는데, 어느 전승을 따르느냐에 따라 해부루의 활동 시기는 2,000년 넘게 차이가 난다.

『삼국유사』와 같은 시기에 편찬된 『제왕운기』에 인용된 『단군본기』에서는 비서갑 하백의 딸과 결혼하여 부루를 낳았다고 전한다.³ 『삼국유사』의 『단군기』와 마찬가지로 부여의 시조 부루를 단군의 아들로 전하는 것이다. 이로 보면 고려 후기에 단군 관련 기록에서는 부여 왕 부루를 단군의 아들로 보는 인식이 있었음을 알 수 있다. 이는 『삼국유사』 북부여조에 인용된 부여 전승과는 상반된다.

6장 고조선과 삼국을 잇다 151

조선시대에 들어오면 단군의 아들 부루에 대한 새로운 내용이 추가된다.『세종실록』「지리지」에 인용된『단군고기』는 단군이 비서갑 하백의 딸과 결혼하여 동부여 왕이 되는 부루를 낳았다고 전한다.⁴ 여기에는 단군이 하나라 우임금의 도산회의 때 태자 부루를 보냈다는 내용이 추가되었다. 부루의 활동 시기가 하가 있던 시기임을 분명히 한 것이다. 비슷한 내용이 세조 때 권람이 지은『응제시주』에도 보인다. 이 책에는 동부여 왕 부루가 단군의 아들이며 우임금의 도산회의에 참석한 인물로 나온다.⁵

『단군고기』가 하나의 책이름인지 단군에 대한 옛 기록이라는 의미인지는 명확히 판단하기는 어렵다. 조선 이전 단군에 대한 옛 기록으로는『삼국유사』고조선조의『고기』와 북부여조의『단군기』,『제왕운기』의『본기(단군본기)』등이 있다.『세종실록』의『단군고기』에는 상제 환인의 아들인 단웅 천왕이 손녀에게 약을 먹여 사람이 되게 한 뒤 단수신과 혼인하게 해서 단군을 낳게 하였으며 단군이 은 무정 8년까지 1,038년간 다스리다가 아사달에 들어가 신이 되었다고 전한다. 이러한 내용은『삼국유사』의『고기』보다는『제왕운기』의『단군본기』에 가깝다. 여기에도 단웅 천왕이 손녀에게 약을 먹여 사람이 되게 하고 단수신과 결혼하게 하여 단군을 낳게 했다는 내용과 단군이 1,038년을 다스리다가 아사달의 산신이 되었다는 내용이 나온다. 은(상) 무정 8년이면 1,048년이어야 하는데⁶ 1,038년으로 적은 것이다.『응제시주』,『동국통감』등은 이러한 잘못을 파악하고 1,048년으로 기록하였다. 다만 1,038년으로 기록한 것은 요임금 즉위 원년에 대한 기년을, 1170년에 편찬된 『노사路史』에 의거했기 때문이라는 견해도 있다.⁷ 내용으로 보면 『단군고기』는 『제왕운기』에 인용된 『단군본기』일 수 있으나 확실하지는 않다. 만약 동일한 기록이라면 부루의 도산회의 참석 이야기는 『제왕운기』 편찬 무렵에 이미 알려졌다는 의미가 된다.

단군의 아들 부루의 도산회의 참석 전승 기록이 처음 나오는 문헌은 조선 후기에 편찬된 『회헌선생실기』이다.⁸ 회헌은 고려 말 유학자 안향의 호다. 안향은 고려에 성리학을 처음 도입한 인물로 유명하다.

15세기 후반에서 16세기에 이르면 부루에 대한 인식이 달라진다. 성종 때 편찬된 『동국통감』과 16세기 초 박상이 편찬한 『동국사략』에는 부루가 단군의 아들이라는 내용은 보이지 않는다. 『동국통감』에서는 부여 왕 해부루가 산천에 제사하여 금와를 얻게 된 내용이 전할 따름이다. 『동국사략』도 마찬가지다.

유희령의 『표제음주동국사략』은 이와 조금 다르다. 이 책에서는 단군이 비서갑 하백의 딸과 결혼하여 부루를 낳았으며 부루를 도산 회의에 보냈다는 내용이 보인다.⁹ 부루가 동부여 왕이 되었다는 내용은 보이지 않고 단군의 아들이라고만 하였다. 유희령은 동부여 왕에 대해서는 금와부터 언급하였다.¹⁰ 이를 통해 유희령은 부루를 단군의 아들로 보았지만 동부여와 연결시키지는 않았음을 알 수 있다.

조선 전기에는 단군의 아들 부루를 부여 왕 부루로 보는 것을 비판하는 글도 확인된다. 『동국통감』 편찬에도 참여하였던 서거정이 쓴 『필원잡기』에서는 단군이 동부여 왕 부루를 낳고 도산회의에 부루를 보냈다는 말은 근거가 없는 것이라며 비판하였다.[11] 권문해도 『대동운부군옥』에서 단군의 아들 부루가 도산회의에 참여한 내용은 실었으나[12] 부여 왕 해부루가 단군의 아들이라는 『고기』의 기록은 신뢰하기 어렵다고 하였다.[13] 단군의 시기와 부여 성립 시기 간의 차이로 인해 단군의 아들 부루와 동부여 왕 해부루를 동일인으로 볼 수 없다는 인식이 확대된 것이다. 조선 후기에 유형원도 『반계잡고』에서 부루의 도산회의 참석 기사에 대해 '웃음을 자아내는 것'이라며 비판하였다.[14] 유광익柳光翼도 『풍암집화』에서 단군이 하백의 딸과 결혼하여 동부여 왕 부루를 낳았다는 전승에 대해 비판하였다.[15]

이러한 비판 때문인지 17세기에 편찬된 문헌에는 단군의 아들 부루에 대한 언급이 거의 없다. 대표적으로 오운의 『동사찬요』, 조정의 『동사보유』, 홍여하의 『동국통감제강』 등이다. 단지 『동사찬요』, 『동국통감제강』에는 해부루가 부여 왕이었으며 그 아들 금와가 동부여로 천도했다는 내용만 전한다. 『동사보유』는 해부루가 북부여 왕이었으며 동부여로 천도했다고 하여 약간 다르게 표현하였으나 역시 부루를 단군의 아들로 보지는 않았다. 19세기 초에 편찬된 『해동역사』도 부여 왕 해부루는 단군의 아들 해부루가 아니라는 주석을 달았다.[16]

그렇다고 해서 부루를 단군의 아들로 보는 입장이 완전히 사라진 것은 아니었다. 1648년경에 조여적趙汝籍이 편찬한『청학집』에서는 단군의 아들 부루에 대한 이야기가 더욱 확대되어 있다. 여기서는 단군에게 부루·부소·부우·부여 등 네 명의 아들이 있었는데, 요 임금 시기 천하에 물난리가 나 평양이 잠겼을 때 네 왕자가 구월산에 올라 마땅한 곳을 가려 당장리에 도읍하였다는 내용이 추가되어 있다. 부루가 도산회의에 참석한 내용도 보인다.『청학집』은 조선의 도교 도맥을 정리한 책이다.

조선 후기 부루 전승에 대한 선택적 수용 및 비판적 태도는 다양한 형태로 지속되었다. 홍만종은『순오지』에서 단군이 비서갑 하백의 딸 사이에서 부루를 낳았고, 부루가 도산회의에 참석했음을 기술하였다.[17]『동국역대총목』에서도 부루의 도산회의 파견을 서술하였다.[18] 다만 홍만종은 부루를 부여 왕 해부루와 연결시키지는 않았다. 그는 동명왕 기사에서 부여 왕 해부루가 금와를 얻어 길렀던 내용을 전하기는 하였지만 해부루가 단군의 아들이나 자손이라는 표현은 사용하지 않았다.[19] 안정복도『동사강목』에서 단군의 아들 부루의 도산회의 참석은 서술하였지만 부루를 부여와 연결시키지는 않았다.[20]

『연려실기술』「역대전고」는 이와 조금 다른 양상을 보인다. 여기서는 단군이 동부여 왕이 되는 부루를 낳았으며 부루가 도산회의에 참석한 내용을 실으면서 도산회의 참석설에 대한 서거정의 비판도 함께 실었다.[21] 부루 '부여왕설'보다 '도산회의참석설'을 오히려 비판한 것이다. 또한 단군이 부루를 낳았다는『삼국유사』의 설은 비판하고 해부루가 단군씨의 후손이라는 허목의 설을 제시하였다. 해부루가 단군의 후손이라는 설을 신뢰했음을 알 수 있다.

이만운은 『기년아람』에서 단군의 후비后妃인 비서갑 하백의 딸이 해부루를 낳았다고 하였으며, 부루는 도산회의에 참석하였고 후에 북부여 왕(부여 왕)이 되었다고 기록하였다.22 동부여 왕 대소는 단군의 증손자로 표현하였다. 다만 단군이 천 년 넘게 살았다는 것에 대해서는 이치에 맞지 않다고 하였다. 단군과 부여의 관계를 인정하면서도 단군의 아들이라는 표현에는 비판적인 입장을 취한 것이다.

홍경모는 『대동장고』에서 단군의 후비인 비서갑 하백의 딸이 해부루를 낳았으며 부루가 도산회의에 참석했다고 기록하였다.23 또한 삼조선이 거느린 여러 속국 중 하나로 부여를 따로 다루고 있는데, 부여조에서 단군의 아들 해부루가 기자를 피해 부여(북부여)로 와서 나라를 세웠으며 뒤에 가섭원으로 도읍을 옮기고 동부여로 이름을 고쳤다고 하였다.24 그러나 해부루가 단군의 아들이라는 것에는 회의적인 입장을 취하면서 단군의 후손으로 보았다. 『총사』 「동사변의」에서는 부여와 단군의 관계를 더욱 비판하였다. 여기서 홍경모는 부여가 단군의 아들이 세운 나라라는 것은 징험할 수 없다고 하였다.25 또한 해부루의 후사는 끊겼고 금와는 곤연에서 얻은 아이라는 점에서 단군의 후손이 아님을 밝혔다. 고구려를 세운 주몽이나 백제를 세운 온조도 단군과 관련이 없다고 논하였다.

이원익의 『기년동사약』에서는 단군의 아들 부루가 도산회의에 참석한 것은 기록하였고, 단군이 하백의 딸에게서 해부루를 낳았다는 것은 비판하였다.[26] 해모수가 곧 단군이기는 하나 이때의 단군은 처음 강림한 단군을 의미하는 것이 아니라 그 자손들이 부른 이름이라고 보았다. 해모수는 단군의 아들이 아니라 그 후예로만 본 것이다. 조선 후기로 갈수록 부여를 세운 해부루를 단군의 아들이 아닌 후손으로 설정하여 단군과 부여의 관계를 좀 더 합리적으로 설명하려는 경향이 강해진 것이다.

위만조선·마한·부여로
고조선과 삼국을 연결하다

우리는 단군의 후손이라는 말을 흔히 하지만 정작 고구려, 백제, 신라 삼국이 단군과 어떤 관계에 있는지 알고 있는 사람은 드물다. 『삼국사기』는 신라에 대해서 신라의 전신인 진한辰韓 6촌이 고조선 유민에 의해 이루어졌다고 언급하고 있다. 『삼국유사』 「왕력」에 고구려를 세운 주몽이 단군의 아들이라는 표현이 나오며, 기이편의 고구려조에는 해모수의 아들로 나온다. 『삼국유사』와 마찬가지로 고려 후기 충렬왕 때 편찬된 『제왕운기』는 고구려, 신라, 부여 등 우리 고대사를 구성한 여러 세력이 단군의 후예라고 말하고 있다. 구체적인 근거를 찾는 것은 연구자의 몫이다.

　『삼국유사』, 『제왕운기』 등에 처음 등장한 단군의 후예라는 인식은 조선시대에 널리 확산되었다. 단군부터 우리 역사를 서술하기 시작하였고, 고조선과 삼한을 거쳐 삼국이 이루어졌다는 인식이 뚜렷해졌다. 이 과정에서 단군조선·기자조선과 삼국 중간에 있었던 국가에 대한 관심이 높아졌다. 역사 기록에서 분명하게 확인되는 위만조선을 단군조선·기자조선과 함께 삼조선의 틀에서 살피게 되었고, 고조선 준왕의 남천과 관련된 마한도 고조선의 정통 계승자로 주목하게 되었다. 부여의 시조 해부루를 단군의 아들과 연결시킨 책도 나왔다.

  위만조선, 마한, 부여는 고조선이 어떻게 삼국으로 이어졌는지 설명해줄 수 있는 나라다. 위만조선은 기원전 190년대에 성립되었다. 고조선의 준왕은 위만조선이 성립되면서 남쪽으로 내려가 마한을 세웠다. 준왕 전승이 전하는 익산을 비롯한 전북 서북부는 청동기·철기 유물이 부장된 기원전 2세기 무렵의 무덤이 분포하고 있어서 마한의 존재를 시사해준다. 마한은 진한, 변한 등을 거느린 삼한의 맹주로 기록되어 있다. 부여는 『사기』 「화식열전」에 처음 등장하고 있어 최소한 기원전 2세기대에 존재했음을 알 수 있다. 세 나라는 일정 기간 공존하면서 삼국으로 이어진 것이다. 고구려는 부여와 관련되면서 고조선 땅을 차지하였고, 백제는 부여·고구려와 관련되면서 삼한의 일부를 차지하였고, 신라는 고조선·진한과 관련되면서 삼국을 통일하였다. 고조선은 멸망했지만 다시 여러 나라가 일어나 삼국을 이루고 우리 민족의 근간을 이룬 것이다. 이런 점에서 위만조선, 마한, 부여는 고조선이 삼국으로 전환해 가는 과정에서 징검다리 역할을 했다고 하겠다.

단군에서 부여로,
부여에서 고구려·백제로

고려 말 조선 초까지만 하더라도 부여 왕 부루가 단군의 아들이라는 이야기는 일설로 취급되거나 인정받지 못하였다. 『삼국유사』는 천제 해모수와 그의 아들 해부루에 의해 부여가 성립·발전된 것으로 기록하였으며,[27] 부루가 단군의 아들이라는 기록은 고구려조의 주석에 조그맣게 들어가 있다. 북부여조의 『고기』는 전한 선제 신작 3년(기원전 59)에 해모수가 처음 부여를 세운 것으로 전하기 때문에 단군의 아들 부루와 해부루를 동일인으로 보기에는 한계가 있다.

부여에 대한 내용도 고구려와 관련해서 짧게 다루어지고 있다. 고려시대의 『삼국사기』는 물론 조선시대에 편찬된 『동국통감』, 『동국사략』, 『표제음주동국사략』, 『동사찬요』, 『동국역대총목』, 『동국통감제강』, 『동사강목』 등 대부분의 사서에서 부여는 별도로 다루어지지 않고 고구려 동명왕 이야기에 짧게 소개되는 정도였다. 주로 해부루의 아들 금와왕과 주몽의 어머니인 유화의 이야기에서 소개되었다.

본격적으로 부여를 단군과 관련시켜 관심을 갖기 시작한 것은 17세기에 권별이 쓴 『해동잡록』에서다. 권별은 『대동운부군옥』을 지은 권문해의 아들이다. 『해동잡록』은 "부여에는 동·남·북 세 부여가 있는데, 북부여는 단군의 아들 부루의 나라이며, 남부여는 부루의 아들 금와의 나라이고, 동부여는 금와의 아들 대소의 나라이다"라고 하였다.[28] 다시 대소의 아들 온조는 남쪽으로 달아나 나라를 세웠는데, 고구려와 같은 뿌리에서 나왔으므로 부여를 성씨로 삼았으며 성왕 때 사비로 도읍을 옮기고 남부여라 칭하였다고 하였다. 즉 부루의 북부여, 금와의 남부여, 대소의 동부여, 온조의 백제는 모두 단군의 계통이라는 것이다. 온조가 고구려와 같은 뿌리에서 나왔다고 하여 고구려 역시 단군의 후예로 보았다. 비슷한 내용이 『대동운부군옥』에도 보이지만, 북부여의 해부루를 단군과 연결시키지는 않았으며 동부여의 왕은 금와, 남부여의 왕은 대소로 보았다.[29]

   권별과 비슷한 시기를 살았던 허목도 부여를 단군의 아들이 세운 국가로 보았다. 그는 『기언』 단군세가[30]와 관서지[31]에서 단군씨가 해부루에게 나라를 전하여 해부루가 북부여를 세웠으며, 해부루가 곤연에 기도하여 낳은 금와가 동부여를 세웠고, 금와가 우발수의 딸을 좋아하여 고구려를 세운 주몽을 낳았으며, 주몽의 작은 아들인 온조는 백제 시조가 되었다고 하였다. 북부여, 동부여, 고구려, 백제 모두 단군에서 나왔다는 것이다. 관서지에서는 단군이 비서갑의 딸 사이에서 부루를 낳았다고 하였다. 단군세가에서는 부루의 시대에 기자가 조선으로 왔으며, 동부여의 금와왕 말에 진나라 사람이 망명하여 진한秦韓을 세웠다고 하였다. 단군뿐만 아니라 부루, 금와 역시 오랫동안 살았던 것으로 이해했음을 알 수 있다. 이렇게 단군세가에서 부여를 다루면서 북부여, 동부여, 고구려, 백제 등이 모두 단군의 후예 국가임을 분명히 하였다. 단군세가에서는 부여의 풍토, 풍속, 정치 상황 등도 서술하였는데, 이전 시기 사서에 비해 부여를 상세히 다루었다는 특징을 지닌다. 숙신씨로도 불리는 읍루에 대해서도 상당한 지면을 할애하여 이들이 단군의 후예임을 드러냈다.

허목의 입장은 같은 남인 학자 이유장에게도 일부 영향을 주었다. 이유장의 『동사절요』는 단군이 서비갑 하백의 딸 사이에서 부루를 낳았다고 하였으며,[32] 부여 왕 해부루는 단군의 아들이라 하였다.[33] 단군의 아들 부루와 부여 왕 해부루를 동일인으로 인식한 것이다. 이돈중李敦仲의 『동문광고』도 부여의 국조인 해부루를 단군의 아들이자 하나라 우임금의 도산회의 참석자로 언급하였다.[34]

이종휘의 「동사」는 부여세가[35]를 별도로 두어 부여사를 서술하였다는 점에서 특징적이다. 「동사」에서는 단군, 기자, 삼한, 후조선(위만조선)은 본기로 서술하였고, 부여는 세가로 서술하였으며, 예맥·옥저·비류·낙랑(낙랑국)은 열전으로 서술하였다. 여기서 부여의 선조는 단군에서 나왔다고 하였으며, 여러 아들 중 하나가 부여 지역에 봉해졌는데 후대에 부여로 부르게 되었다고 했다. 부여는 처음 봉해진 군주의 이름이라는 설도 덧붙였다. 단군의 아들 부루의 도산회의 참석 기사는 서술하였으나 해부투와 동일한 인물로 보지는 않았다. 즉 부여는 2,000여 년간 이어지다가 해부루 때에 가섭원으로 천도하여 동부여라 부르게 되었다고 하여 부루와 해부루를 다른 시기 사람으로 보았다. 금와, 주몽, 온조도 언급하고 있으나 금와를 해부루의 친아들로 언급하지는 않았으며, 주몽도 금와의 아들이라고 직접 표현하지는 않았다. 온조에 대해서는 그 선조가 부여에서 나왔으므로 부여씨를 칭했다는 내용을 덧붙였다. 이종휘는 해부루, 금와, 주몽, 온조의 혈연적 계통을 세우기보다는 부여 자체를 단군에서 나온 국가로 보면서 고구려, 백제 등이 부여에서 파생되었음을 제시한 것이다.

7장

고조선을 추앙하는
조선 관료들

 ## 이성계가 국호를 조선이라 한 까닭

조선朝鮮이라는 국호를 사용한 나라는 몇 있었다. 하나는 단군왕검이 세운 조선이다. 일연은 『삼국유사』 고조선조에서 부제를 '왕검조선'이라 하여 고조선은 왕검조선이라는 것을 명시했다. 또 하나는 고조선의 정권을 탈취한 위만의 나라다. 위만은 준왕을 몰아내고 왕이 된 뒤 나라 이름을 그대로 조선이라 하였다. 일연이 처음 사용한 '고조선'이란 개념은 본래 왕검조선을 가리키지만, 현재 학계에서는 위만조선과 단군이 세운 조선을 모두 포함시키고 있다. 나머지 하나는 이성계가 고려를 무너뜨리고 건국한 조선이다.

 태조 이성계는 왕조 성립 직후인 1392년 11월에 예문관학사 한상질韓尙質을 명에 보내 국호를 청하였다. 이때 조선이 청한 국호는 화령和寧과 조선朝鮮 두 가지였다. 이 중 화령은 이성계의 출신지로서 왕업이 일어난 곳인데 명의 입장에서는 별로 달갑지 않은 지역이었다. 이를 빤히 알고 태조는 화령과 조선 두 선택지를 명에 보낸 것이다. 국호 선택을 명에 위임하는 형식을 취했으나 사실 명이 '조선'을 선택하도록 하였던 것이다. 태조가 국호를 조선으로 정하여 명에 통보하지 않고 굳이 명의 동의를 구하는 형식을 취한 것은 명과의 관계가 악화된 당시 정세와 관련 있다.

태조가 '조선'을 국호로 선택하여 제시한 사정에 대한 구체적인 기록은 없다. 애초에 단군이나 위만, 혹은 기자를 의식한 것인지 명확히 알기 어렵다. 다만 당대의 여러 기록을 살펴 추정하는 것은 가능하다.
　이와 관련하여 조선의 개국공신 정도전의 기자 인식을 살펴보자.

해동의 나라에 [처음부터] 국호가 있었던 것은 아니었다. 조선을 칭한 나라는 단군·기자·위만의 세 나라였으며, 박씨·석씨·김씨가 서로 칭한 신라, 온조가 칭한 전백제, 견훤이 칭한 후백제, 그리고 고주몽이 칭한 고구려, 궁예가 칭한 후고려가 있고, 왕씨가 궁예에 이어서 고려의 국호를 이어받았다. 모두 함부로 한쪽 귀퉁이를 점거한 것이며, 중국의 명을 받지도 않고 자렴한 국호였다. [게다가] 서로 침탈하였으니 비록 칭한 바가 있어도 어찌 취할 바가 있으리오. 오직 기자만이 주 무왕의 명을 받아 조선후로 책봉되었을 뿐이다.[1]

　이 기록을 통해 정도전은 기자를 통하여 새로운 국가 조선의 유교 전통을 강조하려고 하였음을 짐작할 수 있다. 그는 기자조선만이 중국의 책봉을 받았음을 강조하였다. 정도전은 조선 건국 문제를 성리학적 명분과 관련시켜 인식했다. 조선 건국 과정에서 정도전의 위치를 볼 때 그의 기자 인식이 조선 국호 배경에도 영향을 주었을 가능성이 높다.
　새 왕조의 국호로서 조선이 선택된 좀 더 구체적인 역사적 배경을 찾기 위해서 주목해야 할 내용은 태조 즉위 직후인 8월 11일에 예조전서 조박趙璞이 상서한 내용이다. 새 왕조의 재례 문제를 논의하면서 조박은 다음과 같이 언급하였다.

> 조선의 단군은 동방에서 처음으로 천명을 받은 임금이고, 기자는 처음으로 교화를 일으킨 임금이오니, 평양부로 하여금 때에 따라 제사를 드리게 할 것입니다. 고려의 혜왕·현왕·충경왕·충렬왕은 모두 백성에게 공이 있으니, 또한 마전군麻田郡의 태조묘太祖廟에 붙여 제사지내게 할 것입니다.[2]

여기에서 조박은 단군과 기자에게 각각 중요한 역사적인 의미를 부여하면서 제사를 지내야 한다고 주장하였다. 고려시대 국가적인 치제 대상으로서 단군을 포함시킨 적은 없었다. 새 왕조 개창 직후에 조박의 언급은 보다 공식적인 역사적 존재로서 단군을 자리매김하기 시작하였다는 점을 보여주고 있다. 이런 변화는 고려시대 이래 전승되어 온 단군에 관한 인식이 새 왕조의 건국이라는 역사적 계기와 새 왕조 건국 주체들의 정치적 필요에 의해 보다 확대되었다는 점을 보여준다.

조선 국호를 결정해달라는 요청에 대해 홍무제의 결정은 다음과 같았다.

> 본부本部의 우시랑右侍郎 장지張智 등이 홍무 25년 윤12월 초9일에 삼

이성계의 국호 선택

가 성지(聖旨)를 받들었는데, 그 조칙에 '동이의 국호에 다만 조선의 칭호가 아름답고, 또 이것이 전래한 지가 오래 되었으니, 그 명칭을 근본하여 본받을 것이며, 하늘을 본받아 백성을 다스려서 후사를 영구히 번성하게 하라.' 하였소. 삼가 본부에서 지금 성지의 사의(事意)를 갖추어 앞서 가게 하오.[3]

홍무제는 조선의 의도대로 선택했다. 명은 기자조선이 중국의 제후국이었음을 강조하면서 조선을 압박하고 회유하는 무기로 활용했는데, 조선은 이를 역으로 이용한 것이다. 홍무제도 조선의 국호를 결정하는 데 기자의 존재를 염두에 두었지만, 단군의 존재도 알고 있었다. 후에 권근은 명에 갔을 때 홍무제가 내어준 시제를 받고 그 운에 따라 24수의 시를 짓는다. 이것이 바로 응제시應製詩인데 이 중 「처음으로 동이를 연 임금始古開闢東夷主」에서 단군이 처음 나라를 세웠으며 그 후 기자가 와서 나라 이름을 똑같이 조선이라 했음을 밝힌 바 있다.

요컨대 새 왕조가 국호를 조선으로 선택했을 때 그것은 민족시조인 단군의 조선과 교화시조인 기자의 조선을 계승한다는 역사계승의식이 담겨있었다. 조선 건국의 주체들에게 단군과 기자는 상충되지 않고 새 왕조의 역사적 가치를 높이는 공동의 역할을 분담하는 존재였다.

기자조선설을 받아들인 세종

조선은 명과의 관계가 안정되면서 대외적으로 단군과 기자를 동시에 중요시하였다. 태종은 1412년(태종12) 단군을 기자묘에 합사시켰는데, 이는 이러한 배경에서 나온 것이다. 태종의 최측근이었던 하륜河崙은 단군이 우리 동방의 시조이므로 마땅히 기자와 합사해야 한다고 주장하여 관철시켰다.

세종은 1429년 기자사당 남쪽에 단군사당을 별도로 세웠다. 이는 사온서주부 정척鄭陟이 올린 글을 수용한 것인데, 그 내용은 다음과 같다.

> 신의 어리석은 소견으로 단군은 요임금과 같은 시대에 나라를 세워 스스로 국호를 조선이라고 하신 분이고, 기자는 주 무왕의 명을 받아 조선에 봉하게 된 분이니, 역사의 햇수를 따지면 요임금에서 무왕까지가 무려 1,230여 년입니다. 그러니 기자의 신위를 북쪽에 모시고, 단군의 신위를 동쪽에 배향하게 한 것도, 실로 나라를 세워 후세에 전한 일의 선후에 어긋남이 있다고 생각합니다. … 신의 생각에는 단군의 사당을 별도로 세우고, 신위를 남향하도록 하여 제사를 받들면 제사의식에 합당할까 합니다.[4]

이 기록에서 알 수 있듯이 정척은 단군의 위치를 기자보다 상위에 두면서도 명과의 외교관계를 고려하여 단군사당과 기자사당을 동등한 위치에서 독립시키자고 하였다. 동시에 단군과 기자를 평가하며 건국의 자주성을 앞세웠다.

한편, 단군이 중국의 제후가 아닌 것은 명백하였으나 기자가 중국의 제후인가 아닌가는 논란이 되어 왔다. 세종 대에는 기자와 주나라의 관계가 조선 엘리트들 사이에 쟁점으로 떠오르게 되었다.

판한성부사 권홍權弘이 기자묘소에 비문을 짓도록 상소한 일이 있었는데, 이에 따라 1428년(세종10)에 판우군부사 변계량이 기자묘비箕子廟碑의 비명을 지어올리게 된다.

선덕 3년 무신 하 4월 갑자일에 국왕 전하께서 전지하시기를, "왕은 이렇듯 이르노라. 옛날 주 무왕이 은을 정복하고 은의 태사를 우리나라에 봉하여, 그의 신하 노릇하지 않으려는 뜻을 이루게 하였도다. 우리나라의 문물과 예악이 중국과 비견함이 지금까지 2,000여 년에 이르게 된 것은 오직 기자의 교화에 힘입은 것이로다. 돌아보건대 그 사당집은 좁고 누추하여 우러르는 예법에 맞지 아니하므로, 나의 부왕께서 일찍이 중수할 것을 명하셨고, 내가 그 뜻을 받들어 공사를 독려하여 이제 낙성하였도다. 마땅히 비석에 새겨서 영원히 뒷세상에 보여야 하겠다. 사신史臣은 이미 비문을 지으라"고 하셨도다.[5]

이 기록에서 알 수 있는 바와 같이 세종은 기자의 문화적 업적을 강조하며 기자가 조선에 봉해짐으로서 무왕의 신하 노릇을 하지 않았다고 보고 있다. 즉 세종은 기자의 자주성을 강조하였으며 동시에 '기자'는 칭호가 아니란 사실을 인식하며 '기자=제후'설을 파기한 근거로 삼게 되었다. 이는 다음 자료를 통해 확인할 수 있다.

> 산천단순심별감 정척鄭陟이 아뢰기를, "평양 기자묘 신위에 쓰기를 '조선후기자'라고 하였사오니, 청하건대 '기자' 두 글자를 삭제하옵소서" 하니, 임금이 말하기를, "그렇다. '기箕'는 나라 이름이고 '자子'는 작爵인데, 이를 칭호로 함은 불가하다. 그러나 그저 조선후라고 일컫는 것도 미안한 듯하니 '후조선시조기자'라고 하는 것이 어떠할까. 상정소로 하여금 의논하여 아뢰게 하라" 하니, 좌의정 황희, 우의정 맹사성, 찬성 허조 등은 '후조선시조기자'라고 하는 것이 마땅하다고 하고, 총제摠制 정초鄭招는 '조선시조기자'라고 하는 것이 마땅하다고 하였는데, [황]희 등의 의논에 따랐다.[6]

이 기록을 통해 세종 대 '조선후기자'는 '후조선시조기자'로 지위가 바뀌었고, 기자는 제후에서 시조로 격상되었음을 알 수 있다. 세종 대의 단군과 기자 인식은 당대에 편찬된 『동국세년가』에서도 찾을 수 있다. 『동국세년가』는 우리나라를 요동에 있는 하나의 별천지로 표현하고 국토가 만 리나 되며 처음 단군이 조선을 세웠다고 기록했다. 기자에 대해서는 주 무왕 기묘년에 기자가 이르러 왕위를 928년 동안 전하고, 41대에 위만에게 쫓겨 금마로 옮겼음을 서술했다. 여기에 기자는 주 임금의 제부로 이름이 '서여'이며 '기'는 나라 이름이고, '자'는 작위임을 언급했다.[7] 여기서 기자를 기국의 작위라고 한 것은 기자를 제후로 보는 견해를 반박하기 위한 근거다.

이렇듯 세종 대에 단군과 기자에 대한 위상은 새롭게 평가되어 각각 독립국가로 인정받게 되는데, 이것은 세종이 우리 고대사를 자주적으로 정립시켰다는 것을 의미한다.[8]

단군·기자 제사의 정례화와 위호 논의

조선 건국 직후에는 단군보다 기자에 대한 제사 논의가 먼저 있었다. 1392년(태조1)에 예조전서 조박趙璞은 "조선의 단군은 동방에서 처음으로 천명을 받은 임금이고, 기자는 처음으로 교화를 일으킨 임금이니, 평양부로 하여금 때에 맞춰 제사를 지내도록 하소서"라고 글을 올렸다.9 이어 1398년(태조7)에 정종은 즉위 교서를 반포하며 "기자는 조선에 봉토를 받아 실제로 교화의 기초를 닦았으므로…마땅히 제전祭田을 두어 때에 맞춰 제사를 지내도록 할 것이다"라고 하였다.10 조선에 교화를 일으킨 임금으로서 기자에 대한 제사를 지냈던 것이다.

1407년(태종7)에 허조許稠는 하정사의 종사관으로 명에 가서 여러 제도를 탐문하였고, 지금의 산동성 산동 지역의 궐리사闕里祠11도 다녀왔다. 당시 명의 경사京師에서 이부상서 건의蹇義가 "조선에 기자의 후손이 있습니까? 또 사시四時의 제사를 행하는 자가 있습니까?"라고 묻자, 허조는 "후사는 없습니다. 그러나 [사시의 제사는] 우리나라에서는 소재지 고을의 수령에게 명하여 행하고 있습니다"라고 대답하였다. 1411년(태종11)에 예조참의 허조가 기자에게 제사 지내기를 청하였고, 태종은 "기자만 못한 사람에게도 모두 제사를 지내고 있는데, 오직 성인인 기자에게 제사하지 않음은 무슨 까닭인가? 이제부터는 제사를 지내도록 하라"고 하였다.[12]

이듬해인 1412년(태종12) 6월에 허조는 다시 상서하여 "우리나라에 기자가 있는 것은 중국에 요임금이 있는 것과 같습니다. 조정에서 요임금을 제사하는 예에 의하여 기자사당에 제사하소서"라고 청하였다. 태종은 이 문제를 예조에서 풀도록 하였고, 예조에서는 "기자의 제사는 마땅히 사전祀典에 싣고, 춘추春秋에 제사를 드리어 숭덕의 의를 밝혀야 합니다. 또 단군은 실로 우리 동방의 시조이니, 마땅히 기자와 더불어 한 사당에 제사를 지내야 합니다"라고 하였다.[13] 같은 해 7월에 예조에서 계청하여 "춘추로 사신을 보내 단군과 기자의 사당에 제사를 드리게 하소서"라고 하였다.[14]

1413년(태종13) 11월에 예조에서 사전祀典의 여러 조목에 대해 상서하면서 당의 『예악지禮樂志』에 옛 선제왕先帝王들을 모두 중사中祀에 두었고, 우리나라에서도 선농先農·선잠先蠶·문선왕文宣王을 중사에 두었으니, 단군·기자 등을 중사로 하자고 하였다. 또한 교서관 축판식에서 단군과 기자에게는 '국왕'이라 칭하고 있는데, 이치에 맞지 않은 것 같으므로 '조선 국왕'이라고 칭하도록 해야 한다고 하였다.[15] 1414년(태종14) 9월에는 예조에서 단군과 기자에게 제사하는 의절을 상정하여 아뢰었다.[16] 그전까지 평양부에서 비정기적으로 지내던 기자에 대한 제사가 이때가 되어서 국가적으로 정비되었고, 특히 중사로 정하면서 매년 봄과 가을에 정기적으로 진행하게 된 것이다.

기자에 대한 제사는 세종 대에 오례五禮 길례吉禮 중사中祀로 지정되어 중춘仲春과 중추仲秋에 제향하고, 생뢰牲牢는 양과 돼지 각 한 마리를 쓰는 것으로 정해졌다.17 기자를 제향하는 의례는 단군을 제향하는 의례와 동일한 방식으로 진행되었다.18

한편, 1428년(세종10) 4월에 변계량이 기자묘비의 비명을 지어 올렸고,19 1430년(세종12)에 비석이 세워지게 되었는데, 전액篆額의 글자를 가지고 논의가 있었다. 상정소에서 기자묘비箕子廟碑로 아뢰자, 좌의정 황희, 우의정 맹사성, 찬성 허조 등은 찬성했지만, 총제 정초는 '조선국기자묘지비朝鮮國箕子廟之碑'가 맞다는 의견을 냈다. 논의 끝에 전액 글자는 기자묘비로 결정되어 비석을 세우게 되었다.20

또한 기자묘에 쓰이는 '조선후기자朝鮮侯箕子'라는 위호와 관련하여 당시 평안도관찰사는 기자의 '기箕'는 나라 이름이고 '자子'는 작위인데 그 앞에 '조선후'를 붙이는 것은 잘못된 것이므로 맨 앞에는 '은태사殷太師'라 쓰고 그 뒤에 우리나라에서 올린 존호와 봉작을 쓰면 좋겠다는 의견을 냈다. 또한 당시 묘전 안에 위판을 봉안하고 신좌 앞에 향탁만 놓았을 뿐 다른 의위가 없는데, 휘장을 쳐서 신좌를 가리게 하고 좌우에 선개를 설치하여 묘모를 엄숙하게 하는 것이 좋겠다는 의견을 냈다.21 '조선후기자지위朝鮮侯箕子之位'라 쓰여진 기자전의 신위판 글자에 대해서 1430년(세종12)에 예조에서 사전祀典의식에 따라 '지위' 두 글자는 삭제하여 '후조선시조기자後朝鮮始祖箕子'로 수정하도록 청하였다.22 결국 1437년(세종19)에 예조는 기자전 위판을 '조선시조기자朝鮮始祖箕子'로 수정하였다.23

1456년(세조2) 7월에는 단군과 기자의 신주를 고치며, 단군의 신주를 '조선단군신주朝鮮檀君神主'에서 '조선시조단군지위朝鮮始祖檀君之位'로, 기자의 신주를 '후조선시조기자後朝鮮始祖箕子'에서 '후조선시조기자지위後朝鮮始祖箕子之位'로 각각 수정하였다.24

세조는 1460년(세조6) 10월 17일에 평양에 있는 태조의 진전인 영숭전에 친제를 지냈고, 이어서 단군·고구려 시조·기자의 전殿에 나아가 친제를 지냈다.25 이후 선조·광해군·인조·숙종·영조·순조·고종·순종 대 치제를 지내기는 했지만,26 국왕이 평양에 있는 기자의 묘와 사당에 친제를 지낸 것은 이때가 유일한 기록이다.

단군묘·기자묘 조성과 승격

　조선은 이전 왕조의 건국시조에 대한 예우를 중요시했다. 고려와 삼국뿐 아니라 단군조선과 기자조선에 대해서도 마찬가지였다. 이러한 예우는 민간이 아닌 국가적 차원에서 이루어진 것으로 조선 건국 초기부터 이전 왕조의 시조에 대한 각종 제의를 왕명으로 규정하였다. 『세종실록』에는 "조선의 단군과 후조선의 시조 기자와 고려 시조에 대해 중춘과 중추에 제사를 지내도록 한다"[27]는 내용이 있고 『세조실록』에는 봄가을 제향할 때의 제의를 구체적으로 규정한 내용[28]이 나온다. 『경국대전』에는 역대 시조에 대해서 중사中祀[29]로 제사 지낸다고 규정되어 있는데 국조 단군에 대한 간략한 설명이 포함되어 있다.[30] 조선은 이른 시기부터 왕명과 법전을 통해 역대 제왕에 대한 예우를 제도화했다는 점을 알 수 있다.

　국조로서 단군을 추앙하고 문명 개화의 군장으로서 기자를 숭상하는 일이 조선에 들어서 처음 생긴 일은 아니었다. 국가적 차원에서 단군과 기자를 높였던 것은 고려시대부터 시작되었다. 성제사聖帝祠와 기자사箕子祠가 바로 그것이다. 성제사는 단군과 고구려의 시조 동명성왕을 모신 사당으로, 언제 처음 건립되었는지는 정확하지 않다. 그러나 고려 숙종이 동명성제사東明聖帝祠에 사신을 보내어 제사를 지내게 하였다는 기록으로 보아 고려 전기에도 이미 존재하였음을 알 수 있다. 이후 성제사가 어떠한 형태로 유지되었는지에 대해서는 기록이 명확하지 않다. 다만 조선이 건국된 직후 단군에 대한 제사를 지내야 한다는 건의가 있었던 것으로 보아 고려 후기에는 명맥만 유지하였던 것으로 보인다.

태조 1년에 예조전서 조박趙璞 등은 상서를 올려 "조선의 단군은 동방에서 처음으로 천명을 받은 임금"이므로 봄가을에 제사를 지내야 한다고 건의하였다.³² 이후 하윤河崙의 건의에 따라 실제로 제사를 행하였다.³³ 1425년(세종7)에는 "기자사당에 단군 신위가 함께 있는 것은 편안한 일이 아니므로 단군의 사당을 별도로 제사를 받들어야 한다"는 사온주부 정척鄭陟의 건의에 따라 단군사당을 건립하였다.³⁴ 세종 12년에 신위를 '조선후단군지위朝鮮侯檀君之位'에서 '조선단군'으로 고쳤는데,³⁵ 이때 단군묘를 정비한 것으로 생각된다. 신위는 1456년(세조2)에 '조선시조단군지위朝鮮始祖檀君之位'로 개칭되었고,³⁶ 세조 6년에는 왕이 왕세자를 데리고 직접 가서 제사를 지내기도 하였다.³⁷ 조선 초기에 공식적으로 단군을 국가의 시조로 인정하고 고조선을 역사적 사실로 받아들인 것이다. 이후 숙종은 기자묘에 대한 제사를 지내면서 단군동명왕묘에 함께 치제하도록 하였다.³⁸ 동명왕묘와 함께 단군묘를 매년 수리하도록 명하기도 하였다.³⁹ 이후 1725년(영조 원년)에 이르러 평양감사 이정제李廷濟의 건의로 숭령전崇靈殿이라는 사액⁴⁰을 받게 되었는데 이 숭령전이 오늘에 이르고 있다.

기자사 역시 고려 전기에 이미 존재하고 있었다. 성제사 건립과 비슷한 시기인 숙종 때 건립되었는데, 숙종 7년에 예부의 건의에 따라 기자의 무덤을 찾아 사당을 건립하였다고 한다.⁴¹ 명종 때에는 선성先聖의 유향전 50결의 토지를 지급하도록 하였는데, 선성이란 바로 기자이고 유향전은 제사비용을 충당하기 위해 지급한 토지이다. 그때 문선왕(공자)의 유향전이 15결이었음을 고려하면 기자의 제사조가 상당히 비중이 높았음을 알 수 있다.⁴² 고려 충숙왕 때에는 기자사를 건립하여 제사를 지내게 하였고,⁴³ 이후 공민왕 때두 차례 수리를 하고 제사를 지내게 하였다.⁴⁴ 이 동안에 기록이 전혀 없는 성제사와는 달리 기자사는 토지를 지급받고 왕명으로 제사를 지냈다는 기록이 있다. 고려 왕조는 성제사보다 기자사를 더 중요하게 여겼던 것이다.

기자사는 조선에 들어와서 더욱 중시되었다. 유교가 건국이념이었던 탓이다. 기자가 동방으로 와서 교화를 폈다는 중국 문헌의 기록은 조선 지식층에게 자긍심을 심어주는 동시에 조선이 소중화라고 인식하는 중요한 근거로 쓰였다. 세종 때 변계량卞季良이 지어 올린 기자묘비의 비문이 바로 당시 지식층의 기자에 대한 인식을 종합적으로 보여 주는 글이다.⁴⁵ 이 비문은 기자사를 중수하여 낙성하면서 지은 것인데, 그 내용에 중국과 비견될 정도로 2,000여 년에 이르게 된 것은 오직 기자의 교화에 힘입어 동이가 중화가 되었기 때문이라고 하였다. 또한 공자가 문왕과 그의 스승 기자의 덕을 칭찬하였으니 지금의 왕이 기자의 가르침인 홍범구주洪範九疇에 정

단군을 제사하는 숭령전과 기자를 제사하는 숭인전
국립중앙박물관 소장, 『평양성도』(8폭 병풍, 19세기 말)

통하여 그 도를 실천하였다고 하였다. 묘비를 세우면서 평안감사로 하여금 참봉 2명을 뽑아 관리하도록 하다가 세종 때 함께 배향하던 단군 신위를 분리하여 독립적으로 배향하였다.

이후 광해군 때 기자사를 숭인전崇仁殿으로 고쳐 사액을 내리면서 이전의 참봉을 혁파하고 정6품에 해당하는 전감을 두도록 하였다. 또한 선우씨를 기자의 후예로 정하고[46] 전감을 세습하도록 하였다.[47] 이에 초대 숭인전감으로 태천泰川 사람 선우식鮮于寔이 임명되어 직임을 세습하였는데, 정묘호란 이후에는 평안감사가 선우씨 가운데서 추천해 임명하게 하였다.

이후 숭인전은 기자의 후손인 선우씨가 세습하여 관리하도록 법전[48]과 『은대편고』[49]에 규정하였다. 『승정원일기』에는 숭인전감과 숭인전령의 변경되는 과정과 영 1명과 참봉 2명으로 개편되는 과정이 모두 기록되어 있다. 후대로 갈수록 품계를 높이고 자리를 더 만들어 기자의 후손을 배려하는 모습을 보인다.

조선 후기에 기자묘를 기자릉으로 봉릉封陵하였다. 이 같은 사실은 이전에 비해서 기자의 위상이 더 높아졌음을 의미한다. 봉릉이란 묘墓 또는 원園을 능陵으로 높이는 일을 말한다. 묘는 일반인이나 왕자, 공주 등의 무덤이고, 원은 왕세자나 왕세손 등의 무덤이며, 능은 왕이나 왕비의 무덤이다. 왕자 이하의 대접을 받던 기자에 대해 이전 왕조의 왕릉과 같은 지위를 부여한 것이다.

묘와 능의 차이는 제사의 규모와 형식을 정하는 사전祀典의 차이도 있지만, 무엇보다 중요한 점은 관직의 차이라고 할 수 있다. 관료사회에서 관직의 개수와 품계는 곧 사회적 영향력을 가늠하는 척도라고 할 수 있다. 조선 후기 고조선과 관련된 관직에 대해 알기 위해서는 조선시대 관료의 업무를 작성한 일지인 『승정원일기』를 살펴볼 필요가 있다. 『승정원일기』에는 고조선 관직 제수와 관련된 내용이 나온다. '○○○爲崇仁殿監(아무개를 숭인전감으로 삼음)', '箕子陵參奉○○○(기자릉참봉 아무개)' 등의 형식이다. 철종 이후 관직 제수 기사가 이전 시기에 비해 월등히 많아지는데 이는 기자묘를 기자릉으로 봉릉한 영향이 크다. 묘가 능으로 승격됨에 따라 품계도 높아졌고 관직 수도 더 늘었기 때문이다.

언제 처음 기자묘를 기자릉으로 봉릉하려는 움직임이 있었는지는 기록이 없어 알 수 없다. 기자릉을 봉릉하고자 하는 움직임은 1806년(순조6) 9월 19일에 처음 등장한다. 이날 입시에서 참찬관 김이영金履永은 평안도 유생들이 기자묘를 기자릉으로 봉릉하기를 청하며 복합伏閤50하였는데, 오래된 일이라 갑자기 의논하기 어렵다고 아뢰었다. 따라서 기자묘 봉릉은 그 이전부터 논의가 있었던 것으로 보이는데, 관련 상소나 기록을 찾을 수 없다. 여하튼 9월 19일 이후 유생들과 대신들의 지속적인 노력으로 1888년(고종25) 11월 25일에 봉릉이 윤허된다. 묘 봉릉의 결과로 기자릉영箕子陵令과 기자릉참봉箕子陵參奉을 새로 설치하여 근무 기간과 승진 규정이 만들어졌다. 이후 전감과 관직 제수 기사가 급증하였다.

이에 맞추어 치제, 즉 제사에 대한 정비도 이루어졌다. 치제致祭란 왕이 제수 및 제문 등과 함께 고위 관리를 보내어 제사를 지내게 하는 것을 말하는데, 그 대상은 공신이나 국가에 큰 공을 세운 사람이다. 봉심奉審은 왕이 관원을 보내어 능陵이나 묘廟 등 국가의 중요한 시설·물품 등을 살피도록 하는 일을 말한다. 삼국의 시조, 고려의 시조와 더불어 기자와 단군 역시 조선시대에 치제와 봉심의 대상이었다.

기자와 단군에 대한 치제와 봉심 기사는 중복을 제외하고 모두 81건으로 치제 기사 90건, 봉심 기사 19건이 나온다. 관직 제수 기사를 제외한 건수가 837건이므로 대략 10%에 해당하는 양이다. 홍범을 진강進講하다가 기자에 대한 감회가 생겨서 치제를 한다든가

하는 등 특별한 계기가 있을 때 치제하도록 하였다는 내용이 대부분이다. 승정원의 업무 편람이라고 할 수 있는 『은대편고』에는 삼성사에 봄가을로 향축을 내리고 제사를 지낸다[51]는 규정이 있는데, 이와는 별도로 치제나 봉심이 있었을 경우 『승정원일기』에 수록하였던 것이다. 단군과 기자, 그리고 역대 제왕에 대한 치제는 『국조오례의』와 『은대편고』에도 기록되었을 만큼 중요한 일이었다. 조선시대 예조에서 관장하는 업무와 절차에 대한 책인 『춘관통고春官通考』에도 이에 대한 기록이 남아 있는데 광해군 때의 기록 1건을 제외하면 『승정원일기』의 내용이 더 구체적이고 풍부하다.

국조로서 추앙받던 단군과 기자는 조선이 쇠락해짐에 따라 중앙정치에서 관심도가 매우 떨어졌다. 『승정원일기』에서 고조선 관련 기사는 고종 말~순종조에 이르면 매우 적어진다. 순종 때 고조선 관련 기사는 순종 3년 1월 10일의 3건이 전부인데, 모두 치제 또는 봉심과 관련된 기사이다. "동방에 맨 먼저 나신 성인의 사당 모습이 쓸쓸하니 숭령전에 치제하고, 단군릉이 잡초가 우거져 받드는 예가 부족하니 봉식封植하도록 하라"는 교지와 그 교지를 시행한다는 내용이다.[52] 무너져 가는 왕조의 마지막 왕이 국조의 사당을 쓸쓸하게 느낀다는 교지를 내렸다는 점이 흥미롭다.

기자화상이 만들어진 경위와 기자 유물

 기자는 조선시대 사람들에게는 신화적 인물이 아닌 역사적인 인물로 여겨졌다. 단군에 대한 기록이 괴력난신에 가까운 데 반해 기자는 중국 사서의 기사, 팔조금법 등 현실적이고 구체적인 기록이 있었기 때문이다. 이러한 인식은 기자와 관련된 유물에서 그 일면을 살필 수 있다. 기자와 관련된 유물은 두 가지로 하나는 기자화상畫像이고 다른 하나는 기자규圭이다.

 기자화상은 말 그대로 기자를 묘사한 그림인데, 기자의 사당인 삼성사나 인현서원에 안치해야 할 중요한 인물도상이었다. 오래전 인물인 기자의 초상이 조선에 남아 있을 리 없었고 중국에서 그린 초상을 베껴 와서 보관하던 것이 있었다.

 이에 대한 자세한 내용은 1732년(영조8) 5월 1일 황해도 장연長淵의 유학 김태규金兌珪 등이 올린 상소[53]에 나와 있다. 상소에 따르면 서성徐渻이 평안감사로 재직할 때 조맹부趙孟頫가 그린 「기자대무왕진홍범도子對武王陳洪範圖」를 구입하여 인현서원에 보관하였는데, 인조 때 예조에서 평양에 화공을 보내 그 화상을 베끼도록 하였다고 한다. 그 화상은 정묘호란 때 분실하였다가 어떤 승려가 찾아 장연의 기산箕山 아래 사는 선비 한연희韓連希에게 전해 주었고 한연희

「기자상」(윤두수 편, 『기자지』, 16세기)
서울대학교 규장각한국학연구원 소장

의 집에서 4대 동안 보관하다가 인현서원에 보관하던 화상과 똑같음이 밝혀져 1723년(경종3)에 그 화상을 봉안한 사우[54]를 건립하였다고 한다. 그런데 사우를 사액하는 과정에서 문제가 생겨 아직까지 편액을 받지 못하고 있으니 조속히 편액을 내려달라고 청하고 있다.

이에 영조는 사액의 명을 도로 거두어 달라는 해조該曹의 청이 일리가 있었다며 편액을 내리지 않는다. 이 상소에서는 해조의 유사有司가 화상에 대해 문제를 제기한 이유가 무엇인지 명확하게 나오지 않는데, 1737년(영조13) 12월 20일 입시 기사에서 좌승지 이일제李日躋가 "이미 받들어 모시는 전우殿宇가 있고", "기자의 화상이 어찌 지금까지 완연할 리가 있겠냐"[55]라고 말하는 대목이 있다. 여기에서 기자화상의 진위가 의심되었기 때문에 사액을 받지 못했음을 알 수 있다. 이후에도 계속해서 사액을 청하는 상소가 있었으나 화상을 평양 숭인전으로 옮겨 봉안하는 것으로 결론이 나게 되었다.[56]

기자가 가지고 있었다는 규는 1741년(영조17) 2월 5일 입시 기사에 나온다. 규는 황제가 제후를 봉할 때 주는 상서로운 옥으로 제후가 예절과 예식을 거행할 때 손에 집어 들었다는 일종의 증표다.

조현명이 아뢰기를 "양양襄陽의 문관 최규태崔逵泰가 신에게 편지를 보내면서 옥규玉圭 한 조각을 보냈는데 임진란 때 강릉 의병장이 유진留陣한 곳에서 얻었다고 하였습니다" 하니, 상이 웃으면서 이르기를 "그가 혹 나무를 옥으로 착각하였는가?" 하니, 조현명이 아뢰기를 "규는 길이와 너비가 한결같이 『주례周禮』「고공기考工記」에 기록된 척자尺子와 같습니다. 최규태의 설에는 이것은 은 제도이지 주 제도가 아니니 필시 기자의 구물舊物이라고 하였는데 지금 비변사에 두었습니다" 하였다. 상이 가주서 한태증韓泰增에게 명하여 나가서 규를 가져오라고 하니, 한태증이 공경히 성상의 전지를 받들어 즉시 합문閤門 밖으로 나가 규를 가져다 어전에 바쳤다. 규는 청흑색에 길이가 5치 정도였는데, 상이 친히 손으로 받았다. 상이 이르기를 "기자는 은의 태사이니, 이것은 은의 제도를 쓴 것인가?" 하니, 조현명이 아뢰기를 "기자가 주에 신하 노릇을 하지 않았으니, 반드시 은 제도를 썼을 것입니다" 하였다. 상이 이르기를 "지금 양식과 비교하면 서로 크게 다르니 지금 제도의 홀과 같다. 당시의 제도가 과연 다르다" 하였다. 상이 또 이르기를 "이는 무심코 볼 물건이 아니라 참으로 옛 옥이니, 어찌 기이하지 않겠는가. 후세에 만약 의관과 문물의 제도를 알고자 한다면 반드시 우리나라에서 상고해 볼 것이니, 이 규는 승정원에 두고 후일 법도를 살피는 자를 기다려야 한다"고 하였다.[57]

이 내용을 보면 양양의 문관 최규태가 옥규 하나를 발견하여 서울로 올려 보냈는데 임진란 때 강릉에 의병장이 진을 쳤던 곳에서 얻은 것이며 주의 예법에 대한 책인 『주례』「고공기」를 근거로 그 옥규가 주의 제도가 아니므로 은 제도, 즉 기자의 구물이라고 하였다고 한다. 이에 영조는 일단 승정원에 두고 법도를 잘 아는 사람을 기다리자고 하였다.

며칠 뒤 입시 기사에 조명리趙明履가 『서전書傳』「초권初卷」과 『주례』「총재권冢宰卷」의 내용을 근거로 너비와 두께, 윗부분의 깎인 부분이 다르다는 점을 들어 기자규가 아니라고 하였다. 영조는 이 말에 동조하면서 상의원에 명을 내려 옛 제도를 따라 제후규諸侯圭와 제후세자규諸侯世子圭의 모양을 만들도록 하였다.58 이후 영조 역시 최규태가 길이만 재어 보았기 때문에 견강부회한 것이라고 하였다.59

조선이 소중화국으로 일찍부터 문명국이었음을 역사적으로 증명하는 손쉬운 방법은 기자와 연관시키는 방법이었다. 조선은 주변의 오랑캐와는 다른 문명국의 증표로 기자를 앞세웠고, 이를 통해 명과의 관계에서 이점을 얻고자 하였다. 이러한 분위기에서 기자와 관련된 유물은 진위와 상관없이 주목을 끌기 적합한 물건이었다.

기자 화상과 규가 구체적인 물건이었다면 흰옷처럼 문화 요소를 기자와 연관시키는 경우도 있었다. 1811년(순조11) 윤3월 5일 기사에는 패랭이와 흰옷의 시초에 대한 내용이 나온다.

상이 이르기를 "지금 착용하는 입자笠子(패랭이)의 제도는 어느 때에 시작되었는가?" 하니, 홍의영洪儀泳이 아뢰기를 "기자가 동쪽으로 왔을 때에 풍건을 쓰고 왔는데 기자의 화상에 입笠을 착용한 것이 있습니다. 그 둘레가 아래로 향해 낮게 드리워져 거의 방립 모양에 가까우며 『한서』의 주註에도 절풍건이 있습니다. 의복으로 말하자면, 우리나라 사람들이 흰색을 숭상하는 것은 은나라 사람들이 흰색을 숭상하므로 기자가 올 때 흰옷을 입고 왔고, 이로 인하여 우리나라 사람들에게 흰옷을 입도록 가르쳤습니다. 우리나라 역사를 보면 신라와 고구려 시대에 군복과 기치旗幟를 모두 흰색으로 하였고, 중국과 통교한 뒤로 비로소 각색 의복과 기치로 바뀌었는데, 대체로 의복 등의 제도는 대부분 세종조에 제정한 것입니다" 하였다.60

기자의 화상에 입笠을 착용한 것이 있고 은나라 사람들은 흰색을 숭상하였는데 은나라 사람인 기자가 동쪽으로 올 때 흰옷을 입고 와서 우리나라 백성에게 흰옷을 입도록 가르쳤다는 내용이다.

기자화상과 기자규, 흰옷의 시초 등은 기자를 실존인물로 만들어 주는 동시에 당시 사람들의 자긍심을 높여주는 역할을 했다. 당시 기자를 이용한 조선의 전략적 실리 추구의 이면을 볼 수 있는 자료이다.

기자서원을 건립하고
화상을 봉안하다

조선 후기 평안도 선비들이 청원하고 평안감사 및 조정에서 지원하여 평양부 서남쪽 창광산蒼光山 근처에 기자를 모신 서원이 건립되었다. 1564년(명종19)에 진사 양덕희楊德禧 등은 평안감사 정종영鄭宗榮에게 청하여 정사를 세우고 학고당學古堂이라 이름하였다. 이후 1576년(선조9)에 감사 김계휘金繼輝가 홍범서원洪範書院이라 이름하고 규모를 확대하고자 했지만, 일을 마치기 전에 임진왜란이 발발하여 서원 건물이 모두 불타고 말았다. 전쟁 중이긴 하지만 평양성 탈환 후인 1594년(선조27)에 감사 이원익李元翼은 서원을 중건하고 서검재書劒齋라 이름하였다.[61]

1600년(선조33)에 평안감사 서성徐渻은 조맹부가 그린 「기자대무왕진홍범도」를 중국에서 얻어 서원에 보관하였다. 1604년(선조37)에 감사 김신원金信元은 서륜당叙倫堂과 동재·서재를 건립하였고, 1608년(선조41) 가을에 참봉 김내성金乃聲과 생원 양덕록楊德綠 등이 사액을 청하는 상소를 올려 '인현仁賢'이란 이름을 받았다. 1613년(광해군5) 봄에 원장院長 김태좌金台佐와 유사有司 조삼성曺三省, 양덕록 등이 감사 정사호鄭賜湖에게 인현전을 중건해달라고 요청하였다.[62]

1623년(인조1)에 양덕록 등은 기자의 화상을 봉안해달라고 청하는 상소를 올렸고, 1626년(인조4) 여름에 화사 이신흠李臣欽을 보내 서원에서 소장하고 있는 홍범도洪範圖와 유상遺像을 모사하도록 하였으나, 미처 봉안하기도 전에 정묘호란을 만나 진본은 잃어버리고 초본만 남게 되었다. 1632년(인조10)에 감사 민성휘閔聖徽가 다시 모사하게 하였다. 1633년(인조11)에 향축을 내려줘 인현전에 봉안하였고, 서륜당은 홍범으로 이름을 바꾸었다.[63]

한편, 숙종 대 평안감사를 지낸 유상운柳尙運은 기자의 화상을 평양 한 곳에만 보관하기 때문에 오래도록 전하기 어렵다는 장계를 올려 기자화상을 모사해 달라고 청하였다. 이렇게 모사된 기자화상 3점은 각각 평안도 성천成川, 용강龍岡, 곡산谷山에 봉안되었다.[64] 그리고 이 세 곳에서는 각기 사액을 청원하는 일이 발생하였다.

먼저 성천에 있는 기자서원의 사액을 청하는 일이 있었다. 평안도 강동江東의 유생 한준형韓浚亨 등은 성천에 있는 기자서원의 사액을 청하는 상소를 올렸다. 이에 대해 예조에서 처음에는 "기자는 본국의 군주였으므로, 서원을 건립하여 사액하는 것은 일의 체모상 온당하지 못하다"라는 의견을 내 막았는데, 한준형 등이 다시 상소하여 평양의 인현서원과 다른 도에 있는 공자서원의 예를 들어 사액을 거듭 청하였다.[65]

1705년(숙종31) 11월에 예조판서 민진후閔鎭厚는 기자화상을 성천에 봉안하는 것이 일의 체모상 온당한지는 모르겠지만, 이들이 이미 화상을 봉안하고 조정에 아뢰었으므로 도리상 돌보지 않을 수

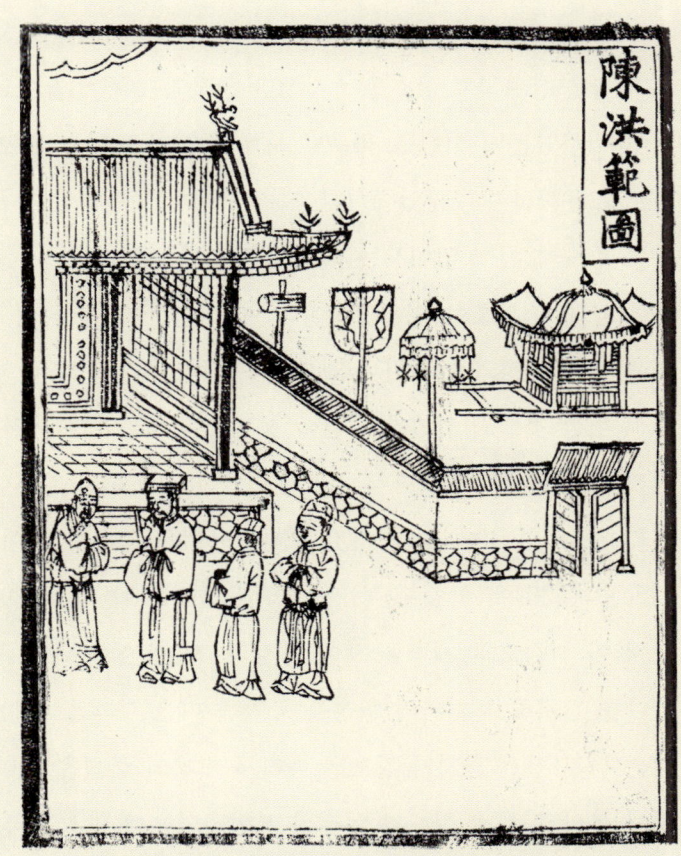

「진홍범도」(윤두수 편, 『기자지』, 16세기)
서울대학교 규장각한국학연구원 소장

도 없는 일이라고 하면서 "성천成川의 유생이 기자서원을 새로 세워 그 화상을 봉안하고 상소하여 사액을 청하였으나, 임금으로 동국에 임어臨御하였는데 서원을 세우고 사액하는 것은 일의 체모상 미안하므로 윤허하시지 않았습니다. 그러나 이미 봉안하였으니, 돌보아 돕는 방도가 아주 없어서는 안될 것입니다. 관가에서 제물을 마련하여 보내고, 액호는 기자영전이라 써서 걸면 좋겠습니다" 하였다. 이에 대해 조정의 논의가 있었으나, 숙종은 민진후의 주장을 그대로 시행할 것을 명하였다.[66] 결국 성천에 위치한 기자서원은 '기자영전'으로 사액되었다.

다음으로 용강에 있는 기자영당의 사액을 청하는 일이 있었다. 1724년(경종4)에 함종咸從과 용강龍岡의 한씨들이 기자의 자손이라고 하여 사적으로 재력을 모아 용강의 황룡산성黃龍山城 뒤에 사당 하나를 건립하고 기자의 화상을 봉안한 다음 사액을 청하였다. 이 때는 서원 첩설 금지가 강조된 때라서 기자의 화상을 이미 인현서원에 봉안하고 또 성천의 영전에 봉안하였는데 다시 용강에 사액하는 것은 허가되지 않았다.[67] 그러나 용강의 기자영당은 이듬해인 1725년(영조1)에 서원 첩설 금지에 해당하지 않는다는 이유로 성천의 예에 따라 사액이 허가되었다.[68] 결국 용강에 위치한 기자영당도 '기성영전箕聖影殿'으로 사액되었다.[69]

하지만 "사사로이 기자의 화상을 모사한 다음 서원을 세워 달라고 갑자기 요청하였으니, 후일 폐단이 이루 셀 수 없을 정도로 많을 것입니다"라고 한 조명신趙命臣의 말과 같은 논의가 조정에서 계속

되어 이후로는 대부분 사액되지 않았다.[70]

1740년(영조16)에 곡산에 위치한 기자영당에 사액을 청하는 일이 있었다. 유상운의 청에 의해 모사되었던 기자화상 3점 가운데 2점은 성천과 용강에 봉안되어 서원과 영당이 각각 사액되었다. 나머지 1점은 처음에 한덕흠韓德欽의 집에 봉안되었으나, 이 집이 패망하여 화상을 보관하기에 마땅하지 않자, 유학 한세태韓世台 등이 1733년(영조9)에 곡산부谷山府 동쪽 고달산高達山 천왕동天王洞에 전각을 건립하고 화상을 옮겨 봉안하였다. 그리고 성천과 용강의 전례에 따라 곡산의 영당도 사액해 줄 것을 요청했다. 하지만 서원 첩설 금지가 한창이던 이때는 사액되지 않았다.[71]

이때까지 평안도 곡산을 포함해 황해도 장연長淵, 재령載寧 등지에서 사적으로 모사된 기자화상은 평양의 숭인전으로 옮겨 봉안하게 되었고, 이후로 사적으로 기자화상을 모사하면 논죄하기로 결정되었다.[72] 이는 당시 강화되어 가던 서원 첩설 금지 분위기와 함께 사액을 통해 군역을 면하고자 한 해주 지역 사건에서 촉발된 것이다.[73]

정묘호란 때 잃어버렸던 인현서원 화상의 진본은 훗날 한씨韓氏 성을 가진 승려가 얻어서 장연에 있는 학접사鶴接寺에 보관해 놓았었다. 이 승려는 자신이 돌아다니다가 잘 보관하지 못할 것을 염려하여 한연희韓連希에게 맡겼는데, 한연희는 자신이 기자의 후손이라 여겨 보물처럼 보관하였고 4대손인 한진태韓晉泰에게까지 전해졌다. 1719년(숙종45) 11월 20일에 그 상자를 가지고 와 인현서원에 돌려

주었는데, 인현서원의 화상과 조금의 차이도 없었으므로 그 상자를 서원에 보관하였다. 1721년(경종1) 10월 21일에 한명후韓命屋 등이 올린 상소로 인해 이 화상은 황룡산黃龍山으로 옮겨졌다.

그런데 해주에 사는 한씨들이 군역에 많이 편입되었는데, 그중 한 사람이 군역을 면제받고자 여러 사람으로부터 돈을 모아 사사로이 기자의 화상을 모사한 다음 그의 집에 모셔놓고 학접사에 소장했던 진본이라고 사칭하고 조정에 상언하였다. 이때 황해감사 서종옥徐宗玉이 조사하여 거짓을 밝혔다. 곡산 역시 한씨 성을 가진 사람이 자기 집에 간직해 둔 모사본을 이용하여 도금해서 이익을 챙기는 등 여러 폐단이 생겼다. 이에 조정에서는 사적으로 모사한 기자화상을 숭인전으로 옮겨 봉안하고, 이후 사적으로 모사하는 것은 금지했다.[74] 이후로도 기자화상 봉안 시도는 여러 곳에서 계속되었으나 허락되지 않았다.

1779년(정조3) 2월에 경기 유생 안발安撥 등은 상소하여 "문묘 옆에 기자묘를 따로 세워 공자와 함께 똑같이 높여 제사를 지내게 한 다음 숭인전에 봉안되어 있는 진상 1본을 이봉移奉하게 해주소서"라고 하였는데, 정조가 윤허하지 않았다.[75] 또 1781년(정조5) 7월에도 사학 유생 박종요朴宗堯 등도 상소하여 "묘우를 중건하고 숭인전에 봉안했던 화상을 다시 봉안하게 하소서"라고 하였는데, 정조는 "물러가서 학업을 연마하라"는 부정적인 비답을 내렸다.[76] 기자영정을 봉안하는 장소를 이미 사액한 평양의 숭인전과 인현서원, 평안도 성천의 기자영전, 용강의 기성영전으로 한정한 것이다.

단군을 국조로 받든 고종과
서원을 철폐해야 한다는 사람들

『승정원일기』에서 단군에 관한 기사는 기자와 연관지어 언급된 것이 대부분이다. 단군은 나라의 시조로서 받들어 숭상해야 할 대상으로 여겨졌지만 단군이 다스리던 당시에는 여전히 오랑캐의 풍습이 남아 있었고 기자가 동쪽으로 와서 교화를 편 이후 문명국인 소중화가 되었다는 인식이 보편적이었다.

그러다가 마침내 단군을 국조로 인식하게 되었는데, 그 근거가 된 문서가 『동국통감』이다. 이 책에는 "단군이 박달나무 아래에서 태어나 요임금과 같은 시대에 즉위하였다"는 내용이 나온다. 이에 대해 요임금과 같은 시대에 태어났다는 것을 의심하는 기사도 있기는 하나 단군은 우리나라의 천황[77]이자, 우리나라의 첫 임금[78]이라는 인식이 있었다. 고종 때에는 단군의 정통성을 계승하는 모습을 보이기도 한다.

> 전교하기를, "올해는 곧 단군이 국가를 세운 지 구갑舊甲이다. 동토東土에 나라의 터전을 세운 지 천여 년이 지났는데, 이제 정전이 또 마침 완성되어 큰 천명을 맞이하게 되었으니, 이는 우연한 일이 아니다. 숭령전에 도신道臣을 보내어 제사를 지내도록 하고, 제문은

문임文任으로 하여금 지어 올리게 하라"라고 하였다.⁷⁹

경복궁의 정전이 완공되자 단군이 국가를 세운 구갑(갑자가 일치되는 해)에 정전이 완성되어 천명을 맞이하게 되었다면서 숭령전에 치제하라는 명을 내렸다. 정통성을 따질 때에는 기자의 교화보다 국조인 단군의 개국을 더 중요하게 여긴 것이라고 볼 수 있다. 특히 이때는 만국공법체제⁸⁰라고 부르는 새로운 국제관계 속에 조선이 편입되기 전이라는 점에서 중요한 의미를 갖는다. 청과의 관계가 아직 중요한 시기에서 기자에 대한 언급이 없이 단군을 정통으로 표방하고 큰 천명을 맞이하였다는 선언은 큰 의미를 갖는다. 비록 단편적인 기록이 대부분이지만 조선은 대내외적으로 국가의 주체성은 단군으로부터 부여받고자 하였다.

기자에 대한 기록 중 상당 부분은 기자와 관련된 상소이다. 상소의 내용은 크게 두 가지로서 하나는 소중화사상에 입각한 기자 정통성을 강조하는 내용이고, 다른 하나는 서원철폐령을 반대하는 내용이다. 상소에서는 단군에 대한 내용은 별로 찾아볼 수 없는데 상소를 올린 사람들이 관료나 지식인이었기 때문일 것이다. 왜냐하면 이들은 유교적 정치사상을 중시했으므로 조선과 기자와의 연관성을 더 중시하였으며 단군에 대해서는 큰 관심이 없었다. 서원철폐령에 반대하는 상소도 기자 정통성에 근거한 것으로 볼 수 있는데, 기자와 직접 관련 있는 한 가지 사안에 대한 상소라는 점에서 다른 소중화사상과 차이가 있다.

서원에 대해서는 숙종 이전에 이미 중첩하여 설립하는 일, 즉 첩설이 금지되어 있었다. 현종 때 서원의 사액에 대한 규정을 만들면서 첩설과 신설을 금지하였는데,[81] 이후 첩설을 금지해야 한다는 논의가 계속되는 것으로 보아 이때의 규정이 완벽하게 적용되지는 않은 듯하다. 1703년(숙종29) 다시 서원금령을 내리기에 이르렀는데, 이때의 서원금령은 단군과 기자를 배향한 서원과 직접 관련이 없었다. 단군과 기자를 배향하는 서원과 관련있는 서원철폐령은 1741년(영조17)에 이루어졌다. 이해 7월부터 지속적으로 서원철폐령을 반대하는 상소가 올라갔는데, 이 중 10건 넘는 상소가 단군 및 기자와 관련된 내용이었다.

관학 유생 심이지 등이 상소하기를, 삼가 신들이 외람되이 국학을 지키고 있으면서 선사와 선현의 원우를 철거하는 일을 목격하니 슬프고 애통한 마음을 금할 수 없습니다. … 기자와 주자 등 여러 성현의 원우를 경솔하게 훼철하는 일이 일찍이 나라를 망하게 할 계제가 되는 줄을 몰랐으니, 신들이 비록 만 번 죽음을 당한다 하더라도 어찌 차마 기자와 주자의 원우가 하루아침에 훼철되는 것을 보고서 전하를 위해 다 말씀드리지 않겠습니까. 전하께서는 필시 이미 학교에서 선현을 높여 봉안하고 있으니 사원祠院이나 서원 같은 것은 철거하더라도 선현을 욕보이는 것이 아니라고 생각하셨을 것입니다. 그러나 사방의 선비들이 보기에는 조정에서 차사원差使員을 별도로 정하여 주현의 사원을 훼철하는 것을 감독하였고 기

1871년 서원철폐령으로 서원이 사라진 창광산
국립중앙박물관 소장, 『평양성도』(8폭 병풍, 19세기 말)

자와 주자 등 여러 성현의 신위와 유상을 모두 땅에 묻게까지 하였습니다. 그러하니 누가 전하를 두고 성현을 높였다고 하겠습니까.…지금 기자와 주자의 원우를 헐고 위판을 내쳐서 이미 배향한 성사에 전에 없던 큰 액운을 만나게 하였으니, 어찌 통탄스럽지 않겠습니까.[82]

위 관학 유생 심이지의 상소를 필두로 관학 유생 송의손宋宜孫, 태학 유생 생원 임서任遾 등 각 지역의 유생이 연명 상소를 올렸고 부수찬 정준일鄭俊一, 찬선 박필주朴弼周 등도 기자를 봉안한 서원을 철폐하라는 명을 거둘 것을 청하는 상소를 올렸다. 당시 지식층과 관료층 전반에 큰 반발이 있었음을 짐작하게 한다.

 1781년(정조5) 7월 사학 유생 박종요 등이 올린 상소에는 기자화상에 대한 내용을 이야기하면서 영조 17년 사액을 받지 못한 서원은 철폐하라는 명이 내려졌다고 언급되어 있다. 이 상소는 기자화상의 유래에 대한 전반적인 내용과 더불어 서원철폐령에 대한 내용, 철폐된 기자의 묘당을 다시 설립할 것을 청하는 내용을 담고 있어 당시 지식인의 기자화상과 서원에 대한 인식을 잘 알 수 있다.

 사학 유생 박종요朴宗堯 등이 다음과 같은 상소를 올렸다.
 선묘조宣廟朝의 여러 유신들이 정사에 대해 아뢰기를 "기자가 우리 동방에 끼친 공덕이 매우 높아 하늘과도 같은데 어찌 단지 옛 도읍에 사당을 세우는 데 그쳐야겠습니까. …
 지난 만력 28년(선조33, 1600) 평안감사 서성이 우리 동방에 기자의 화상이 없기 때문에 조맹부가 그린「기자대무왕진홍범도」를 구입하여 평양의 인현서원에 소장하였습니다. 천계 6년(인조4, 1626)에 예조판서 이정귀李廷龜가 어전에서 아뢰어 화사 이신흠李臣欽을 보내 그 수용晬容을 모사하도록 하였는데, 미처 봉안하지 못하고 다음 해에 정묘호란이 일어났습니다. 서원 옆에 있던 신호암神護菴의 중인 한씨韓氏 성을 가진 자가 스스로 기성箕聖의 남아 있는 후예라고 하면서 직접 진본을 받들고 난을 피하여 장연부 남쪽 기산 아래의 학서사鶴棲寺에 와서 거주하였습니다. …
 숙묘肅廟 계사(숙종39, 1713) 한연희의 현손 중해重海가 우연히 기자의 화상이 집에 있다는 집안의 말을 알게 되어 이 내용이 사림들 사이에 전파되었습니다. 이에 비로소 쫓아 받들자는 논의가 있었지만 전해 오는 말로는 진위를 판별할 수 없었습니다. 기해(숙종45, 1719) 겨울 한중해의 집안 자손 진태晉泰가 경외京外의 인사들과 함께 진상을 공경히 받들어 인현서원에 가서 소장본과 비교하여 보았더니 과연 털끝만큼도 차이가 없이 명백하였습니다. 게다가 그 서원에 묻힌 옛일을 살펴보니 정묘호란 때 진본을 잃어버렸다는 말이 있어 비로소 의심할 여지가 없음을 알게 되었습니다. …

경묘景廟 계묘(경종3, 1723) 도내의 유생 한수정韓壽禎 등이 예조에 문서를 올려 기산에 영전을 건립할 것을 청하였습니다. 예조가 사당을 허가하였으며 또한 영부營府에서 물력을 조달하여 역사를 마친 후에 진상을 봉안하였고 그 강당을 이름하여 홍범이라 하였습니다. …

신유년(영조17, 1741)에 조정에서 사액을 받지 못한 서원을 철폐하라는 명이 내려지자 기자의 영전 역시 같은 사례로 철거를 면하지 못하게 되었습니다. 진상은 옛 도성에 이송되어 숭인전 안의 궤짝에 보관되었습니다. 이때 문경공文敬公 신 박필주朴弼周가 기자, 공자, 주자의 삼성을 봉안한 원우는 철거할 수 없다며 소장을 올려 힘써 다투자 성비聖批에 아뢴대로 하라는 전교가 있었습니다. 그때 강릉과 이성尼城 등 양읍에 있던 공자와 주자의 두 서원은 사림들이 관망하면서 신중하였기 때문에 결국 은명을 입어 다행히 철거되지 않았지만 오직 이 기성箕聖은 초기에 지레 먼저 철거하여 성조聖

祖로 하여금 부지런히 성인을 존숭하는 뜻을 빼놓고 분명하지 않게 하였으니 통탄하지 않을 수 있겠습니까."[83]

이후 흥선대원군에 의해 다시 서원철폐령이 내려지는데 이때의 서원철폐령은 단군 및 기자와는 큰 관련이 없었다.

조선의 정치세력은 유교를 정치이념으로 삼고 있었으므로 동방에 유교의 교화를 처음 베푼 기자를 숭상함으로써 역사적인 정당성을 확보하여 자신의 기반을 굳건히 할 필요가 있었다. 팔조금법으로 기자의 교화를 강조하고, 정전법으로 기자의 치적을 증명하였으며, 선우씨와 한씨, 기씨 등을 통해 기자의 혈통을 발전시켰다. 이러한 기자를 숭상하는 경향은 조선 후기 사림이 정계에 진출하면서 더욱 심해졌다고 볼 수 있다.

위와 같은 상소는 조선 후기 관료의 고조선에 대한 인식을 잘 보여 준다. 적어도 조선시대 지식인 상당수는 기자가 동쪽으로 와서 조선에 봉해졌다는 내용을 사실로 받아들이고 있었다. 그러나 이같은 내용은 곧이곧대로 믿어서는 곤란하다. 기자동래설은 문헌사학적으로 정설로 인정되지 않으며 고고학적으로도 근거를 찾기 어렵다. 단지 단군과 기자에 대한 조선 지식인의 인식이라는 측면에서 바라보아야 한다.

8장

외교에 호출된 기자

 ## 한·중 관계의 상징, 기자의 등장

외교는 두 나라 사이에 공유할 수 있는 역사적 기억을 발굴하고 상징화하는 작업에서부터 시작한다. 그렇다면 전근대시기 한국이 가장 중요한 외교 대상이었던 중국과 공유하였던 역사적 기억은 무엇이었을까? 여럿이 있겠지만, 아마도 대부분의 전근대 사람들은 '기자箕子'를 첫손에 꼽을 것이다. 기자는 현대를 살아가는 우리에겐 점점 잊혀지고 있지만, 적어도 천 년 이상 한·중 관계를 대표하는 상징적인 인물이었다.

잘 알려졌듯이 기자는 상의 귀족이었다. 지금으로부터 3,000년 이전인 기원전 1046년, 중국에서는 주가 상을 멸망시키는 사건이 일어났다. 멸망하는 모든 나라가 그렇듯 상의 최후에도 왕의 폭정이 존재하였다. 오늘날에도 부패한 정치인이나 유명인의 문란한 행위를 비판할 때 등장하는 '주지육림酒池肉林' 고사의 배경이 바로 상의 마지막 임금 주왕紂王의 이야기다. 폭정을 일으키는 왕이 있으면, 폭정을 막으려는 신하도 있는 법! 기자는 미자微子, 비간比干과 함께 주왕의 폭정을 끝까지 막고자 했던 세 명의 인물 중 하나였다.

주왕의 폭정이 심해지자 기자와 미자, 비간은 모여서 대책회의를 하였다. 하지만 세 사람이 아무리 머리를 모아도 주왕의 폭정을 막을 수 있는 방법은 없었다. 그도 그럴 것이 이미 수많은 노력이 수포로 돌아간 뒤였기 때문이다. 결국 세 사람은 각자의 방식대로 주왕에 대한 마지막 충성을 다하기로 결의하였다. 그 결과 미자는 상을 떠나버렸고, 비간은 끝까지 주왕에게 간언을 하다 죽임을 당했다. 기자는 머리를 풀어헤치고 미친 척을 하며 은거의 길을 택했지만 주왕에게 사로잡혀 감옥에 갇혀버렸다. 세 사람은 서로 다른 방식이었지만, 상에 대한 충성을 표현했기 때문에 훗날 공자에 의해 세 명의 어진 사람이라는 뜻의 '삼인三仁'으로 추앙받았다.

주 무왕이 상을 멸망시키자 삼인에 대한 처우 문제가 발생했다. 삼인은 비록 상의 신하였지만 백성으로부터 신임을 받고 있었다. 따라서 무왕의 입장에서는 삼인을 잘 대우하여 민심을 안정시킬 필요가 있었다. 무왕은 이미 죽어버린 비간의 아들을 찾아내어 봉지를 내려주고, 미자도 송 땅에 봉하여 상의 종묘사직을 이어나갈 수 있도록 배려하였다.

이어서 무왕은 감옥에 갇혀있던 기자를 풀어주면서 그를 찾아가 정치적 자문을 구하였다. 이에 기자는 하의 우임금이 정했다는 아홉 가지 정치적 원칙, 즉 '홍범구주洪範九疇'를 무왕에게 일러주었는데, 『상서』 홍범편에 그 내용이 전한다.

궁금증은 여기서부터 발생한다. 앞서 비간과 미자의 경우 각각 봉지를 주어 우대한 기록이 전하는 반면, 기자의 경우 여기에서 모든 이야기가 중단되고 만다. 즉 무왕과 기자의 대담을 끝으로 더 이상 기자의 행적이 확인되지 않는다. 그렇게 약 900년 가까이 확인되지 않던 기자의 행적이 수면 위로 떠오른 것은 전한대에 이르러서였다. 『상서』의 해설서 중 하나인 『상서대전』에 "차마 주를 섬길 수 없었던 기자가 조선으로 도망쳤고, 무왕이 그대로 기자를 조선 땅에 책봉하였다"는 설명이 등장한 것이다. 이어서 등장한 사마천의 『사기』 「송미자세가」에 "무왕이 차마 기자를 신하로 삼을 수 없어서 조선 땅에 책봉하였다"라는 내용이 등장하였다. 이른바 기자가 조선 땅에 봉해졌다는 '기자조선설'이 등장한 것이다.

고구려·수 전쟁의 명분, 기자조선

기자조선설이 전한대에 등장한 이유는 한의 위만조선 정벌과 관련이 있다. 무제는 한의 외연을 넓히기 위해 위만조선을 정벌하고 한 군현을 설치하는 야심찬 시도를 단행하였다. 그리고 위만조선 정벌의 명분을 만들기 위해 기자조선을 호출하였다. 즉, 고조선은 기자 이래로 중국의 책봉을 받는 제후국이었으나 위만이 조선을 강탈하고 중국의 영향권에서 벗어났기 때문에 이를 응징했다는 것이다. 그러나 한 군현 체제는 설치된 지 25년 만에 붕괴하였고, 낙랑군을 제외한 세 군은 철폐되거나 한반도 외부로 옮겨가게 되었다. 한반도의 일부를 제외한 대부분의 영역에서 중국의 직접적 지배는 사실상 종결되었다. 기자조선이라는 역사를 창조하였던 노력까지 감안한다면 비교적 시시한 결과라고도 할 수 있겠다.

하지만 기자조선의 유효기간은 만료되지 않았다. 한반도에 대한 직접적 지배는 실패로 돌아갔지만, 한반도에 존재하는 국가가 중국에 책봉을 받아야 하는 제후국이라는 관념은 여전히 유효했다. 이를 위해서 기자조선설은 보다 정교한 스토리를 통해 재구성되기 시작하였다. 1세기 무렵 작성된 『한서』에는 기자가 조선에서 '범금팔조'를 시행하였다는 이야기가 추가되었고, 3세기 후반 작성된 『삼국지』「동이전」에는 기자의 후손이 조선후朝鮮侯로 '계속' 책봉되었음을 명시하였다.

기자조선에 대한 인식의 확장은 중국 내 역사 서술에 한정되지 않았다. 점차 외교현장에서도 기자가 동원되기 시작했다.

> 황제[수 양제]가 북쪽 변방으로 순행하시어 계민[돌궐의 지배자]의 막사에 납시었다. 이때 고려[고구려]의 사신이 앞서 돌궐에 도착해 있었는데 계민이 함께 황제를 뵙게 하였다. 수의 신하 배구가 황제께 "고려는 본래 고죽국입니다. 주가 그 땅에 기자를 책봉하였고, 한은 세 개의 군으로 나누었습니다. 그런데 지금에 이르러서 고려가 신복하지 않으니 선제께서 이를 미워하시어 정벌하려 마음먹으신 지 오래되었습니다"라고 아뢰었다.[1]

이 기사는 607년 돌궐의 영토에서 이루어졌던 어색한 삼자대면의 순간을 보여주고 있다. 7세기 초 돌궐을 자신의 편으로 포섭하고자 했던 고구려와 수의 입장이 드러날 뿐만 아니라 고구려에 대한 수의 인식도 확인할 수 있다. 수의 신하였던 배구는 고구려의 영토가 기자 이래로 중국의 책봉을 받거나 직접 지배의 대상이었음을 지적하였다. 이어서 고구려가 중국을 섬기지 않는 것은 잘못이기 때문에 598년 수 문제가 정벌하려 하였음을 밝히며, 지금이라도 고구려에게 입조를 요구해야 한다고 건의하였다.

배구의 발언에서 주목할 점은 고구려가 중국의 신하가 되어야 하는 이유로 기자조선의 영토 계승을 꼽고 있다는 사실이다. 기자를 통해 '외국' 고구려를 중국 중심의 조공·책봉 질서 속에 배치하고자 하는 시도가 진행되고 있었던 것이다.

제후국의 모범으로 호출되다

7세기 초 수의 신하 배구의 발언은 외교현장에서 이루어졌지만 고구려에 전하는 공식적인 메시지는 아니었다. 『삼국사기』나 중국 측의 역사서에는 고구려·백제·신라와 중국 왕조 사이에 오고간 외교문서가 일부 남아있지만, 기자를 직접적으로 언급하거나 활용한 사례는 현재까지 확인되지 않는다. 즉 기자를 통해 양국 관계를 규정하는 행위는 아직 등장하지 않았다.

그런데 고려시대에 접어들면 기자를 보다 적극적으로 활용하는 모습을 볼 수 있다.

933년 3월 후당에서 왕경과 양소업을 보내 고려 국왕을 책봉하였다. 조서의 내용은 "왕은 하늘을 본받아 온 백성을 기르고 땅을 본떠 천하를 편안하게 하는 존재이니, 성실히 중용의 도를 지켜 온 천하에 베풀어야 한다.…아! 그대 권지고려국사 왕건은 자질이 웅대하고 용맹하며…주몽이 개창한 상서로움을 계승하여 임금이 되었고, 기자가 번국을 이룬 자취를 밟아서 은혜와 조화를 펼치고 있다.…길이 후당의 신하가 되어 대대로 왕의 작위를 누리라"였다.[2]

이 기사는 후삼국이 통일되기 이전인 933년, 후당에서 왕건을 고려 국왕으로 책봉한 내용이다. 후당은 앞서 925년 후백제의 견훤에게도 백제왕의 작위를 내린 바 있다. 이로 유추해보건대 당시 고려와 후백제가 후당과의 외교를 통해 자국의 권위를 높이려 했음을 짐작할 수 있다. 중요한 것은 조서의 내용이다. 조서에서 언급한 '번국'이란 울타리가 되어 중국을 보좌하는 국가로, 제후국을 가리킨다. 즉 기자가 주의 제후국이 되었던 아름다운 전통이 고려로 이어졌다는 서술이다.

이후 외교문서에서는 기자를 활용하여 중국 중심의 조공·책봉 질서를 강조하는 사례가 많이 발견된다.

964년 봄, 고려 국왕에게 "옛날의 명석한 제왕이 중국을 다스릴 때에는 어찌 문자와 수레가 온 세상에 통일되고 교화가 사방에 미치지 않았겠는가? 그런데 나는 덕이 없는 데도 외람되이 큰 이름을 받고 사신이 오기까지 하였으니, 마땅히 도탑게 명령을 내리는 도다.…고려 국왕 왕소王昭[광종]는 태양의 정기가 뭉쳐 요동에서 영웅으로 추대되어 기자가 남긴 유풍을 익히고 주몽의 옛 풍속을 따랐도다.…영원히 동방을 보존하여 마침내 하늘의 은혜를 받도록 하라"라는 제서制書를 내렸다.[3]

이 기사는 송 태조가 광종에게 내린 책봉문서로, 역시 고려 국왕을 기자의 후예로 묘사하고 있다. 이와 같은 사례는 중국 왕조인 송

뿐만 아니라 북방민족이 세운 금과 고려의 관계에서도 확인된다.

> 1199년 고려 국왕 신종이 대관전에서 금이 보낸 "봉토를 정하여 주는 규례를 존중하는 것은 국정을 전하기 위함이며, 어진 이를 본받고 덕을 세우는 것 또한 대대로 이어온 봉토를 편안하게 하려는 것이다. 기자가 다스리던 옛 땅은 바로 변한의 옛 봉토이니, 근본이 튼튼한 까닭에 유구하게 내려왔으며 자손이 번성하여 왕업을 계승한 자도 많았다. …나라가 무궁하기를 마땅히 염두에 두고 짐이 내린 은택을 잊지 말 것이며, 그 마음을 공경히 하여 짐의 명령에 복종할지어다"라는 조서를 받았다.[4]

이 기사는 금 조정이 신종에게 내린 책봉문서다. 변한을 내세운 점이 의아하긴 하지만 역시 고려의 영토를 기자의 봉토로 인식하고 있음을 보여주는 사례다. 금은 여진족이 세운 나라임에도 불구하고 중국의 화북지역을 차지한 이후 빠르게 중국적 전통을 습득했던 것이다. 이렇듯 고려시대 이후가 되면 점차 한·중 외교문서에서 기자를 적극적으로 활용하기 시작한다.

기자, 비로소 고려의 '시민권'을 획득하다

고구려에게 입조를 요구해야 한다고 주장하였던 배구, 그리고 고려 국왕을 책봉하면서 기자조선의 역사를 소환하였던 송과 금의 황제는 모두 중원 왕조의 인물이었다. 중국이 일방적으로 기자 담론을 활용한 것이다. 그렇다면 고려가 기자 담론에 대해 호응하지 않았던 이유는 무엇일까?

기자조선은 전한시기 고대 중국에서 창조한 역사다. 고구려나 고려의 입장에서 기자는 매우 이질적인 존재였던 셈이다. 존재조차 익숙하지 않은 인물이 외교현장에 등장하였을 때 아무렇지 않은 척 자연스럽게 호응하기란 쉽지 않았을 것이다. 더군다나 기자가 외교문서에 등장하며 적극적으로 활용되기 시작한 고려 전기 국제정세는 매우 복잡한 상황이었다. 예컨대 10세기 중반부터 12세기 초반까지 고려의 북쪽과 서쪽에 위치하고 있었던 요와 송은 각기 천자국을 표방하며 주변국의 군주를 왕으로 책봉하고 있었다. 고려는 이 사이에서 실리를 따지며 섬겨야 할 천자국을 '선택'했을 뿐이다. 그런 고려의 입장에서 제후국의 충성을 강조하는 기자 담론은 그리 중요치 않은 이야기에 불과했다.

그렇다고 하더라도 기자가 완벽히 이방인으로만 존재했던 것은 아니다.

> 고구려는 미신을 많이 섬기는 풍속이 있어 영성신, 일신, 가한신, 기자신을 섬긴다.[5]

이 『구당서』 기사를 보면 고구려에서 기자를 신앙으로 여기는 풍속이 있었음을 알 수 있다. 이 기록은 여기에서 그치기 때문에 기자신앙의 전모를 파악하기란 쉽지 않다. 다만 고구려가 낙랑군 등을 병합하면서 중국의 지적 전통을 일부 흡수하였고, 이 과정에서 기자신앙이 생겨난 것이 아닐까 추측해 볼 수 있다.

외교적으로도 기자가 활용된 사례가 있다.

> 1055년 7월, 요의 동경유수에게 "우리나라는 기자의 나라를 이어받아 압록강으로 경계를 삼았습니다. 이전의 태후와 황제께서도 옥책으로 은혜를 내려 봉토를 하사하여 땅을 나누고 또 압록강으로 경계를 삼았습니다"라는 국서를 보냈다.[6]

이 기사는 요가 압록강 이남으로 세력을 확대하자 고려가 동경유수에게 국서를 보내 항의하는 장면이다. 흥미로운 점은 송과의 외교에서는 기자를 활용하지 않았던 고려가 전근대 중국적 전통에 익숙하지 않은 요와의 영토분쟁에서 기자를 호출하고 있다는 사실이다. 즉 고려 역시 기자 및 기자조선의 존재를 분명히 인지하고 있었으며, 국익에 도움이 되는 상황에서는 적극적으로 이용하기도 했음을 알 수 있다.

한편, 12세기에 접어들면 기자는 국가 차원에서 신앙의 대상이 된다.

> 1102년 10월, 예부에서 "우리나라의 교화와 예의가 기자로부터 시작하였음에도 사전祀典에 등재되지 못하였습니다. 바라옵건대 그 무덤을 찾고 사당을 세워서 제사를 지내소서"라고 건의하니, 숙종이 이를 따랐다.[7]

이 기사는 고려가 국가 차원에서 기자사당을 세우고 제사를 지내기 시작했다는 사실을 보여준다. 왕권을 강화하기 위해 유교적 정치이념을 적극적으로 활용하였던 숙종의 의도가 반영된 조치다. 고려에서 제한적으로만 활용되던 기자가 이제 '공식적인 시민권을 획득'하게 되었다.

고려의 다원적 외교는 길림성 송화강 유역에 거주하고 있던 여진의 성장과 함께 변화를 강요받았다. 여진의 영웅 아구다阿骨打(금 태조)는 12세기 초 병사를 일으켜 부족을 통합하고 금을 건국하였다. 금은 송과 힘을 합쳐 요를 내쫓은 데 이어 1126년에는 송의 수도 개봉을 점령하였다. 송은 남쪽으로 쫓겨 내려가 수도를 임안(항주)으로 옮겼는데, 이때부터를 남송이라 부른다.

금은 이와 동시에 고려에 사대관계를 요구해왔다. 요와 송이 균

형을 이루는 상황에서 향배를 결정하였던 앞선 시기와는 확연히 다른 분위기였다. 고려는 '작은 나라가 큰 나라를 섬기는 것은 선왕대부터 행해지던 도리'라는 명목으로 금에 대한 사대를 결정하였다. 금의 우위를 인정한 고려의 조치는 백여 년 동안의 평화를 가져다 주었다는 점에서 실리외교로 평가된다.

하지만 보다 거대한 세력이 기다리고 있었으니, 바로 몽골군의 등장이다. 몽골과 고려는 1218년부터 본격적으로 접촉하였지만 몽골이 형제관계를 빌미로 요구한 세공은 고려 입장에서 큰 부담이 되었다. 결국 양국의 관계는 1225년 몽골의 사신 제구우著古與가 고려를 방문한 후 귀국길에 피살당하자 극단으로 치닫고 만다. 1231년 1차 침입을 시작으로 1259년 6차 침입까지 고려는 전란에 휩싸이고 말았다.

고려와 몽골의 갈등은 1259년에 종식되었다. 1258년 최씨정권의 마지막 집권자 최의가 피살되면서 상황이 전환되자 이듬해 고종은 태자를 몽골에 파견하여 강화를 시도하였다. 당시 몽골은 뭉케칸이 사망하고 아릭부케와 쿠빌라이가 칸의 지위를 놓고 대립하던 시기였다. 고려의 태자는 강화의 대상으로 쿠빌라이를 선택하였고, 쿠빌라이는 태자의 선택을 두 팔 벌려 환영하였다.

쿠빌라이와 아릭부케의 경쟁이 쿠빌라이의 승리로 막을 내리면서 고려는 원제국 질서에 안정적으로 안착하게 되었다. 몇 가지 점에서 고려 국왕은 이전과 다른 지위에 놓이게 되었는데, 우선 국왕으로서의 정치적 지위는 그대로 유지되었다. 그리고 1274년 제국대

장공주와 충렬왕(당시 세자)의 혼인이 성사되면서 고려 국왕은 대대로 원 황실의 부마 지위를 획득하였다. 또한 1280년 일본 정벌을 위해 설치된 정동행성 승상으로 충렬왕이 임명되면서 고려 국왕은 원 제국의 관료체계 내로 포섭되었다.

이처럼 고려 국왕이 원제국 질서체제 속에 중층적으로 포섭되면서 고려의 대외관에도 변화가 찾아왔다. 이전 시기 고려의 대외관계가 다원적이면서도 형식적이었다고 한다면 원대 이후로는 일원적이면서도 실질적인 성격으로 전환된 것이다. 고려의 지배층 역시 새로운 국제질서에 순응하기 시작하였다. 그들은 원제국을 '중화'로, 고려를 '동이'라고 표현하는 데 거리낌이 없었다. 다만 고려를 특별한 '이적', 즉 중화문명을 사모하고 체득하여 구현해 내는 존재로 정체성을 규정해 나가기 시작하였다.

> 대원이 일어나서 널리 백성들로 하여금 모여들게 하였네. 성스러운 덕의 높고 크며 넓은 모습을 다 이름 붙일 수 없고, 우리 군주 덕을 함께 하여 저와 같이 빛을 떨치었네.…토지는 광대하고 인민은 많았으니, 세상이 처음 생긴 이래로 비할 바가 없었도다.[8]

통상적으로 이승휴의 『제왕운기』는 원에 대한 저항의식에서 우리 민족의 지리적·문화적 고유성을 강조한 저술로 알려져 있다. 그러나 이 기사처럼 이승휴의 대외 인식에서 원에 대한 저항의식을 감지하기란 쉬운 일이 아니다. 그런 측면에서 『제왕운기』가 최초로

전근대 한·중 외교관계의 상징, 기자

고조선의 역사를 단군조선과 기자조선(후조선)으로 구분한 것은 결코 우연이 아니다. 중국의 문물을 전달한 기자의 역할을 강조하며, 원으로 표상되는 중화세계 내에서 고려의 위상을 재설정하려던 것이다.

기자를 적극적으로 활용하는 모습은 외교문서에도 그대로 반영되었다. 원대 이전까지는 대부분 중국 쪽에서 기자를 적극적으로 활용하였던 반면, 원대에 접어들면 고려가 일방적으로 기자를 활용하는 모습이 확인된다.

1363년, 찬성사 이공수와 밀직제학 허강을 원에 파견하여 "…재앙 같은 도적들의 노략질을 만나 갑자기 원 조정과의 연락이 끊어지고 앞에서는 평양이, 뒤에서는 개성까지 전쟁의 불길이 번질 것이라고 어찌 생각했겠습니까.… 한번 명령을 널리 반포하신다면 … 오늘날에 빛날 뿐만 아니라 후대에도 드러날 것입니다. 그렇다면 신은 삼가 마땅히 황제의 일곱 가지 덕을 노래하도록 권하여, 기자가 책봉되었던 이 땅에 민생 안정의 기풍을 확산시킬 것이며, 황제의 만수무강을 기원하며 옷자락을 늘어뜨린 채 정치를 하였던 순임금의 교화를 받들겠습니다"라는 진정표를 올렸다.[9]

이 기사는 홍건적의 난으로 피난을 떠났던 공민왕이 개경으로 환도한 후 원 조정에 보고하는 내용이다. 이 표문에서 공민왕은 고려의 영토를 기자의 봉토와 동일시하며 제후국으로서 본분을 다함을 다짐하고 있다. 앞서 배구의 발언이나 금의 책봉문서에 등장하였던 기자 관련 언설과 차이를 찾을 수 없다. 고려 내부에서 기자조선의 세계관을 내면화한 모습을 확인할 수 있다.

 기자, 명실상부한 외교의 상징이 되다

원제국 질서 속에서 고려는 적극적으로 중화세계에 포섭되길 희망하였고, 그 과정에서 기자를 적극적으로 자국사에 포함시키면서 외교적 수사로 활용하였다. 그러나 고려의 노력이 충분한 효과를 거둔 것은 아니었다. 상대적으로 소위 '중국적' 전통에 익숙하지 않았던 몽골의 입장에서 기자는 생소한 존재였기 때문이다. 1368년 주원장이 명을 세우고 원을 북쪽으로 몰아내자 새로운 국면으로 전환되었다. 일원적인 세계관을 내면화하였던 고려와 한족 국가인 명이 조우한 것이다.

원 중심의 질서에서 이탈을 시도하였던 공민왕은 명의 건국 이후 빠르게 명 중심의 국제질서에 포섭되었다. 1369년 명에서 황제 즉위를 알리는 사신이 고려에 도착하자 공민왕은 즉시 황제 등극을 축하하는 사절을 파견하여 명의 건국을 축하하였다. 곧이어 각종 명목의 사신을 파견하며 새로운 시대의 개막을 환영하였다. 이때 파견된 고려 사신 중에는 공부상서 장자온張子溫이라는 인물이 있었는데, 명의 한림학사 송렴宋濂은 그가 고려로 돌아갈 때 한 편의 글을 써주었다.

고려는 바로 기자 서여가 세운 나라이다.…고려에는 실제로 선왕의 유풍이 존속되어 있다. 그러니 마땅히 중국과 마찬가지로 보아야지 외국의 예로 말해서는 옳지 않다.…예의를 지키는 나라에 대해서는 반드시 총애하여서 위무하고 품어 주어 포용하면서 오로지 미처 그렇게 해주지 못할까만을 걱정하고 있다.[10]

송렴이 써준 글의 내용을 보면 고려와 기자조선을 일체화시키는 모습을 볼 수 있다. 또한 고려에 기자의 유풍이 보존되어 있어 중국의 예로 대우해야 함을 역설하고 있다. 기자를 통해 중화세계에 포섭되고자 시도하였던 고려의 노력이 명대에 이르러 결실을 맺는 모습이다.

고려 역시 이러한 명의 기대에 부응하였다.

1372년, 고려의 자제들을 태학에 입학시켜 줄 것을 요청하며 "…만일 우리나라의 자제들을 받아들여 나란히 태학에 입학시켜 주신다면, 신은 삼가 교화를 받들어 선양하고, 기자의 봉토를 영원토록 평안하게 하며 충성을 다 받쳐 중국인의 축복을 빌고자 합니다"라는 표문을 올렸다.[11]

공민왕은 고려의 자제들이 태학에 입학할 수 있도록 청하는 표문에서 기자를 언급하며 제후국으로서의 역할을 다짐하였다. 기자를 활용한 고려와 명 양쪽의 외교적 노력이 이제야 공명하기 시작하였다.

고려에 이어 조선이 건국된 이후에도 이러한 분위기는 지속되었다. 1392년 7월 17일 이성계는 공양왕을 폐위시키고 역성혁명을 완성하였다. 하지만 이성계는 고려라는 국호를 버리지 않고 역성혁명의 사실을 명에 통보하자 명 측에서는 새로운 국호를 보고하라고 회답하였다. 이에 이성계와 조정의 관료들은 '조선'과 '화령'이라는 두 가지 선택지를 주원장에게 제시하며 선택을 위임하였다. 1393년 2월, 명에서는 '조선'을 택하여 통보하였다.

> 1393년 3월, 문하시랑찬성사 최영지崔永沚를 보내 "…간절히 생각하옵건대, 옛날 기자의 시대에 있어서도 이미 조선이란 칭호가 있었으므로, 이에 아뢰어 진술하여 감히 천자께서 들어주시기를 청했는데, 유음을 곧 내리시니 특별한 은혜를 입게 되었습니다"라는 표문을 올려 사은하게 하였다.[12]

이 기사는 '조선'을 후보로 선정한 이유를 보여주는 내용으로, 기자조선의 계승자를 자처하였던 의도를 분명하게 밝히고 있다. 조선 내부에서 '조선'을 선택한 이유에는 분명 단군조선도 있었겠지만 외교문서에는 기자조선을 언급하며 제후국으로서의 위치를 자처한 것이다. 이로써 기자는 고려·명 관계를 거쳐 조선·명 관계에 이르기까지 양국 관계를 대표하는 상징으로 자리 잡게 되었다.

축소된 기자의 역할

약 250년간 유지되었던 조선과 명의 관계가 순탄하기만 한 것은 아니었지만 대체로 원만하게 유지되었다. 건국 당시부터 제후국으로서의 위상을 자처하였던 조선은 중화와 이적을 구분하는 화이론적 세계관을 내면화하였다. 임진왜란을 거치면서 조·명 관계는 군사적 동맹으로서의 위치를 확인했고, 기자는 보다 강고하게 양국 관계를 대변하는 상징으로 기능하였다.

방해꾼은 외부로부터 찾아왔다. 임진왜란이라는 시련을 통해 조·명 양국이 신뢰를 재확인하고 있던 바로 그 순간 요동 지역에서는 건주여진의 누르하치가 성장하고 있었다. 1616년 후금을 건국한 누르하치는 1619년 조선·명·여허 삼국 연합군을 사르후에서 물리치고 명실상부 요동의 주인이 되었다. 200년 이상 육로로 연결되었던 조선과 명의 사행로는 해로로 대체되었고, 후금은 조선과 명의 강고한 동맹을 해체시키기 위해 노력했다.

후금은 1636년 청으로 국호를 바꾸면서 황제국을 표방하였고, 병자호란을 통해 조선을 굴복시켰다. 조선국왕 인조는 삼전도에서 청 황제에 대한 충성서약을 하였고, 조선과 명의 관계는 종식되었다. 1644년 여전히 산해관을 중심으로 청의 침공을 막아내던 명이 이자성의 반란으로 내부에서 붕괴하고 말았다. 청은 이 틈을 놓치지 않고 중원을 점령하였고, 새로운 중국의 주인이 되었다.

화이관으로 무장한 조선의 지식인들은 중화가 무너진 현실에 분노하고 낙담했다. 그들은 분노를 해소하기 위하여 명의 숭정 연호를 사용하고, 자신들의 사행 기록을 조천록에서 연행록으로 명칭을 바꾸는 등 개인적인 저항을 이어나갔다. 국가적 차원에서도 저항 노력은 이루어졌다. 북벌은 공공연한 슬로건이 되었고, 숙종은 창덕궁 후원에 명의 만력제를 추모하기 위한 제단을 설치하였다.

조선이 내부적으로 청 중심의 질서를 수용할 수 없었던 것과 별개로 현실 외교는 활발하게 진행되었다. 흥미로운 점은 조선이 기자를 통해 제후국을 자처하는 수사적 표현이 외교문서에서 사라지지 않았다는 사실이다. 『동문휘고』에는 조선이 청·일본과 주고받은 외교문서가 수록되어 있는데, 기자가 외교문서에 등장하는 경우는 총 237건이다. 그중 약 95%인 226건이 조선에서 청으로 발송한 외교문서였다. 즉 조선은 적어도 외교문서에서만큼은 제후로서의 기자국을 자처하며 적개심을 드러내지 않고자 노력하였던 것이다.

나머지 11건 중 대마도주가 보낸 문서 5건을 제외하면 청은 총 6차례 외교문서에서 기자를 언급하였다. 그런데 이 6건 중 기자와 조선을 일체화하여 사용한 사례는 단 2건에 불과하다. 나머지 4건의 경우 청 내부 황실 인사의 변동을 언급하며 장수와 강녕을 상징하는 단어로 '기주箕疇'를 사용하였을 뿐이다.

그렇다면 청이 기자를 조선과 일체화하였던 두 건의 사례를 살펴보도록 하자.

　　1643년, 청에서 "짐은 하늘의 총애와 복을 받았으니 막중한 군주의 책임을 수행하면서 선왕의 공적을 잇고 드러내려 하니 남겨 주신 계책을 생각하게 된다.…돌아보면 그대 조선은 동쪽의 번국으로 제후의 예를 공손히 거행하며 왕은 예로 대국을 섬기어 매양 충성을 바치니, 짐이 소국을 인애로 보살피고 진심에서 우러나 베푸노라. 이에 특별히 초마, 비단을 하사하니 왕은 조공을 때에 맞춰 수행하고 충성을 날로 성실히 하여 기자의 옛 봉토를 영원히 믿을 수 있게 하라"라는 칙서로 유시하였다.[13]

　　이 기사는 1643년 순치제가 새로 즉위하면서 조선에 예물을 내리는 칙서로, 기자를 활용하여 제후국으로서의 충성을 다할 것을 당부하고 있다. 얼핏 이 문서를 살펴보면 청에서 중국적 전통에 속하는 기자를 적극적으로 활용하는 모습으로 해석할 수도 있다. 다만 여기서는 시기에 주목할 필요가 있다. 1643년은 아직 청이 산해관을 넘어 중국으로 진출하기 이전이다. 청의 지배층인 만주 기인들은 중국 고유의 문화에 익숙하지 않을 뿐만 아니라 한문을 거의 구사하지 못하였다. 외교문서 작성은 소수 한인 출신 관료의 몫이었다. 따라서 기자를 활용한 외교적 수사는 청 황제의 의도라기보다 중국적 전통에 해박하였던 한인 출신 관료의 작품으로 이해하는 것이 옳다.

그렇다면 어째서 다른 문서에서는 기자를 활용한 외교적 수사가 발견되지 않는 걸까? 이에 대해서는 아직 명쾌한 해석이 없지만, 한 가지 추론을 해볼 수 있다. 청을 건국하였던 숭덕제 홍타이지는 조선이나 명과 외교문서를 주고받을 때마다 사신이나 한족 출신 문사를 통해 외교문서 속 수사의 정확한 의미를 파악하고자 노력하였다. 중국적 전통에 익숙하지 않았던 입장에서 외교적 수사가 가지는 함의를 이해하고자 한 것이다. 이 과정에서 기자가 중화세계의 질서 속에서 가지는 위상을 이해하였을 것이다. 그리고 만주족 황제가 사용하기에 적합한 용어가 아니라고 판단하였을 가능성이 높다. 그런데 앞 문서는 1643년 홍타이지가 사망하고 여섯 살의 푸린이 순치제로 즉위하는 혼란한 상황에서 작성되었다. 다시 말해 홍타이지 생전의 검열 과정이 작동하지 않았을 가능성이 크다. 일종의 '실수'였던 것이다.

이러한 추론이 가능한 이유는 1643년의 이 문서 이후 다시 청에서 기자와 조선을 일체화시키는 두 번째 사례가 1865년에서야 발견되기 때문이다. 무려 200년이 넘는 기간 동안 조선 측에서 200건도 넘는 외교문서에서 기자국을 자처하여도 응답하지 않았다면 일정한 의도가 있다고 보아야 할 것이다. 즉 기자가 명 황제와 조선 국왕을 천자와 제후로 엮어주는 상징이라는 사실을 인지하고 있었기 때문이 아닐까? 어쨌든 기나긴 일방통행을 거쳐 마침내 양국 외교의 연결점이 되었던 기자의 역할은 또다시 조선의 충성심만을 대변하는 것으로 축소되었다.

9장

한·중 사신의 단군과 기자 활용기

 ## 명 태조 홍무제도 단군을 알고 있었다

1364년 강남의 반원 군웅세력이었던 홍무제는 고려에 사절을 파견하여 우호관계를 맺음으로써 고려와 처음 접촉하였다. 5년 후 홍무제는 고려에 사절을 파견하여 명을 건국했음을 알려왔다. 명이 몽골을 북으로 쫓아내면서 1세기 동안 계속되던 몽골의 중국 대륙 지배는 끝나게 된 것이다. 안 그래도 반원정책을 펴고 있던 공민왕은 사절을 보내어 책봉을 받고 명 중심 조공체제에 편입하였다. 순조롭게 시작된 양국의 관계는 이후 홍무제가 본격적으로 요동 경략을 추진하면서 요동의 배후에 있던 고려와의 관계를 민감하게 파악하며 갈등이 시작된다.

> 금주金州와 복주復州 등지에도 방을 붙여 "본국[고려]은 요임금과 나란히 세워졌고, 주 무왕이 기자를 조선에 봉하면서 영토를 내렸으니, 서쪽으로 요하에 이르기까지 대대로 강역으로 지켜왔다"고 알렸다.[1]

이 기록은 1370년 고려군이 요동의 동녕부를 공격하면서 요동에 거주하고 있던 고려인에게 고려 조정이 게시한 내용이다. 단군의 이름이 나오지는 않으나 단군을 염두에 둔 것으로 요임금과 같이 시작하는 고려 역사의 유구성과 요동 지역이 본래 고려의 강역이었음을 나타냈다. 비록 고려의 요동 공략은 보급선이 길어져 실패했어도 요동의 정세에 민감하게 반응했던 홍무제는 이러한 고려의 인식을 전해 들었을 가능성이 있다.

1374년 공민왕 시해사건은 양국 관계의 큰 전환점이었다. 공민왕은 원·명 교체의 시대상황을 적절히 활용하여 다원적인 외교를 시행하였지만, 형식상 친명정책을 표방하였다. 그런데 공민왕이 시해되고, 곧이어 명 사신이 귀국길에 압록강 북쪽에서 살해되는 사건이 발생하자 점차 고려와 명 사이에 긴장이 고조된다.

이후 양국 간에 국경선 문제가 벌어진다. 이는 요동을 장악한 명이 고려와 국경선을 직접 접하면서 발생한 사건으로, 이전 원의 세력권을 모두 장악하고자 하는 명과 옛 영토를 수호하려는 고려의 입장이 충돌한 것이다. 결국 홍무제가 요동도사로 하여금 1,000명의 군사를 동원하여 강계로 진출하여 철령위를 설치하도록 하고 이를 고려에 통고하자, 고려는 요동 정벌을 결정하고 군사를 동원하였다. 4월에 최영을 팔도도통사로 하는 5만의 군사가 출전하였지만, 위화도회군을 통하여 이성계가 정권을 장악하였다. 이성계는 우선 친명정책을 표방함으로써 대외적인 안정을 도모하고 명의 지지를 받고자 하였다. 홍무제는 이전까지 문제시되었던 국경선 문제를 더 이상 강제하지 않았다.

양국 문제가 다시 악화된 것은 표전문사건 때문이었다. 홍무제는 1383년에 표전문을 올리는 절차와 규정을 모두 정리하고 황제 문서에 대한 규정을 확립하였다. 1394년 "국호를 바꿔서 사은의 표를 올렸는데 그 글에는 경시하는 말이 있다"라는 말과 함께 조선의 표문에 문제가 있다고 압박하였다. 이에 조선은 "중국과 멀리 떨어져 있어 언어가 불통하고 견문도 좁고 문자도 거칠어 단지 사실만을 전달했는데 그 격식을 알지 못하여 착오를 빚어낸 것이지 고의로 경시한 것은 아니다"라고 해명한다. 그러나 조선의 해명을 불만스럽게 받아들인 홍무제는 표문 작성자의 압송을 요구하였다.²

책임자인 정도전을 소환하려는 홍무제의 압박 속에 조선에서는 권근이 나서서 자신이 표전을 짓는 데 참여하였다며 명에 가서 해명을 하고 양국 간의 외교 갈등을 해소하였다. 권근의 외교활동은 성공적으로 마무리되었는데, 이 과정에서 홍무제는 시제를 내어 그에게 시를 짓도록 한다. 권근이 홍무제 앞에서 지은 시 중 하나가 「처음으로 동이를 연 임금」이었다. 여기에 단군이 언급된다.

> 듣건대 먼 옛날 단군이 나무 가장자리에 강림하여 동쪽 나라 왕위에 오르시니 그때는 요임금 시절이네. 대를 전하여 온 것 얼마나 되는지 알지 못하나 이어진 세월이 천 년을 지났네. 그 뒤에 기자가 와서 대신하였지만 나라 이름은 똑같이 조선이었네.³

이 한 편의 시로 권근은 동이의 군주 단군이 우리나라를 개국했음을 밝히고 중국 요임금과 같은 시기임을 드러냈다. 그리고 천 년은 단군조선의 역년으로 해석하면서 기자조선도 인정하였다. 홍무제가 앞서 조선의 국호를 채택할 때 기자만 염두에 두었다고 하더라도 이때는 단군의 존재를 확실히 인지하게 되었을 것이다.

그런데 홍무제가 이전에는 단군의 존재를 몰랐을까? 그렇지 않다. 앞에서 본 것처럼 고려 말 요동 공략에서 고려인들은 요임금 시기부터 시작한 고려의 유구성을 내세웠고, 이를 명이 충분히 파악했을 것이다.

또한 원명 교체기에 활동했던 이색은 단군과 관련된 언급을 여러 번 하였다. 원의 과거에 급제하여 원에서 현지의 학자들과 오랫동안 교류한 이색의 활동은 원과 명으로 하여금 요임금 시기에 건국한 독자적인 시조의 존재를 인지하게 하였을 것이다.

> 요임금이 즉위하던 무진년, 동방에 처음 임금이 있었으니 그때에는 하늘과 서로 통하여, 괴이한 일들이 삼분三墳을 이루었는데 천년에 이르도록 장수를 누리며, 동해가의 땅을 다 점유했으니 질박하여 예는 간략하게 행하고, 거칠어서 말은 꾸미지를 않았네. 어찌하여 내가 태어난 지금은 세상 변천이 뜬구름 같단 말인가.[4]

이색이 원에서 고려에 귀국한 후 1369년에 지은 글에도 단군이 나온다.

> 내가 살펴보건대, 조선씨가 나라를 세운 것은 실로 당요 무진년의

일이었는데, 비록 대대로 중국과 통하였지만 중국에서 일찍이 신하로 대한 일이 없었다. 그래서 무왕이 은태사를 봉했을 때도 신하로 삼지 않았던 것이다.[5]

이 글은 명의 사신 부보랑 설사가 홍무제의 친서를 가지고 왔다가 돌아갈 때 고려의 관료들이 전송하면서 지은 시첩의 서문이다. 여기에서 이색은 요임금 시기에 건국한 시조를 조선씨라고 밝혔다. 비록 단군이라 명시하지 않았다고 해도 기자 이전에 요임금과 동시대에 나라를 세운 최초의 군주가 있다는 인식은 명에 전해졌을 것이다.

따라서 홍무제는 이미 고려 말 고려의 역사가 요임금 시기로 소급됨을 알고 있었던 것으로 보인다. 조선이 국호를 '조선'으로 선정하도록 홍무제를 유도했을 때 그 배경에 기자뿐만 아니라 단군도 염두해 둔 것이고, 이러한 사실을 홍무제도 알고 있었을 가능성이 높다.

 ## 권근, 홍무제 앞에서 기자를 노래하다

기자를 활용한 한·중 외교는 명대에 이르러 절정을 맞이했다. 한족 국가 명이 중국을 지배하면서 중국의 오랜 전통이 외교현장에 빈번하게 호출되었던 것이다. 명이 건국된 직후부터 기자는 제후국 고려와 조선의 충성심을 보여주는 동시에 고려와 조선이 중화의 문명을 일찍부터 수용한 증거로서 기능하였다. 기자를 활용한 외교는 1396년 결정적 장면을 연출했다.

천 년 기자의 나라, 바다 어귀에 자리 잡으니
팔조의 유풍 지금도 남아있구나.
높고 높은 산봉우리 들판을 에워싸고
긴 강은 쉴 새 없이 흘러 옛 마을을 감싸는구나.
만 리 길 산 넘고 배 타며 항상 조공을 바치니
삼한의 강역은 영원한 번방藩邦이로세.
주민들과 다정스레 말을 나누노니
풍요로운 삶, 성스러운 황제의 은혜 덕분이라 하네.[6]

조선과 명의 관계는 표전문사건으로 경색된 상황이었다. 문제 해결을 위해 사신으로 파견된 권근은 홍무제 앞에서 3일간 24수의 시를 지어 받쳤고, 그 첫 번째 시가 앞서도 살펴본 「처음으로 동이를 연 임금」이었다. 그리고 위 인용문은 24수 중 다른 시문으로, 「서경[평양]을 지나며」이었다.

이 시문에서 권근은 조선을 기자의 나라로 표현하면서 중국의 영원한 제후국임을 강조하였다. 권근은 「서경을 지나며」 이외에도 24수 시문에서 두 차례 더 기자를 활용하였다. 단군을 통해 조선 역사의 유구성을 알리는 한편, 명을 향한 조선의 충성심을 보여주기 위해 기자가 가지는 상징성을 적극적으로 이용한 것이다. 권근의 이러한 노력 덕분에 '표전 문제'는 일단락될 수 있었다.

엄연히 조선의 시조는 단군

 기자는 조·명 관계의 상징으로 자리를 잡았다. 1451년 명 사신 예겸倪謙과 사마순司馬恂을 접대하며 시문을 노래하였던 신숙주는 "우리 동방은 기자가 봉토를 수여받은 뒤로 예악과 문물에 대해 일찍부터 중화를 숭모하였습니다. 태조 고황제가 등극하심에 우리 태조왕이 명을 받들고 번신이 되어 대대로 충성을 다하였습니다"[7]라며 기자를 통해 조선의 충심을 강조하였다. 김안국金安國은 중국 사행을 떠나는 윤개尹漑를 위한 송별문에서 "천자께서 우리나라를 외국으로 바라보지 않으시어 실로 중국 내 제후들과 함께 할 수 있는 것은 어째서인가? 기자의 남겨진 교화를 지켜서 도의를 준수하고 예교를 닦으며, 문헌을 수리하고 이륜을 독실하게 하며, 제후의 도리를 삼가고 정통을 따르는 등 한결같이 중화의 풍속을 따랐기 때문"[8]이라고 지적하였다. 이처럼 기자는 한·중 외교의 윤활유 역할을 하였다. 하지만 기자에게 집중된 관심이 문제를 유발하기도 하였다.

 명은 242년간 조선에 186차례 사절을 파견하였다. 사신의 대다수는 조선 출신의 환관이었다. 조선 출신 환관들은 기본적으로 조선을 원망하는 마음을 가지고 있었기 때문에 사신으로 와서 여러 문제를 일으켰다. 이에 조선에서는 껄끄러운 환관 대신 조관을 파견해달라고 요구하였지만, 실제로 조관이 파견된 경우는 24차례(39명)에 불과하였다. 다만 조선에 조관을 파견할 경우에는 문학적 능력이 뛰어난 인물로 엄선하였는데, 명 사신을 접대하기 위해 나온 조선 원접사와의 시문 수창에서 망신을 당하지 않기 위해서였다. 그만큼 조선 지식인의 문학적 능력을 높이 평가한 것이다.

조선에서는 명의 조관朝官이 사신으로 파견되면 극진히 대접하면서 그들이 지은 시문을 모아 『황화집』이라는 책을 편찬하였다. 『황화집』에는 명 사신 뿐 아니라 조선 원접사의 수창시도 함께 실렸기 때문에 한·중 지식인의 관심사를 확인하기에 용이하다. 『황화집』에는 대략 3,200여 편의 시문이 수록되어 있는데, 이 중 기자를 제목으로 삼은 시는 96편에 달한다. 3%에 해당하는 수치가 적다고 느껴질 수도 있지만, 의주로부터 한양에 이르는 사행로의 다양한 장소에서 시문을 수창한다는 사실을 떠올린다면, 단일한 주제의 시문이 100편 가까이 존재한다는 사실이 오히려 놀라운 일이라 할 수 있다. 더구나 제목에는 기자를 명시하지 않더라도 내용 중에 기자가 등장하는 경우도 적지 않으니 기자의 비중은 결코 가볍지 않았다.

그에 비해 단군과 관련한 시문은 5편에 불과하였다. 물론 중국 사신의 입장에서 단군은 매우 낯선 존재이기 때문에 그들이 굳이 단군을 언급할 필요는 없다. 하지만 평양에 위치한 기자의 사당 바로 옆에는 단군의 사당이 있었다. 따라서 평양에 도착하여 기자의 사당을 방문하면 자연스레 단군의 존재도 인지할 수밖에 없었다. 더구나 단군의 사당인 숭령전에는 '조선시조단군지위朝鮮始祖檀君之位'라는 신주가 있었기 때문에 숭령전을 방문하였다면 조선에서 단군을 시조로 모시고 있다는 사실을 알 수 있었다.

그러나 명 사신들은 단군의 존재를 의도적으로 무시하였다. 예를 들어 기자의 사당에서 사배례를 했다면 단군의 사당에서는 재배례나 읍례만 행하면서 차별을 두었다. 게다가 여러 시문을 통해 기자를 조선의 시조로 단정하며 단군의 존재를 삭제해버렸다.

> 상의 운명 날로 쇠잔해져
> 선생[기자]이 숨고 인내할 때였도다.
> 그 당시 나름의 식견이 있어 그러했으니
> 후세에 어찌 이를 알기나 했으리요.
> 교화와 은택을 내려 동국의 시조 되었고
> 서경의 홍범구주로 주 무왕의 스승 되었네.
> 만고토록 우러르고 의지하노니
> 가던 길 멈추고 청주 한 잔 올리네.⁹

이 시는 1546년 조선을 방문하였던 왕학王鶴이 기자묘를 방문하고 지은 것이다. 여기에서 왕학은 기자를 향해 '교화와 은택을 내려 동국의 시조가 되었다'라고 언급하였다. 이러한 인식은 조선을 방문하였던 대부분의 명 사신에게서 공통적으로 드러난다. 즉 의도적으로 단군의 존재를 부정하고 기자를 중시했다.

이처럼 명 사신이 기자만을 강조하자 조선의 원접사 중에 이에 발끈하는 인물도 등장하였다.

동쪽 번국의 제도는 옛 봉군 기자로부터니
예문을 숭상함은 천년의 유풍 때문이다.
영령께 조문하려 하나 어디서 찾을까.
안개 낀 무성한 잡초만 외딴 무덤 덮고 있네.[10]

동토에 봉해진 것은 단군 이후의 일이라네.
기자의 예악시서는 찬란히 문채가 있도다.
만고토록 조선의 백성 은혜를 받았노니
술 한 잔 애오라지 외로운 무덤에 뿌린다.[11]

첫 번째는 1476년 조선을 방문한 명 사신 기순祈順이 기자묘를 방문한 후 지은 시이고, 두 번째는 기순을 접대한 조선의 원접사 서거정이 기순의 시에 화답하여 지은 시이다. 기순은 조선의 역사가 기자로부터 시작되었다고 지적하였지만, 서거정은 기자가 주 무왕에 의해 봉해진 것은 단군 이후의 일이라고 정정하였다. 이처럼 서거정은 시문을 통해 기자만 일방적으로 강조하는 명 사신에게 자신의 의견을 피력하였다. 하지만 기순은 이후에도 기자만 강조하는 시를 반복하였다. 그러자 서거정은 매우 노골적으로 반박하였다.

단군왕은 원래 주와 교류하지 않았지만

기자가 처음 봉해져서 동방에 들어왔다네.

【조선 시조 단군은 무진년에 요임금과 나란히 나라를 세웠으며,

주 무왕 을묘년에 죽었다.】[12]

　서거정은 다시 한 번 조선의 시조가 단군임을 강조하고, 아예 주석을 통해 단군이 요임금과 동시대 인물임을 부연하였다. 기순이 이 주석까지 확인하였는지는 알 수 없지만 적어도 단군이란 존재에 대해선 분명하게 인지할 수 있었을 것이다.

내면화된 기자 중시

서거정과 같이 명 사신의 일방적인 기자 편애에 반발하는 경우도 있었지만, 대부분의 조선 원접사들은 적당히 분위기를 맞추는 편이었다. 이는 명의 눈치를 봐야 하는 제후국 조선의 입장이 반영된 것도 있지만, 실제로 기자조선을 중시했던 조선 내부의 분위기도 한몫하였다.

특히 16세기 성리학이 심화되는 과정에서 중화와 이적을 구분하는 화이론적 사고가 강화되면서 중화의 문물을 전달했다고 여긴 기자의 중요성이 커졌다. 게다가 16세기 후반 임진왜란 당시 명군이 대거 원군으로 파병되면서 조·명 관계는 한층 더 밀접해졌다. 조선은 명을 재조지은再造之恩의 대상으로 여기기 시작하였고, 기자는 조·명 관계의 상징으로 더욱 부각되었다.

> 우리 조선이 해외의 궁벽한 곳에 위치하였지만 은 태사 기자가 봉토를 수여받은 이후로 팔조의 가르침을 준수하고 인현의 교화를 따랐습니다. 그래서 흥망이 변화하고 나라가 찢어지더라도 중국을 섬기는 정성은 항상 한결같았으니 중국에 칭찬을 받은 것이 오래되었습니다.[13]

이 글은 1595년 임진왜란 당시 조선에 파견되었던 담종인譚宗仁이 본국으로 귀환하게 되자 이정암李廷馣이 전송하며 써준 것이다. 이정암은 기자 이래로 조선이 중국을 한결같이 섬겼다는 사실을 강조하였다.

중화의 법도로 오랑캐의 풍속을 바꾸어 교목을 옮기시니
기자께서 남기신 가르침 영원토록 전해지리라.
…
태평성대의 은혜가 드넓기도 하니
기자가 봉해진 조선에 우임금의 산천을 옮겨다 놓았구나.[14]

이 시문은 1606년 명 사신 주지번朱之蕃과 양유년梁有年이 조선을 방문하였을 때 원접사로 이들을 접대하였던 유근柳根이 지은 것이다. 유근은 기자가 중화의 법도로 오랑캐의 풍속을 바꾸었으니 태평성대의 은혜가 드넓다고 표현하였다. 이는 기자 이전의 조선이 오랑캐에 불과하다고 스스로 고백한 꼴이었지만 유근은 개의치 않았다.

이처럼 기자를 통해 한·중 외교의 역사적 전통을 강조하는 분위기는 결코 외교현장에서만 이루어지지 않았다.

우리 동방이 상국을 섬긴 것이 오래되었으니 주에서 은 태사 기자를 봉해준 이후로 비로소 중국과 통하게 되었다. 수·당·송·원 때에는 통교하기도 하고 끊어지기도 하다가 우리 조선에 이르러 지극한 정성으로 사대하여 한 해도 거르지 않고 매년 사신을 보낸 것이 거의 300년이다.[15]

이 글은 1625년 전식全湜이 명으로 사행을 떠나자 그를 배웅하면서 조우신趙又新이 써준 것이다. 기자조선을 양국 교류의 시발점으로 파악하고 있으며, 조선에 이르러서야 사대가 지극정성으로 이루어지고 있다는 점을 강조하고 있다. 조우신과 전식은 모두 조선인이었기 때문에 사적으로 주고받는 글에서 명의 눈치를 볼 필요가 없었다. 다시 말해 기자로부터 사대의 전통이 시작하여 조선에 이르러서 완성되었다는 인식이 관료들에게 완벽하게 내면화된 것이다.

청에 불쾌한 첫인상을 남긴 기자

250년간 비교적 큰 문제없이 지속되었던 조선과 명의 관계는 병자호란으로 종결되었다. 조선은 이제 '청'이라는 새로운 천자국을 상대해야 했다. 청은 만주족이 세운 국가였기 때문에 유교로 표상되는 중국적 전통에 익숙하지 않았다. 더구나 조선 역시 정묘호란과 병자호란을 거치면서 청에 강한 반감을 가지고 있었다. 이제 조·명 외교의 상징이었던 기자의 역할은 자연스레 축소될 수밖에 없었다.

그런데 또 하나의 문제가 있었다. 1637년부터 조선은 청과 군신관계를 맺었지만 여전히 중원에는 명이 건재하였던 것이다. 명은 250년 동안 사대의 대상이었고, 조선의 위기를 구원하였던 재조지은의 대상이었다. 비록 병자호란의 패배로 명과의 관계가 강제로 중단되었지만, 명을 향한 조선의 충성심마저 소멸된 것은 아니었다. 조선의 충성심은 명과의 비밀외교로 이어졌다.

조선과 명의 비밀외교는 주로 승려 독보獨步를 통해 이루어졌다. 묘향산에서 승려가 된 독보는 명 도독 심세괴沈世魁와 홍승주洪承疇의 수하로 활동하면서 조선과 명 사이의 연락책이 되었다. 비밀외교는 선박을 통해 이루어졌다. 이미 청이 요동 지역을 장악하고 있었기 때문에 조선과 명이 육로로 교통할 수 없는 상황이었다. 따라서 선박을 통해 서해안에서 연락을 주고받는 방식을 취했다.

한편, 청에서는 조선과 명의 밀회를 계속 의심하였다. 서해 쪽에 중국배가 나타날 때마다 청에서는 나포하라는 명령을 내렸지만, 조선에서는 여러 핑계를 대며 응하지 않았다. 사건은 1641년 처음 발생하였다. 당시 선천부사로 재직 중이던 이계李烓가 혼란한 상황을 틈타 명 상선과 밀무역을 하다가 청에 적발되었다. 다행히도 이 밀무역사건은 청의 조선어 통역관 정명수에게 뇌물을 주어 무마할 수 있었다.

더 큰 사건은 이듬해에 발생하였다. 요동 지역의 송산과 금주에서 명과 청의 군대가 대규모로 격돌하였는데, 이 전투에서 청이 승리하면서 명의 총독 홍승주가 사로잡혔다. 홍승주와 그의 휘하는 청에서 심문을 받던 중에 조선과 명이 내통하고 있었다는 사실을 실토하고 말았다. 청 황제 홍타이지는 즉시 용골대龍骨大 등을 파견하여 사건의 진상을 밝히게 하였는데, 이 과정에서 앞서 밀무역을 하였던 이계도 다시 잡혀 들어갔다. 이계는 위기를 모면하고자 조선과 명의 내통 과정을 그야말로 샅샅이 불어버렸다.

> 1642년 10월 청 황제가 용골대 등과 소현세자를 봉황성으로 보내 최명길 등을 체포하여 조사하게 하였다.…조사 결과 최명길과 임경업 등이 평안도관찰사 민성휘와 함께 평양 기자묘 안에서 만나 명에 보내는 서한을 작성하였는데, 승려 독보를 통해 명에 전달된 것이 사실로 드러났다.[16]

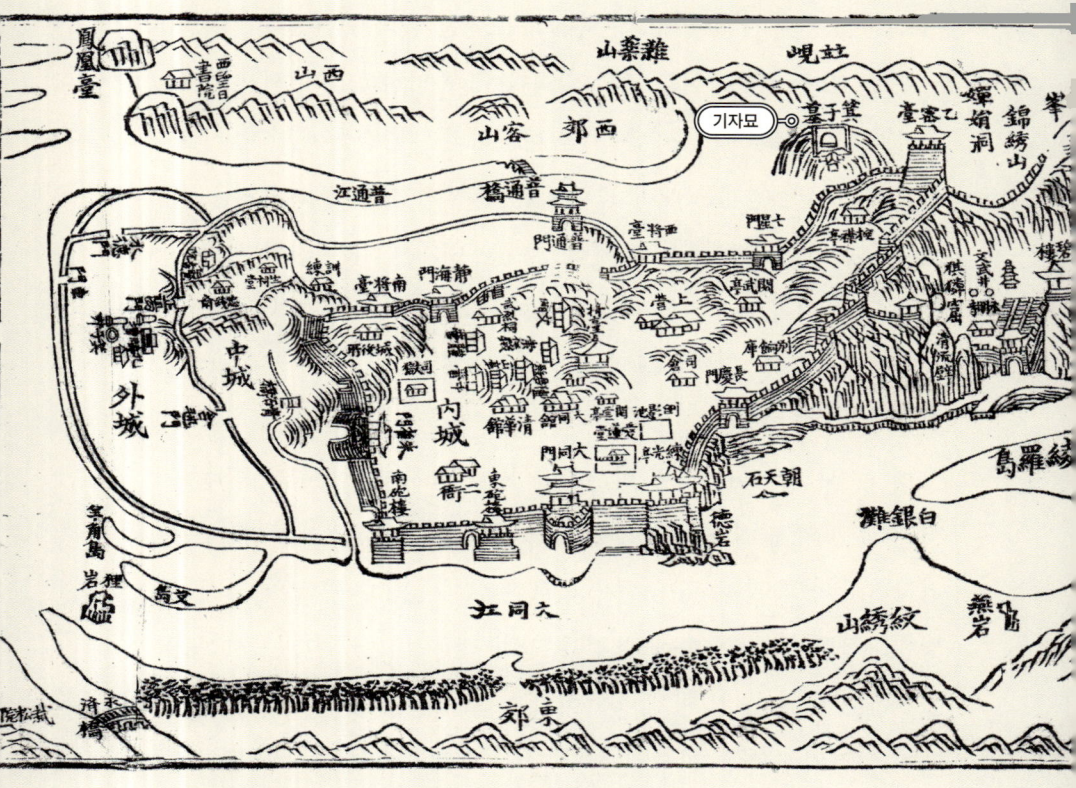

「평양관부도」의 기자묘(윤유 편, 『평양속지』, 18세기)
서울대학교 규장각한국학연구원 소장

여기에서 눈여겨볼 것은 최명길 등이 명에 전달할 서한을 작성한 장소다. 기자묘에서 은밀한 모의가 시도된 것이다. 조선에서 어떤 의도를 가지고 기자묘를 작당모의 장소로 선정하였는지 알 수 없지만, 기자가 가지는 상징성으로 보아 명에 대한 충성심을 되새기기 위한 목적이라고 추정해볼 수 있다. 실제로 청은 사건 조사 과정에서 기자묘라는 장소가 가지는 상징성에 주목하였다.

결과적으로 이 사건은 최명길이 모든 죄를 끌어안으면서 마무리되었고, 이로 인해 최명길은 3년간 심양에 구금되었다. 바로 이 기간에 역사적으로 유명한 김상헌과의 화해가 이루어지기도 하였다. 여기서 짚고 넘어가야 할 점은 이 사건이 조·청 관계에서 기자가 처음 등장한 순간이었다는 사실이다. 기자는 데뷔전에서 청에 불쾌한 첫인상을 남기고 말았다.

세상이 바뀌었으니
기자의 임무도 바뀌어야지

조·명의 비밀외교가 발각되면서 조·청의 분위기는 자못 심각해졌다. 청에서는 조선의 모든 행위를 일체 의심하기 시작하였고, 조선에서는 청의 눈치를 살펴야 했다. 그러나 이러한 분위기는 오래 지속되지 않았다. 조·청 관계의 주요 변수였던 명이 1644년 멸망했기 때문이다. 청은 명이 붕괴한 기회를 놓치지 않고 중원 진입을 시도하였으며, 얼마 지나지 않아 새로운 주인이 되었다. 조선의 기대는 실망이 되어 돌아왔지만 역설적으로 조·청 관계는 안정적 국면으로 전환되었다.

청과의 관계가 안정적인 것과 별개로 사신 외교는 명대와 큰 차이를 보이기 시작했다. 그중에서도 눈에 띄는 차이점은 청 사신과 조선 원접사의 수창 외교가 사라졌다는 사실이다. 이유는 크게 두 가지였는데, 우선 청에 대한 강한 복수심을 가지고 있었던 조선의 원접사들이 청 사신과 희희낙락 시문을 주고받으려 하지 않았기 때문이다. 반대로 청 사신의 경우, 한족을 배제하고 오로지 팔기 기인旗人만을 조선에 파견하였기 때문에 유교적 전통에 익숙하지 않았다. 더구나 중국에 진출하기 이전에 태어난 만주족들은 한문을 구사할 능력이 거의 없었기 때문에 조선 원접사와 시를 주고받으려는 시도조차 하지 않았다. 이러한 분위기에서 평양의 기자 관련 유적은 여행의 필수코스에서 제외되기 시작하였고, 기자는 더 이상 한·중 외교를 대변하는 상징으로서 기능하지 못하였다.

그렇다고 기자의 역할이 완전히 사라진 것은 아니었다. 조선의 지식인들은 현실정치에서 청을 섬기면서도 내부적으로는 청의 존재를 부정하고 조선을 중화의 적통으로 위치 짓는 작업에 몰두하기 시작했다. 기자 역시 한·중 외교의 오랜 역사적 전통 대신 조선이 중화를 계승해야만 하는 이유를 증명하는 것으로 임무를 대체하였다.

대개 우리 동국은 비록 바다 모퉁이 구석진 곳에 위치해 있지만 지형은 중국의 형세와 유사하고, 천문은 연과 제 지방의 성수와 같은 분야에 속하여 인재·물산·운기의 흥폐까지 중국과 서로 부합하지 않음이 없다. 진실로 해외의 중화이므로 저들과는 본디 다른 종족인 것이다. 또 기자가 중화의 성인으로 은혜롭게 동방에 임하시어 문치를 열어 예양의 풍속과 충순의 풍도가 천하에 드러났으니 또한 저 외국과는 스스로 구별되는 것이다.[17]

이 기사는 권구權榘의 「여사회찬의의」의 일부분으로, 종족과 지리적 측면에서 조선이 중화의 적통을 계승하였다고 주장하고 있다. 통상 중화를 구성하는 것은 종족과 지리, 문화였다. 조선의 경우 유교문명을 일찍부터 수용했기 때문에 문화는 크게 문제가 되지 않지만, 종족의 경우 한족漢族이 아니고, 지리의 경우 중국의 동쪽 모퉁이에 위치해 있기 때문에 중화가 되기에 부족함이 있다고 여겼댓. 조선을 동쪽 오랑캐라는 뜻의 '동이東夷'라고 표현한 이유가 바로 여기에 있었다.

그러나 권구의 글을 보면 조선을 '저들彼' 혹은 '외국外國'과 구별되는 존재로서 강조하고 있는데, 여기서 말하는 '저들'과 '외국'은 다름 아닌 청이다. 권구가 이렇게 조선과 청의 차이를 강조하고, 조선을 중화라고 주장할 수 있었던 가장 큰 근거는 기자의 존재였다. 지리적으로는 연·제 땅과 맞닿아 있었고, 종족적으로는 중화의 성인인 기자의 후예이기 때문에 종족과 지리 문제를 해결할 수 있었던 것이다.

이처럼 조선의 지식인들은 기자를 통해 조선이 중화의 적통임을 주장하였다. 그리고 그 과정에서 기자를 보다 신성한 존재로 부각시키기 시작하였다. 여기서 한 가지 문제에 직면하게 되는데, 기자가 조선에 오는 경위를 정확하게 밝히는 것이었다. 역사적으로 기자가 조선의 제후가 된 과정은 크게 『상서대전』과 『사기』의 서술에 근거하고 있는데, 두 역사서의 내용이 미묘하게 달랐다. 우선 『상서대전』의 경우는 "차마 주를 섬길 수 없었던 기자가 조선으로 도망쳤고, 무왕이 그대로 기자를 조선 땅에 책봉하였다"라고 설명하였고, 『사기』의 경우 "무왕이 차마 기자를 신하로 삼을 수 없어서 조선 땅에 책봉하였고, 이에 기자가 조선으로 갔다"라고 설명하였다. 『사기』는 이어서 "이후 기자가 주에 조회하러 가는 길에 상의 옛 도읍지를 지나다가 「맥수가」를 지어 노래하였다"라는 '기자조주箕子朝周'설을 덧붙였다.

여기서 문제가 되는 것은 크게 두 가지였다. 기자가 조선에 자발적으로 왔느냐, 그리고 기자가 이후에 주에 조회를 하였는가 하는 점이다. 이 문제가 중요한 이유는 기자가 상의 신하였기 때문이다. 기자가 만약 상을 무너뜨린 주의 신하가 되었다면 그것은 불충에 해당하기 때문에 성인으로 불리기에 손색이 생기는 일이었다. 따라서 조선의 지식인들은 일찍부터 이 문제에 관심을 가지고 있었는데, 조선 후기에 이르면 보다 진지한 논의가 이루어진다.

> 사서에 '주에서 기자를 조선에 봉하였다'고 하지만 이는 사실이 아니다. 생각건대, 기자는 무왕에게 이미 '홍범'을 진술하였으니 끝내 주의 영토에 거처하고 싶지 않았을 것이다. 이에 스스로 조선 땅에 숨었던 것이니 조선 사람들이 그의 인仁을 즐거워하였다. 주의 명을 받들어 군주가 되었다면 기자는 가려 하지 않았을 것이다. 주에 조회하러 갔던 일이나 「맥수가」 등은 제 동쪽 야인들이 지어낸 말이다.[18]

이 글은 김춘택金春澤이 17세기 후반 내지는 18세기 초반에 지은 것으로, 기자가 스스로 조선으로 도망간 것이라 단정하고 주로 조회를 갔다는 기자조주설까지 정확히 부정하였다. 이로써 기자는 그 정통성에 있어서 보다 확고한 지위를 누리게 되었다. 반면 주 무왕의 책봉을 받은 제후국 군주로서의 상징성은 약화되었다. 이는 기자가 외교현장에서 활약할 필요가 없어진 모습을 대변한다. 기자조주설을 부정하는 모습은 이후 이환모, 남구만, 김약련, 정교, 이만운, 홍직필, 이상수, 전우 등에게서 지속적으로 확인된다.

 ## 청 사신도 기자묘를 방문하다

역사적 기억은 기념물이나 인물을 통해 상징으로 거듭난다. 중국의 역대 왕조는 끊임없이 기자를 통해 한반도 국가들에 제후국의 위상을 부여하려 하였다. 그리고 어느 순간 고려 역시 기자를 한·중 관계의 선구자로 활용하고, 평양의 기자 관련 유적을 발굴하여 기억을 시각화하였다. 명의 사신과 조선의 원접사는 평양의 기자 유적지에서 동질감을 재확인하고 영구한 우호를 노래하였다.

상황은 변하기 마련이다. 영원할 것 같았던 조선과 명의 관계는 청이라는 변수로 인해 강제 종료되었다. 상황이 변화하자 상징의 역할도 변화하기 시작하였다. 기자를 통해 조선의 지식인은 문화적 우월성을, 청 사신은 힘의 우위를 확인하고자 하였다. 이렇듯 기자는 끊임없이 역할을 변화시키며, 2,000년 이상 지속돼 온 한·중 관계 안에서 일정한 역할을 수행하였다.

청은 중국 점령 이후로도 만주족의 기상을 유지하기 위해 노력하였다. 하지만 북경으로 천도하고 한족 문화에 노출된 이후로는 점차 중국적 전통에 익숙해지기 시작하였다. 특히 삼번의 난을 거치면서 강희제가 중국 통치전략을 수정하였고, 이로 인해 명의 문화유산을 적극적으로 흡수하기 시작하였다. 또한 입관 이후 태어난 만주족 중 일부는 한족 지식인과 깊은 교유를 나누며 문학적 능력을 키워나가기도 하였다.

이렇게 청의 지식인들이 한·중 외교의 역사적 전통을 이해하기 시작하자 사행 양상에서도 변화가 나타났다. 일부 청 사신이 명 사신의 행동을 답습하기 시작한 것이다. 이를테면 1662년 부사로 조선을 방문하였던 명주明珠라는 인물은 한양으로 오는 도중에 평양에서 기자묘를 방문하고 시를 짓는 모습을 선보였다. 조정에서는 청 사신의 뜻밖의 행위에 놀라 부사에 대한 정보를 공유하였다. 물론 이때 명주가 지은 시는 기자 고사에 대한 이해도 떨어질 뿐 아니라 의미 파악도 힘들 정도로 매우 조악하였다. 그러나 청의 일부 지식인이 명의 유산을 접수하기 시작했다는 점에서 큰 의미가 있다.

18세기에 접어들면 보다 적극적인 변화가 나타난다. 1703년 정사로 조선을 방문한 규서揆叙는 조선 사행 과정에서 56수에 달하는 시문을 작성하였고, 이를 자신의 문집에 수록하였다. 흥미로운 사실은 규서가 앞서 조선에서 기자묘를 방문하고 시문을 지었던 명주의 아들이라는 점이다.

오랜 성인의 자취를 방문하여 한잔 올리고 토산을 둘러보니
유리는 기자정을 가리키고, 하늘 향해 솟은 송백 깨어진 비석을 호위하네.
팔교 아직 전하고 글 읽는 소리 울리는데 일찍이 구주를 지어
제왕의 스승이 되었다네.

공자도 뗏목 타고 오고자 하였으니, 제기는 참으로 중국에 놓은 것과 같도다.[19]

이 시에서 규서는 아버지 명주처럼 기자묘를 배알하고 소회를 읊었는데, 기자가 제정했다고 알려진 '팔조금법'이나 기자가 무왕에게 진술했다는 '홍범구주'를 소재로 다루었다. 또한 "도가 행해지지 않으면 뗏목을 타고 떠나겠다"는 『논어』의 구절도 인용했다. 이는 규서가 명주와 달리 중국적 전통에 익숙해졌음을 의미한다.

그러나 일부 청 사신이 한·중의 외교적 전통에 익숙해졌다고 해서 명대와 같은 모습을 갖추었다고 오해해선 안 된다. 여전히 조선의 원접사와 청 사신 간에 시를 수창하는 모습은 찾아보기 힘들었고, 대부분의 청 사신은 조선의 문물에 관심이 없었다. 그리고 관심을 가졌다 하더라도 이를 풀어내는 방식은 명대와 완전히 달랐다. 1717년부터 1725년까지 총 4차례 조선을 방문하였던 아극돈阿克敦의 사례가 대표적이다. 아극돈은 4차에 걸친 사행 동안 지은 시문 중 수작을 엄선하여 『동유집東游集』을 간행하고, 사행 장면을 『봉사도奉使圖』라는 화첩으로 완성하였다. 그런데 『동유집』에는 기자와 관련한 시문이 남아있지 않다. 아극돈이 평양에서 지은 「등평양연광정登平壤練光亭」과 「자수음紫樹吟」 등에서 기자가 등장하지만, 규서와 같이 기자를 따로 노래하진 않았다.

그렇다면 아극돈은 평양의 기자묘를 방문하지 않았던 것일까? 아니면 방문하였지만 시문을 남기지 않은 것일까? 정답은 둘 다

'아니오'다. 즉 아극돈은 기자묘도 방문하였고 시문도 남겼다. 다만 이를 자신의 『동유집』에 싣지 않았을 뿐이다. 심지어 아극돈은 태허루와 기자묘를 방문하고 지은 시문을 조선에 건네며 현판해줄 것을 요구하기도 하였다.

> 영접도감에서 "지난번 칙사[아극돈]가 돌아갈 때에 황주의 태허루와 평양 기자묘에서 지은 시가 있어 걸어주길 원하였습니다. 그러므로 태허루는 판각하여 보관해 두었다가 칙사의 행차를 기다려 임시로 걸어두고, 기자묘는 일의 성격이 다르니 허락해서는 안 된다는 뜻으로 영접도감에서 계달한 바를 가지고 분부하셨습니다. 이번 칙사 행차 시 태허루는 마땅히 임시로 걸어두겠지만, 기자묘를 청사들이 만일 살펴보게 된다면 힐문하며 따질 우려가 있습니다. 기자묘 앞에는 별도의 전각이 없고 단지 정자각만 있을 뿐인데, 이곳도 제향하는 장소이니 사체가 자별하고 다른 누각의 관광하며 시 짓는 곳과는 비교할 수 없는 곳입니다. 이런 뜻으로 잘 말하여 사단이 일어나지 않도록 하는 것이 마땅할 듯합니다"라고 아뢰었다.[20]

이 기사 내용을 살펴보면, 아극돈 일행은 1717년 1차 방문 후 귀국 당시 태허루와 기자묘에 자신의 시를 현판해줄 것을 요구했다. 이에 조선 조정에서는 태허루에는 청사가 방문할 때만 임시로 시문을 걸어두고, 기자묘에 대해서는 다른 이유를 들어 무마시키자는

쪽으로 의견을 모았다. 하지만 아극돈 일행은 조선의 바람과 달리 계속 조선을 방문하였고, 그때마다 시문의 현판을 요구하였다.

영접도감에서 "청 사신들이 만일 정유년(1717) 지은 시를 현판하지 않아서 힐문하려 든다면 기자묘의 정자각과 태허루는 동일하게 시문을 현판할 수 있는 장소가 아니라는 뜻으로 무마하라고 원접사에게 알렸습니다. 하지만 원접사의 회답 이문 가운데 '기자묘에 옛날 명 사신이 지은 시가 현판되어 있어서 장정매張廷枚가 이를 보고 차운하여 시를 지은 것이니 기자묘에 시를 현판할 수 없다는 이유로 막기는 힘듭니다. 장정매가 지은 시를 판각해 두었다가…그들이 참배하러 올 적에만 걸어두는 것이 마땅할 듯합니다'라고 하였습니다"라고 아뢰었다.[21]

이 기사는 1717년 아극돈과 함께 조선을 방문하여 시문의 현판을 요구하였던 부사 장정매가 1719년 다시 조선을 방문한다는 소식에 대책회의를 하는 모습이다. 그런데 여기서 몇 가지 재미있는 사실이 발견된다. 조선 조정은 기자묘의 정자각이 성현에 대한 제사를 지내는 경건한 장소이므로 시문을 걸어두기 부적합하다는 핑계를 대려고 하였지만, 장소에는 이미 명 사신의 시가 걸려 있었다. 심지어 청 사신이 지은 시문은 명 사신의 시문에 차운한 것이었다. 따라서 정자각이 시문을 걸어두기 부적합한 장소라는 핑계는 애초에 성립할 수 없었다. 결국 조선 조정은 아극돈과 장정매의 시문을

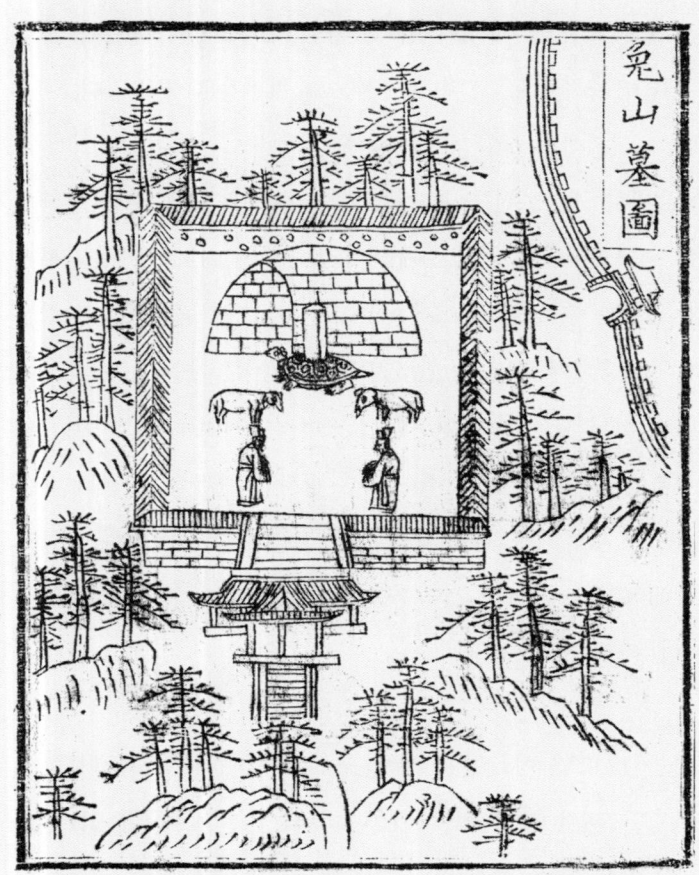

「토산묘도」(윤두수 편, 『기자지』, 16세기)
서울대학교 규장각한국학연구원 소장

걸어두는 것으로 결론을 맺었다.

　아극돈과 장정매 일행은 조선 조정을 수차례 압박하여 자신들이 지은 기자묘 관련 시문을 현판시키는 일에 성공하였다. 그런데 이처럼 기자묘 관련 시문에 공을 들였음에도 불구하고, 아극돈은 해당 시문을 자신의 사행기록인 『동유집』에 수록하지 않았다. 이는 아극돈이 기자를 매개로 조선과 중국 문화의 동질성을 확인하는 작업에 큰 관심이 없었음을 보여준다. 오히려 기자를 이용하여 조선 조정을 압박하고 청의 정치적 우위를 확인하는 목적이었을 뿐이다.

　이후로도 청사들의 기자묘 관광과 시문 현판 요구는 이어진다. 1735년 정사 덕패德沛와 부사 해봉海奉도 기자묘에서 시문을 지었으며, 1760년 부사 부덕富德은 아극돈, 장정매처럼 자신의 시도 현판해줄 것을 요구하였다. 1786년 정사 소릉아蘇凌阿와 부사 서보瑞寶는 먼저 기자묘의 위치를 묻고 참배하길 원했으며, 자신들이 지은 시를 기자묘뿐만 아니라 쾌재정快哉亭, 동선관洞仙館, 총수참蔥秀站 등에도 현판해줄 것을 요청하였다. 아극돈의 사례가 조선의 입장에서 껄끄러운 선례가 되어버린 것이다.

　이처럼 18세기 이후로 청 사신들의 기자묘 방문은 결코 이질적인 현상이 아니었다. 오히려 그들은 명 사신처럼 기자묘에 참배를 하고 시문을 지으며 한·중의 외교적 전통을 향유하였다. 그러나 청 사신의 기자묘 방문은 명 사신과 본질적으로 다른 점이 있었다. 그들은 기자묘를 통해 조선과 청의 동질성을 확인하거나, 조선 원접사들과 함께 기자를 향유하는 것에 관심을 두지 않았다.

10장

단군과 기자
사적을 찾다

고려 말 기자 사적을 발굴하다

기자는 중화문명을 동방에 전수한 소중화小中華의 상징으로 작용하였다. 고려와 조선은 전대前代 시조 및 성인으로 모셨고, 기자사·숭인전과 인현서원 등을 설치하고 매년 제사를 지냈다. 수많은 학자와 문인은 기자의 무덤과 정전井田 등 사적지를 답사하여 기자가 역사상 실존 인물임을 증명함으로써 고려와 조선이 문명국임을 밝히고자 하였다.

  기자가 우리 역사에서 대내외적으로 처음 등장하는 것은 고려시대부터다. 933년(태조16) 3월에 후당에서 왕경王瓊과 양소업楊昭業을 보내 왕건을 고려 국왕으로 책봉하면서 "그대 권지고려국왕사權知高麗國王事 왕건은 자질이 웅대하고 용맹하며 지혜는 기략에 통달하였고, 변방에서 으뜸으로 빼어나게 태어났고 장대한 포부를 가지고 드러내었다.… 기자가 번국을 이룬 자취를 밟아서 은혜와 조화를 펼치고 있다"라고 하였다.[1] 고려는 1055년(문종9) 7월 거란의 국경선 침범에 항의하여 거란의 동경유수에게 국서를 보내면서 "우리나라는 기자의 나라를 이어받아 압록강으로 경계를 삼았다"라고 하였다. 고려 태조 왕건의 창업은 기자가 번국을 이룬 것에 비견되었고, 고려는 기자의 후대 왕조로 대내외적으로 인식되었던 것이다.

기자 유적인 기궁, 기자정, 정전제 유적
국립중앙박물관 소장, 『평양성도』(8폭 병풍, 19세기 말)

고려의 변경이 위협받고 있던 상황에서 명분을 갖기 위해 기자의 봉토라는 대내외적 인식을 이용하고 기자를 전대 왕조의 시조로 공표하고자 했던 것이다.

  기자 관련 사적 정비와 현창 사업은 고려 숙종 때 시작되었다. 숙종은 1102년 10월 처음으로 기자묘를 찾아 기자사당인 기자사를 세우고 제사를 지냈다. 우리나라의 교화와 예의가 기자로부터 시작되었다는 이유에서였다. 그러나 제사가 꾸준히 유지되지는 않았다. 충숙왕은 1325년 10월에 교서를 내려 "기자가 우리나라에 봉해지면서부터 예악과 교화가 행해졌으니, 평양부에 명하여 사당을 세워서 제사를 지내도록 하라"라고 하여,[2] 기자 관련 사적 정비와 제사를 재개시켰다. 공민왕은 1352년 2월 "기자가 이 땅에 봉해져 그 교화와 예악이 지금까지 혜택을 주고 있으니 평양부에 명하여 그 사당을 수리하고 제사를 받들게 하라"라고 하였고,[3] 1356년 및 1371년에도 기자사당을 수리하고 때에 맞춰 제사를 지내도록 했다.[4]

그렇다면 고려시대에 실제로 기자 관련 사적이 있었을까? 고려시대 평양에는 옛 성터가 둘 있었다. 그중 하나가 기자 때 축성된 것으로 전하고 있었는데, 성 안에 정전제의 흔적이 있었다고 한다. 또한 평양부성의 북쪽 토산兎山에 기자묘가 있었다고도 전한다.[5] 기자 제사는 국가제사 중 하나인 길례 중에서 산천·성황·제왕묘 등에 대한 제사인 잡사의 형태로 진행되었다.[6] 이렇게 고려 때 발굴된 기자 사적은 조선에 와서 좀 더 체계적으로 관리되었고, 제사는 정례화되기 시작했다.

 평양 단군릉은 정말 단군의 무덤일까

조선시대에 평양 지역이 고조선의 도읍지로 인식된 것은 평양이란 지명 외에 단군묘(릉)의 존재와도 관련 있다. 평양 인근 강동군 대박산에는 예로부터 전해 오던 단군묘가 있었고 단군을 제사 지내던 사당인 숭령전도 있었다. 숭령전은 1429년(세종11)에 처음 설치하였는데, 단군과 동명왕을 함께 모시고 매년 봄·가을에 제사를 지냈다.

『신증동국여지승람』에 단군묘에 대한 기록이 처음 실리게 되는데, 그 내용은 다음과 같다.

> 대총【하나는 현의 서쪽으로 3리에 있으며 둘레 410척으로 속담에 단군묘라 전한다. 하나는 현의 북쪽으로 30리에 있으며 도마산에 있는데 속담에 옛 황제의 무덤이라 전한다.】[7]

단군묘가 『동국여지승람』에 처음 실릴 수 있었던 것은 예전부터 강동현을 중심으로 단군의 최후를 전하는 전승이 전하고 있었기 때문이다. 『동국여지승람』은 『팔도지리지』를 토대로 편찬된 것이다. 『팔도지리지』는 각 도에서 편찬되어 올려진 지리지를 대상으로 수찬되었는데, 평안도에서 올린 자료는 『평안도지리지』였다. 따라서 『평안도지리지』에 단군묘에 대한 기록이 이미 있었다고 보인다. 『팔도지리지』 등 조선 초기 지리지의 편찬을 주도한 양성지는 단군으로 시작하는 자국 역사의 독자성에 자긍심을 가지고 있던 인물이었다.

그렇다면 왜 더 이른 시기의 기록인 『삼국유사』과 『제왕운기』에는 단군묘 기록이 없을까? 고조선시기부터 시조 단군에 대한 전승은 매우 다양했을 것이다. 그중에도 고조선 사회에서 주류였던 전승이 있었을 것이며, 그것은 삼국시대에 왕이 시조묘를 모시듯 매년 정례적인 의례를 통해 사회를 결속하는 기능을 했을 것이다.

하지만 고조선 멸망 이후 단군 전승은 범위가 점차 축소되며 각 지역마다 조금씩 변용되어 갔을 것이다. 각저총, 장천1호분 등 고구려벽화고분에서 단군 전승의 편린이 확인[8]되듯이 만주와 한반도에 걸쳐 지역마다 내려오는 전승 중에서 『삼국유사』와 『제왕운기』처럼 아사달산신으로 최후가 기록되기도 하고 단군묘처럼 다른 전승도 있었을 것이다. 특히 아사달산신 전승은 신비한 측면이 있어 도교, 선가와 관련된 전승일 수 있다. 고조선 이후 역사성이 탈락된 채 산신신앙과 결합한 모습일 것이다.[9] 고조선 전체 역년을 한 명의 단군이 다스린 것처럼 묘사하고 그 최후를 아사달산신으로 설정한 전승에서는 단군묘를 굳이 언급할 필요가 없었을 것이다. 반면 단군의 역사성을 강조한 문헌에서는 시조의 이름은 왕검이며 송양에 장사지냈다는 인식이 나타난다. 『표제음주동국사략』이 대표적이다.

단군의 성은 환이고 이름은 왕검이다.… 돌아가시자 송양【강동현 소재】에 장사를 지냈다. 뒤를 이은 후손은 기자가 책봉을 받아 들어오자 도읍을 장당경【문화현 소재】으로 옮겼다. 세대를 전한 것이 무릇 1,500년이다.[10]

이처럼 1,000년이 넘는 기간은 단군과 그 후손으로 이어진 전체 역년임을 강조하고 있고 시조의 최후와 무덤에 대해서 밝히는 과정에서 단군묘를 언급하고 있다. 단군의 역사성을 강조하는 인식에서는 아사달산신으로서의 신비한 최후가 아닌 인간적인 단군의 최후에 대한 전승에 주목하며 평안도 강동현에 전하는 단군묘를 자연스럽게 언급하였을 것이다.

단군묘 전승에 대해서는 조선 후기에 취신론과 불신론이 있었다. 취신론자의 입장에서는 단수가 아닌 복수의 단군묘를 상정하기도 했다. 단군이 고조선의 왕호라는 견해가 확대되면서 이런 인식이 가능했다. 강동현에는 단군묘를 중심으로 많은 전승이 있었을 것이다. 현전하는 것은 대부분 지명과 관련된 것이라는 공통점이 있다. 특히 18세기 후반에 이르러 단군묘에 대해 보다 구체적인 서술이 이루어졌다. 위치는 강동현의 진산鎭山인 대박산大朴山 아래로 상정하고, 대박과 박달의 관련성 등을 가정해본다. 전승의 유구성을 강조하며 대박산이 강동현의 진산임을 전제함으로써 강동현에서 단군묘 전승이 가지는 위상을 드러내기도 했다.[11] 조선시대 말에 단군묘는 단군릉으로 숭봉되었다가 일제강점기에는 수축운동이 진행되기도 하였다.

해방 이후 잊혔던 단군릉에 대해 북한은 1993년 단군릉을 발굴하여 남녀의 유골을 발견했다고 발표했다. 유골을 전자상자성공명법을 사용해 연대를 측정하니 5,011년 전으로 확인되어 5,000년 전 단군이 평양 지역에서 고조선을 건국한 실존 인물로 확인되었다고 주장한다. 단군릉은 평양시 강동군 강동읍 서북쪽으로 대박산의 동남쪽에 위치하고, 능의 동북쪽에는 아달산이 있으며, 능의 맞은편 수정천가에 있는 림경대에는 단군 발자국이 남아있다는 굴이 있고, 능의 서쪽에는 단군호라는 호수가 있으며, 단군릉이 있는 부락을 예전에 단군동이라 하였고, 그 동쪽 마을은 아달동이라고 불렸다 한다. 평양시 강동군에는 단군릉 발굴 이전에 문흥리고인돌이 발굴되었으며, 발굴 이후에는 구빈리고인돌·송석리고인돌·황대성 등의 유적이 발굴되었다.[12]

또한 평양 지역에서 채록된 단군 관련 구전자료는 단군릉 발굴 이후 방대한 정리가 이루어지기도 했다. 이후 북한 학계는 '대동강 문화'라는 이름으로 평양을 중심으로 한 대동강 중·하류 지역을 인류와 고대문명의 발상지, 중심지로 규정하고 있다. 이 문화권의 설정은 1993년 단군릉의 발굴 결과와 깊은 관련이 있는 것으로 추정된다.[13]

남한 학계에서는 고조선의 초기 도읍지를 요서 지역 혹은 요동 지역으로 보고 평양 지역은 고조선의 후기 도읍으로 보는 견해가 많다. 따라서 평양의 단군 관련 유적과 전승이 만들어진 것은 후대의 일이지 실제 단군과 관련된 유적이 일찍부터 있다고 보기는 어렵다. 특히 단군릉의 무덤 형식이나 출토된 금동관 조각은 고구려의 것이라는 점에서 이보다 훨씬 연대가 올라가는 단군의 무덤이라고 하기에는 무리가 있다는 의견이다.[14]

단군과 기자 사적을 정비하다

조선 초에는 기자에 대한 제사뿐만 아니라 분묘 보전에 관한 논의도 이루어졌다. 평양부윤 윤목尹穆은 1408년(태종8)에 기자 분묘를 새로 단장할 것을 건의하였다. 그는 "우리나라의 예악 문물이 중국에 비견되는 것은 기자의 유풍이 있어서 구주九疇가 밝혀지고 팔조八條가 행해졌기 때문이며, 백성들이 그 혜택을 받아 만세토록 우러러 사모하는데, 기자의 분묘가 풀숲에 있어 황폐한데도 수리하지 않는다"라고 하였다. 또한 "조정 사신으로 이곳을 지나는 사람은 반드시 물어서 예를 행한다"라고 하였다. 그러므로 봉분을 청소하고 흙을 더 덮어 북돋아주며, 석양石羊·석수石獸와 비석을 세우고 분묘를 지킬 가호를 정해달라고 건의하였다.[15] 기자 분묘 정비는 대체로 이 의견에 따라 진행된 것으로 보인다.[16]

1419년 2월에는 권홍權弘이 상소하여 기자의 분묘에 비석을 세울 것을 청했다. 이에 세종은 평양 사람들이 전해온 기자의 분묘는 세대가 멀어 믿기 어려우므로 사당에 비석을 세우도록 했다.[17] 사당은 평양성 안 의리방義理坊에 있었다.[18] 기자묘箕子廟에는 전직殿直 2명을 두고, 제전을 마련하여 매달 초하루와 보름마다 제사를 지냈다. 또한 봄과 가을에는 궁에서 향을 내려 소뢰小牢로 제사를 지냈다.[19]

한편, 1456년 4월에 세조는 평안도관찰사에게 평양의 단군과 기자 및 고구려 시조의 사우 담벼락이 무너지고 단청이 더러워졌으니 수리하도록 명했다. 명 사신이 본국으로 돌아갈 때 이곳을 배알할 가능성이 있었기 때문이다.[20] 이에 앞서 1450년(세종32)에도 명 사신 예겸倪謙이 조선에 올 때 평양을 지나왔지만 알려주는 사람이 없어 사당이나 분묘에 배알하지 못했다며 아쉬움을 표했는데, 조정에서는 평안감사로 하여금 기자전과 분묘를 수리하고 고치게 했다.[21]

1488년(성종19)에 명에서는 홍치제의 즉위를 알리기 위해 조선에 반조사頒詔使를 보냈다. 이때 정사는 좌춘방우서자 겸 한림시강 동월董越이었고, 부사는 공과우급사중 왕창王敞이었다.[22] 동월은 평양에 도착하자 기자의 분묘와 사당에 배알하고자 어디 있는지 물었다. 그는 "분묘는 성 밖 멀리 있어 지금 갈 수는 없지만 사당은 성안에 있다"라는 대답을 듣고, 바로 기자묘箕子廟로 가서 사배례四拜禮를 행하였다. 그리고 기자묘 문밖으로 나와 단군묘를 보고는 다시 무슨 사당인지 물었고, 단군묘라는 대답을 듣고 다시 이곳에도 재배례再拜禮를 행하였다.

이때 동월은 단군 이후 후대 왕조에 대해 물었는데, 이에 대해 "단군의 뒤는 바로 기자인데, 기준箕準에 이르러 한나라 때 연 사람 위만이 그를 쫓아내고 대신 섰으며, 기준은 도망가서 마한 땅에 들어가 다시 나라를 세웠는데, 도읍하던 터가 지금도 남아 있다고 전합니다. 단군·기자·위만을 삼조선이라고 이릅니다"라고 답변하였다. 이를 통해 당시 조선에서 '단군조선-기자조선-위만조선'이라는 계보 인식을 가지고 있었음을 알 수 있다.

이후 명 사신이 올 때마다 기자묘에 들르는 일이 계속되니 정비의 필요성이 커지게 되었다. 1493년 12월에 유호인俞好仁이 지난해 자신이 본 기자묘는 담장이 낮고 사우가 기울어져 누추했다는 이야기를 하면서 수리 필요성을 이야기했다.[23] 이에 성종은 평안감사 이칙李則에게 기자묘의 담장과 정자각 등의 높낮이·길이·너비를 자세하게 자로 재어 그림을 그려서 올려 보내도록 하고, 담장은 벽돌을 구워 개축하도록 했으며, 담 안에 벽돌을 쌓는 것과 정자각을 정제하고 고치려면 몇 명의 인부로 며칠 동안에 역사를 마칠 수 있는지, 들어가는 물건을 상세히 기록하여 아뢰도록 했다. 하지만 당시 평안도에 군사를 사역시킬 곳이 많은데다가 흉년이 들고 농사철이 다가오자 기자묘 수리를 뒤로 미루었다.[24] 이후로도 명 사신이 와 평양을 지날 때마다 기자묘에 들러 참배하는 일은 계속되었다.[25]

한편, 임진왜란 때 조선에 온 명의 이여송은 평양성을 수복하고 1593년 1월 10일에 기자묘箕子廟에 제사를 지냈다.[26] 당시 평양은 전쟁의 참화로 남아나는 것이 없었고 기자묘 역시 왜적에게 훼손되었는데, 이여송이 제사 지낸다는 소식에 서둘러 보수하여 다행히 옛 형태를 유지하고 있었다.[27] 선조 역시 기자묘에 제사를 지내도록 했다.[28] 이후 1593년 전투 중 손상된 묘갈墓碣은 1594년 수리하였고,[29] 묘는 1603년(선조36)에 수리하였다. 임진왜란을 겪으며 훼손된 전대 임금의 능묘를 조사하여 수리하면서 기자묘도 함께 진행했던 것이다.[30]

기자묘개갈지(箕子墓改碣識)
한국학중앙연구원 장서각 소장

평양 기자릉(일제강점기)
국립중앙박물관 소장

이후 기자묘는 영조 대에 다시 한번 개수하게 된다. 기자묘에 있던 각종 석물과 시설이 낡아 벗겨져 떨어져 나간 것을 오래도록 수리하지 못했는데, 1731년 6월에 평안감사 김취로金取魯가 장계를 올려 개수를 청했고, 영조가 허락하여 시행되었다. 아울러 향과 축문도 내려주었다. 이 일이 있기 전부터 영조는 기자에 대한 공경을 표시하기 위해 여러 차례 근시近侍를 보내 제사를 지내게 하였다. 묘도墓道를 개수하면서 다시 근시를 보내 숭인전에 제사를 지내고 묘를 개수하는 사유를 고하도록 하였다.[31]

영조는 1739년 5월에도 가까운 신하를 보내 숭인전에 제사를 지내고 기자의 능묘를 수리하도록 명하였다.[32] 정조도 전대 임금의 왕릉과 함께 기자묘를 개수하였으며,[33] 고종도 기자릉을 수리하고 참여한 관원을 시상하였다.[34]

한편, 1888년(고종25)에 기자묘는 기자릉으로 능호가 변경되고,[35] 관원이 배치되었다. 종9품 참봉 1명은 평안도 내 생원과 진사 중에서 도에서 추천하는 사람 가운데 택해서 30개월의 임기를 채우면 종8품 봉사로 승진시키고, 다시 15개월의 임기를 채우면 종7품 직장으로 승진시키고, 다시 15개월의 임기를 채우면 종6품 영으로 승진시키고, 다시 30개월의 임기를 채우면 경관직으로 옮기는 것을 규례로 정하여 시행하였다.[36] 이는 기자릉을 관리하면서 평안도 사람들을 위무하기 위한 조처였다. 기자의 사당인 기자묘箕子廟가 숭인전崇仁殿으로 승격되면서 이를 관리하기 위한 제도가 수정·보완되었는데, 기자릉의 관제 역시 이에 영향을 받은 것이다.

 ## 단군을 찾아 구월산을 답사하다

황해도 문화현의 구월산은 일찍이 고조선을 세운 단군왕검이 들어가 산신이 되었다는 아사달로 알려졌다. 문화현은 신천군에 포함되었다가 지금 북한의 황해남도 안악군에 들어가 있다. 해발 945m의 구월산은 우리나라 4대 명산 중 하나다.

고려 말 충렬왕 때 이승휴가 쓴 『제왕운기』에 보면 아사달은 구월산으로 단군을 모시는 사당이 있다고 했다. 같은 시기 일연이 쓴 『삼국유사』에서는 아사달의 위치를 명확히 제시하지 않은 반면 『제왕운기』는 한 치의 의심도 없이 구월산이 아사달이라고 기록한 것이다. 여기에는 이승휴의 정치적 스승인 류경의 영향이 있었다. 류경은 우리나라에서 문화현을 본관으로 하는 유일한 성씨인 문화 류씨 출신의 정치가이자 학자다. 류경은 1258년(고종45) 김준과 함께 무신집권자였던 최의를 제거한 인물이었으며, 학식도 뛰어나 과거도 여러 차례 주관하였다. 류경이 주관한 과거에 합격한 인물로는 처음 성리학을 수용한 인물로 널리 알려진 안향이 있다.

『고려사』에는 문화현에 단군이 도읍하였다는 장장평(장당경), 단군을 비롯하여 단인, 단웅을 모시는 삼성사가 있다고 전한다. 단인과 단웅은 『삼국유사』에 환인과 환웅으로 나온다. 『세종실록』「지리지」에는 좀 더 구체적으로 전한다. 단군이 도읍한 장장평은 현의 동쪽에 위치하며 삼성사는 구월산 성당리 소증산에 있다고 나온다. 성종 때 편찬하였다가 중종 때 중수한 『신증동국여지승람』에서는 나라에서 봄가을로 향축을 내려 보내 삼성사에서 제사를 드리며, 비가 심하거나 가물 때에 기도를 하면 감응이 있다고 하였다. 장장평은 고을 동쪽 15리에 있다고 하여 보다 구체적으로 기술되어 있다. 조선 후기 고종 때 편찬된 『해서읍지海西邑誌』에서는 장장평이 문화현 북쪽 10리에 있다고 하였는데, 『신증동국여지승람』과 위치가 다르게 표기된 것은 1484년(성종15) 전염병 확산으로 문화현의 치소가 옮겨졌기 때문이다.

고려 후기 이후 단군과 고조선에 대한 인식이 확산되면서 단군을 모시는 사당이 있다는 구월산을 방문하는 사람이 이따금씩 있었다. 고려 말 학자 나계종羅繼從의 글이 수록된 『죽헌유집竹軒遺集』을 보면 1386년 9월 19일에 은율현감으로 있던 나계종이 친구와 함께 삼성사를 방문하여 단인·단웅·단군에 대한 제사를 행할 때 기록이 나온다. 정3품 상서가 직접 제사를 지냈다는 점에서 국가 차원에서 삼성사 제사가 이루어졌음을 알 수 있는데, 당시 이미 봄가을로 제사가 있었던 것으로 보인다. 나계종은 공민왕 때 문과에 합격하여 관직에 나아간 인물이며 고려가 멸망하자 절개를 끝까지 지켰던 인물이다.

조선 성종 때 편찬한 『동문선』에는 고려 말 학자 조운흘趙云仡이 1389년(창왕1) 구월산을 방문하고 느낀 바를 표현한 시가 실려 있다. 조운흘은 공민왕 때 문과에 합격하여 출사하였으며, 조선 건국 후에도 잠깐 관직생활을 한 인물이다. 1388년 서해도관찰사로 있으면서 왜구 토벌에 공을 세우기도 하였다. 아마도 서해도관찰사로 있으면서 구월산에 방문했던 것으로 보인다. 그 시는 다음과 같다.

> 산 가운데에는 아직도 무진년의 눈이 있는데,
> 버들눈은 처음으로 기사년 봄에 터지네.
> 세상의 영화와 쇠함을 나는 이미 보았으니,
> 이 몸이 궁핍함에 처해 있는 것 한하지 않노라.[37]

무진년은 『제왕운기』에서 단군이 나라를 세웠다고 한 해이며, 기사년은 조운흘이 구월산을 방문한 1389년이다.

조선시대에 들어서는 서거정의 시에 구월산 삼성사에 대한 내용이 보인다. 서거정의 시와 글을 묶어 간행된 『사가집四佳集』에는 문화현 관리로 떠나는 이문흥李文興을 배웅하는 시가 있다. 서거정은 단군에서부터 우리 역사를 서술한 『동국통감』의 편찬에 참여했던 인물이다.

> 구월산 앞길에서 6년 전 이별이 생각나네.
> 공무 보고 틈나는 날이 많으리니 날 위해 단군사당에 술잔을 올려 주소.[38]

이 시를 통해 서거정이 구월산을 방문한 적이 있다는 것과 단군 사당 즉 삼성사 제사가 이루어지고 있음을 알 수 있다. 삼성사 제사가 다시 시작된 1472년(성종3) 이후의 상황임을 알 수 있다.

생육신 중 하나인 남효온의 『추강집秋江集』에도 구월산을 방문한 내용이 보인다. 남효온은 김종직의 문인으로 1478년(성종9)에 문종비(현덕왕후)의 능인 소릉의 복위를 주청했던 인물이다. 현덕왕후의 어머니와 동생 권자신이 단종복위운동에 참여하였다가 처형되면서 현덕왕후도 서인으로 강등된 바 있었다. 이러한 현덕왕후의 복위 주장은 계유정난으로 권력을 잡은 세조(수양대군)와 세조 옹립에 공을 세운 공신의 명분을 뒤흔드는 것이었기 때문에 용납되지 않았다. 결국 남효온은 벼슬을 벗어던지고 술과 시로 마음을 달래고 전국의 명승지를 돌아다니는 삶을 살았다.

『추강집』에는 아버지 기일을 맞이하여 구월산 패엽사에 있는 선친의 공문우空門友인 일암을 찾아간 시가 남아 있다. 관서 지역을 유람하던 중에 패엽사를 방문한 것으로 보이는데, 시에는 묘향산, 비류천, 단군성전 등을 돌아보았다고 전한다. 당시 남효온은 패엽사 승려들과 함께 구월산 남명봉에 올라 단군을 회고하는 시를 쓰기도 하였다. 주 무왕이 기자를 찾아 백성을 다스리는 도리를 물었던 반면 단군에 대해 알지 못했던 것에 대해 "단군께서 스스로 겸손한 덕을 지켜서 광채를 감추시고 이 산속에 은둔했네"라고 표현하였다.

조선 후기에는 이만부李萬敷가 구월산을 방문하였음을 보여주는 자료가 전한다. 이만부의 시문을 모아 간행한 『식산집息山集』의 「지행부록地行附錄」에는 구월산, 묘향산 등 단군 관련 명산에 대한 기록이 있다. 「지행부록」은 이만부가 만년에 여행한 기록을 모아 놓았는데 황해도와 평안도 지역에 대한 내용이 많이 담겨 있다. 이만부의 아버지는 남인 출신으로 예조참판을 지낸 이옥이다. 이옥은 1678년(숙종4)에 서인의 영수 송시열의 극형을 주장하다가 북청으로 유배를 당했다. 당시 15세였던 이만부는 아버지를 따라 유배지에 가서 봉양하였으며, 이후 상주로 이사하여 후진 양성과 저술 활동에 전념하였다. 그는 붕당 간의 대립이 극렬하였던 상황에서 관직에 나아가지 않았으며, 산수를 유람하면서 구월산, 묘향산 등도 다녀간 것으로 보인다.

18세기에 편찬된 이의백李宜白의 『오계일지집梧溪日誌集』에도 구월산과 당장리 일대를 방문한 기록이 전한다. 이의백은 영조 무렵에 황해도 신천군 금목동 고매촌에서 살았으며, 한휴휴의 문인으로 여러 도사와 산수를 떠돌며 방술을 배웠다. 『오계일지집』은 신선 관련 유적지를 답사하면서 듣거나 체험한 내용을 서술한 책이다. 구월산과 당장경 옛터를 방문하고 느낀 소회를 담은 시문이 실려 있다.

강화도 참성단의 단군사적

강화도 최남단에 위치한 마니산(마리산)에는 단군이 제사를 지낸 곳으로 알려진 참성단이 있다. 참성단은 삼랑성과 함께 남한의 중요한 단군 관련 유적지 가운데 하나다. 참성단과 단군을 연결시킨 최초의 기록은 조선 초에 편찬된 『고려사』다.

> 마리산【부의 남쪽에 있고 산 정상에 참성단이 있다. 세상에 전하기를 단군이 하늘에 제사지내던 제단이라 한다】과 전등산【삼랑성이라고도 한다. 세상에 전하기를 단군이 세 아들을 시켜 쌓았다고 한다】이 있다.[39]

『고려사』는 마리산 정상에 참성단이 있는데, 단군이 하늘에 제사 지내던 제단이라 밝혔다. 또한 전등산에 대해 단군의 세 아들이 쌓았다고 전한다고 기록했다. 이전에는 확인되지 않았던 참성단과 전등산이 단군과 관련된 유적이라는 사실을 처음 밝힌 것이다.

참성단에 대한 기록은 이미 고려 원종 5년인 1264년에 확인된다. 이때 몽골의 사신이 고려에 도착하여 고려 국왕이 직접 찾아가 인사하는 친조親朝를 요구하는 쿠빌라이의 조서를 전달한 일이 있었다. 이에 고려 조정에서는 대책을 논의하게 되었고 이때 백승현白勝賢은 마니산 참성에서 초제를 지내고, 삼랑성·신니동·혈구사 등에서 가궐假闕을 짓고 불설도량을 열면 몽골의 친조 요구를 중지시킬 수 있다고 주장했다. 백승현은 나아가 삼한이 변해 진단震旦이 되어 큰 나라가 와서 조공할 것이라고 했다. 이에 원종 5년 6월 7일(음력) 국왕은 마리산 참성에서 직접 초제를 지낸다. 초제는 도교에서 36천의 별을 모시는 제사로 국왕이 직접 초제를 지내는 친초는 이전부터 있었지만, 대부분 궐내에서 이루어진 것이었다.⁴⁰ 하지만 몽골의 친조 요구가 중단되는 일은 없었고 결국 원종은 몽골로 떠나게 된다.

한 가지 특이한 점은, 고려시대에 편찬된 『삼국유사』와 『제왕운기』 등에도 단군 전승이 수록되어 있는데, 참성단·삼랑성에 대한 단군 이야기를 배제했다는 것이다. 일연과 이승휴는 모두 강도에 머무른 경험이 있고, 특히 이승휴는 삼랑성을 답사했기 때문에 이 지역이 단군과 관련된다는 사실을 모르지 않았을 것이다. 그럼에도 이들 유적을 단군과 관련시키지 않은 것은 당시 시대적 분위기와 관련 있다고 보인다. 강화는 고려와 원의 관계에서 항몽의 중심지였고 참성단에서의 초례도 원종의 친조를 막기 위한 연기업延基業⁴¹이었다는 점에서 부정적으로 인식될 수밖에 없었다. 일연과 이승휴가 『삼국유사』와 『제왕운기』에서 강화의 단군 전승을 제외시킨 것은 전승을 몰랐거나 이해하지 못해서도 아니었다.⁴²

참성단 제사의 유래는 단군의 제천에 있었다. 우리 민족의 제천 전통은 고대부터 확인된다. 부여의 영고, 고구려의 동맹, 동예의 무천 등이 그것이다. 단군 전승을 보면 제천의 전통이 고조선시기로 소급될 가능성도 충분하다. 그러나 유교를 지배이념으로 삼았던 조선시대에는 이를 폐지하자는 주장이 있었다. 특히 중종 대 조광조 세력이 집권하면서 참성단 초제를 폐지해야 한다는 목소리가 더욱 높아졌다. 제천은 천자만 할 수 있는데 참성단 초제는 제천에 해당하므로 제후국에서 제사하면 명분에 어긋난다는 것이다. 그럼에도 임진왜란 이전까지는 참성단 초제가 계속되었다. 동아시아문화권에서 제천은 자주의식의 표상이기도 했다. 그런 점에서 참성단은 조선시대에도 민족의 자존심을 지키는 마지막 보루였다고 볼 수 있다.[43]

『고려사』 이후 기록부터 참성단과 삼랑성이 단군과 관련된 곳으로 지속적으로 언급되며 전승이 확장되는 모습도 보여준다. 유희령의 『표제음주동국사략』 전조선조에서 그러한 양상을 확인할 수 있다.

> 단군이 바다의 섬 가운데 참성단을 짓고 하늘에 제사를 지냈다. 또한 세 아들에게 성을 쌓게 했다.[44]

단군이 참성단에서 제사를 지냈다고만 기록된 『고려사』와 달리 이 책에는 단군이 참성단에 제사를 지냈을 뿐 아니라 참성단을 지었다고 나온다. 『표제음주동국사략』을 편찬하면서 유희령이 어떤 문헌을 참고했는지는 알 수 없으나, 이전 문헌에 비해 단군의 역사성을 훨씬 강조한 전조선조 서술로 보아 당시 전승되고 있던 다양한 이야기를 참고하여 기록한 것 같다.

참성 초제는 임진왜란 이후에 중단되었다가 1638년(인조16) 재설치가 추진되지만, 이때부터는 『오례의五禮儀』를 적용한 유교의례의 마니산 산천제사로 대체된다. 이에 조선 후기에 참성단과 삼랑성의 역사성은 점차 퇴색될 수밖에 없었다. 하지만 한편으로는 전승이 확장된 측면도 있었다. 참성단의 연원을 기록한 『호고와집好古窩集』은 단군조선 말기에 도읍이 유주儒州(지금의 황남 삼천군·신천군 서부와 안악군 남부 일대)에 있어서 가까운 마니산을 봉하여 제천했다고 서술했다. 삼랑성의 단군 전승은 위축되면서도 단군이 세 아들을 시켜 쌓게 했다는 전승이 후대에 첨가되고 지속되어, 삼랑성은 "단군이 세 아들에게 각각 한 봉우리씩 축성하는 것을 관장하도록 했다"거나 "단군이 셋째 아들에게 쌓게 했다"는 전승이 나타나기도 했다.[45]

조선 후기 실학자들은 고조선의 강역을 만주까지 확장하여 인식하였는데, 강화의 참성단과 삼랑성도 이때 주목받게 된다. 안정복이 쓴 『동사강목』의 해당 기사는 다음과 같다.

> 『고려사』 「지리지」에 "마니산의 참성단은 세상에 전해지기로 '단군이 하늘에 제사지내던 단이다' 하고, 전등산은 일명 삼랑성인데 세상에 전하기를 '단군이 세 아들을 시켜서 쌓은 것이다' 한다" 하였다. 그렇다면 그 남쪽은 또한 한수漢水를 한계로 해야 할 것

이다.⁴⁶

안정복·신경준·정약용 등 실학자는 고조선의 강역을 상세히 고증하여 많은 성과를 거두었다. 이들은 강화의 단군유적을 통해 강화를 고조선의 남변으로 이해하였다.

참성단은 일제강점기에 일본인들이 조사하기도 하였다. 해방 후에는 민족의 시조인 단군과 관련된 유적으로 알려져 관심을 받았다.

북한 학계는 강화의 단군 전승이 단군시대 영역 확장과 관련 있다고 본다. 북한은 단군릉을 발굴하면서 단군 관련 구전자료를 수집했는데, 단군의 신하들 전승도 채록했다.⁴⁷ 즉 남쪽지역을 맡아 다스리는 상장인 비천생緋天生과 여수기余守己에 대한 전승이 추가되었다. 이에 따르면 참성단은 남쪽 바닷가 사람들이 회하淮河(황하와 장강 사이에 흐르는 강) 사람들과 교역을 하면서 점차 이익을 탐해 반란을 일으켰기 때문에 축성됐다고 전한다.

현대의 우리 학계도 참성단의 유래에 대한 연구를 했다. 참성단이 단군이 하늘에 제사하던 제단이라면 이미 고조선시기부터 있었다고 보는 주장⁴⁸부터 단군 때 축조했다고 보기 어렵고 13세기 이전 어느 시기에 축조되었다⁴⁹고 보거나, 단군의 후손인 비류 집단이 기원전 26년경 쌓았다⁵⁰는 주장도 있다. 또한 강화의 단군 전승은 한반도 서북지방에서 전해졌다고 추정하기도 하는데, 황해도와 인접한 강화의 특성상 구월산 일대의 전승이 이곳까지 전해졌을 가

능성이 있다고 보기도 한다.[51]

    참성단 제사는 1955년부터 다시 시작된다. 민족의 시조 단군 유적으로 민족사적 의의가 크기에, 매년 열리는 전국체육대회의 성화가 개천절에 참성단에서 채화되기도 한다. 최근에는 개천절에 지내는 큰 제사라는 뜻의 '개천대제'로 이름 짓고 강화군과 강화문화원에서 참성단 개천대제의 복원을 추진하고 있다.

 ## 묘향산에서 단군 유적을 찾다

영변 묘향산의 단군 유적을 찾는 발길은 끊이지 않았다. 묘향산은 환웅이 내려와 세상을 다스린 첫 도읍으로 믿어졌기 때문이다.『삼국유사』에 인용된 단군신화에는 환웅이 무리 3,000명을 거느리고 태백산 정상의 신단수 아래로 내려왔다고 되어 있다. 환웅이 내려온 곳을 신시라 하는데, 환웅은 그곳에서 세상을 다스리고 교화하였다. 태백산 신시는 환웅이 내려와 세상을 다스린 첫 도읍이라는 점에서 의미 있는 곳이었다.

일연은 환웅의 하강을 다룬 부분에서 태백산은 당시의 묘향산이라는 주를 남겼다.『고려사』안북대도호부 영주조에서도 청새진에 있는 묘향산이 곧 태백산이라고 언급하였다. 묘향산은 향산이라고도 하는데, 평안북도 영변·희천, 평안남도 덕천에 걸쳐 있는 명산으로 해발고도 1,909m에 이른다. 묘향은 불교용어로 기이한 향을 의미하는데,『증일아함경增一阿含經』에 나온다. 산에 향목, 동청 등 향기로운 나무가 많아 묘향산으로 불렸다고 한다. 조선 후기 김정호가 쓴『대동지지大東地志』에서는 묘향산 중턱에 기암괴석이 많으며 산에는 자단 향나무가 많다고 하였다.

『신증동국여지승람』영변대도호부조에서는 고적으로 태백산을 처음 소개하였다. 천신 환인의 서자 환웅이 태백산 정상의 신단수 아래로 내려왔으며, 곰에게 영약을 주어 여자로 변하게 하고 그와 혼인하여 단군을 낳았다는 이야기다. 또 단군이 비서갑 하백의 딸과 결혼하여 낳은 부루가 북부여 왕이 되었고 금와를 얻어 길렀다는 내용도 서술하였다. 유형원의 『동국여지지』나 영조 때 편찬된 『여지도서』에서도 영변의 고적으로 태백산을 소개하였다.

19세기 무렵 편찬된 영변의 읍지인 『영변지寧邊誌』에 보면 영변 일대에 단군을 비롯하여 부여 왕 금와, 고구려를 세운 동명왕 주몽과 관련된 전승이 있는 유적이 많이 소개되어 있다. 『영변지』는 홍경래의 난에 대한 기록이 있어 1812년 이후에 편찬된 것으로 본다. 여기에는 주몽의 탄생지로 알려진 우발수, 금와가 태어났다는 금장동, 동명왕이 쌓았다는 고장덕 전승이 실려 있으며, 단군과 관련해서는 단군굴, 돈오동 등이 소개되어 있다.

단군굴은 향산 향로봉 아래에 있는 굴로 높이가 4장丈쯤 되는 굴이다. 쇠鐵 집을 이루고 있으며 그 위로 박달나무가 울창하여 민간에서 단군이 태어난 곳이라 전한다고 하였다. 그 아래에는 돈오동이 있는데 돈오는 단군이 부린 종의 이름이라고 하였다. 단군이 활 쏘기를 배울 때 돈오가 화살을 줍던 곳이라 해서 돈오동이라 불렀다고 전한다. 1871년 고종 때 편찬된 『관서읍지關西邑誌』에도 단군굴에 대한 이야기가 실려 있다.

성여신成汝信의 『부사집浮査集』에는 태백산(묘향산)을 노래한 시가 실려 있는데, 태백산의 곰이 여자로 변하여 천신에게 시집을 가서 신령한 이를 낳았으며 그가 동방 땅에 나라를 세웠다는 내용이 담겨져 있다. 단군신화에서 태백산과 관련된 부분을 중심으로 노래한 시임을 알 수 있다.

조호익曺好益의 『지산집芝山集』에도 묘향산을 유람한 내용이 기록되어 있는데 단군굴에 대해 소개하였다. 조호익은 묘향산의 산세와 풍경을 잘 묘사해 놓았는데, 단군대에 올라 주위에 펼쳐진 절경을 표현하면서는 삐죽삐죽한 산봉우리가 빙 둘러싼 채 머리를 조아리고 있어 마치 공경을 취하는 것과 같은 자세라고 묘사하였으며 과연 기이한 인물이 나올 만한 곳이라고 서술하였다. 또한 한 승려의 인도로 어느 암자 뒤에 있는 단군굴을 본 내용도 실려 있다. 수십 명의 사람이 들어갈 수 있는 규모이며 굴 가운데 물맛이 좋은 샘이 있다고 하였다. 주 고공단보古公亶父 때에도 옹기 굽는 가마솥과 같은 동굴에서 살았다는 점에서, 단군 초기에도 사람들이 동굴에서 살았을 것이라 단언하였다.

이후에도 묘향산의 단군굴, 단군대를 찾는 사람이 꾸준히 있었다. 김창흡金昌翕은 『삼연집三淵集』에 단군대에서 조정만趙正萬의 시에 차운한 시를 수록했다. 다음은 김창흡이 노래한 단군대이다.

철쭉꽃 숲에 태시대[단군대]
구름이 대의 윗부분을 감싸고 있네.
우두커니 앉아 신명의 자취를 읊조리니
세월이 흐르고 흘러 뒤늦게 찾아왔다네.[52]

철쭉이 우거진 봄에 단군대를 찾았던 것으로 보인다. 구름이 단군대의 윗부분을 감싸고 있는 풍경을 묘사한 서정적인 시다.

이해조李海朝도 『명암집鳴巖集』에 단군암檀君巖을 노래한 시를 실었다. 이해조는 1707년(숙종33) 평양 일대를 유람하였을 때 기자묘, 기자 정전 등과 함께 단군암에 대한 시문도 남겼다. 그는 김창흡에게 천재라는 격찬을 받았던 인물로, 김창흡은 이해조의 아들 부탁으로 『명암집』 편찬에 도움을 주었다. 단군암을 묘사한 이해조의 시에서는 깊은 골짜기의 깨진 바위가 간신히 인적을 허락하며 태백산의 어진 마음을 전한다고 하였다. 신령스러운 옛 굴, 즉 단군굴에 대한 언급도 보인다.

윤봉구尹鳳九는 『병계집屛溪集』에 단군굴을 묘사한 시를 실었다. 그는 신령한 박달나무가 명협이라는 상서로운 풀을 싹틔우고 요·순 임금처럼 띠 풀로 지붕을 얹은 빈집만 보인다고 노래하였다. 단군을 요·순임금과 같은 성군으로 묘사한 것이다.

구월산에 대한 기행문을 남긴 이만부는 『식산집』「지행부록」에서 묘향산에 대한 여행기록을 남겼다. 이만부는 단군이 태백산에 내려와 조선을 세운 일과 묘향산 남쪽에 '우발'이라는 이름의 연못이 있음을 서술하였다. 그러면서 단군씨의 후손에 부여를 세운 해부루가 있고, 해부루의 후손에 금와가 있으며, 금와의 후손 중에 고구려 시조인 주몽과 백제 시조인 온조가 있다고 하여 부여, 고구려, 백제가 모두 단군의 후손임을 제시하였다.

 ## 평양, 기자의 유적지로 조명받다

기자는 조선과 명·청이 공유할 수 있는 기억이었으며, 양국 지식인들의 거리감을 좁힐 수 있는 훌륭한 매개체였다. 이로 인해 일찍부터 한·중 외교에 기자가 활용되었다.

13세기 중반 중원에 원제국이 수립되면서 국제질서에 큰 변화가 찾아왔다. 다원적 외교를 고수하던 고려는 원제국을 중화로 인정하고, 화이론적 세계관을 내면화하기 시작하였다. 이 과정에서 기자의 위상도 높아졌다.

기자가 중시되기 시작하자, 평양도 기자의 고토古土로 주목받기 시작하였다. 1102년 고려의 숙종이 평양에 기자의 사당을 세우면서 평양 지역 기자 관련 유적이 발굴되기 시작했다. 사당과 함께 기자묘가 설치되었고, 평양의 옛 성터는 기자가 축조한 것으로 포장되었다. 평양 외성의 남쪽 부근에 구획되어 있던 토지는 기자가 실시하였던 정전의 흔적으로 여기기 시작하였다.

학자들도 역사서에서 점차 기자의 존재를 한국사의 영역으로 포섭하기 시작하였다. 『삼국사기』와 『삼국유사』에서 존재 정도만 언급되었던 기자는 『제왕운기』에 이르러서 후조선의 시조로 자리매김하였다.

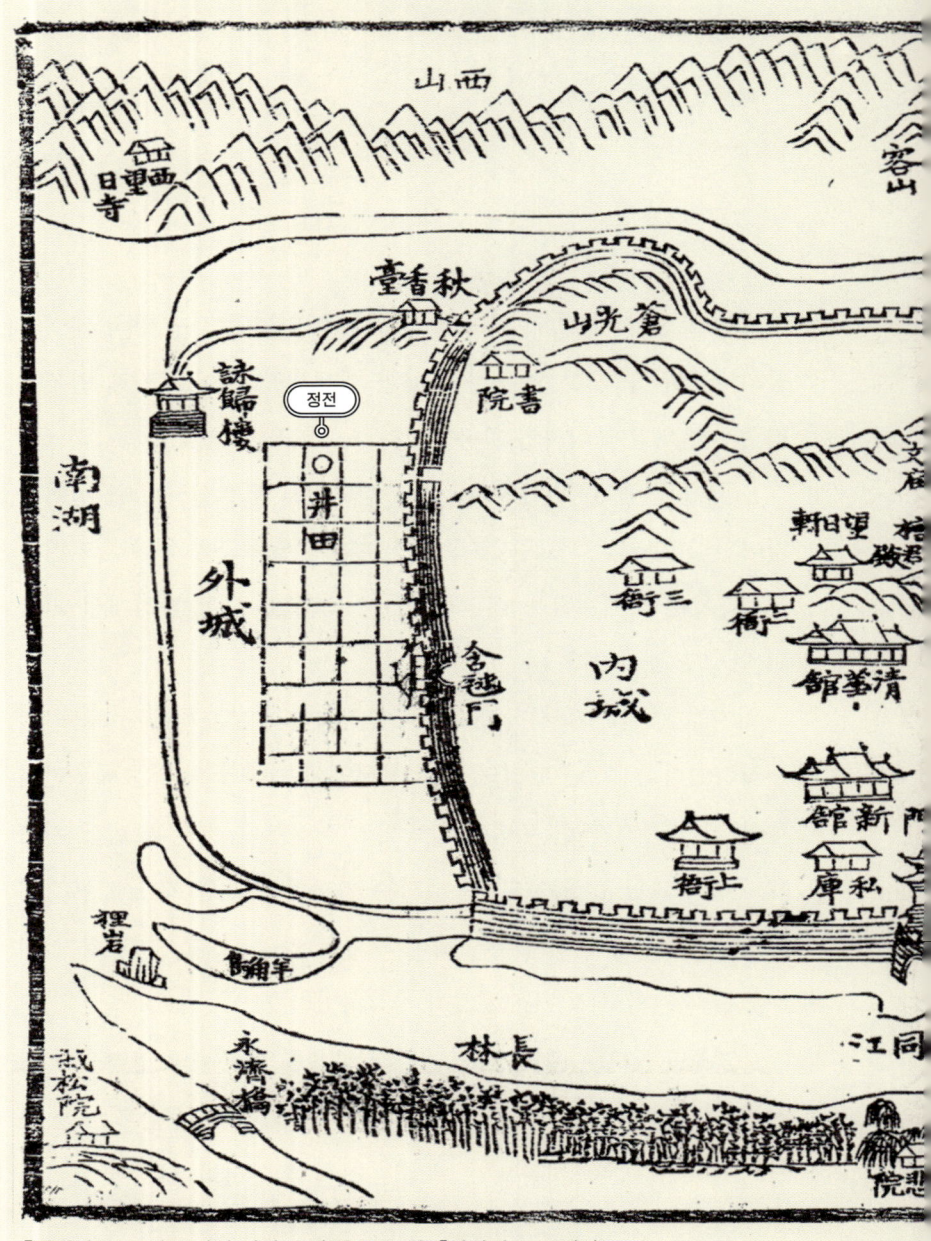

「평양관부도」에 그려진 기자 유적(윤두수 편, 『평양지』, 16세기)
서울대학교 규장각한국학연구원 소장

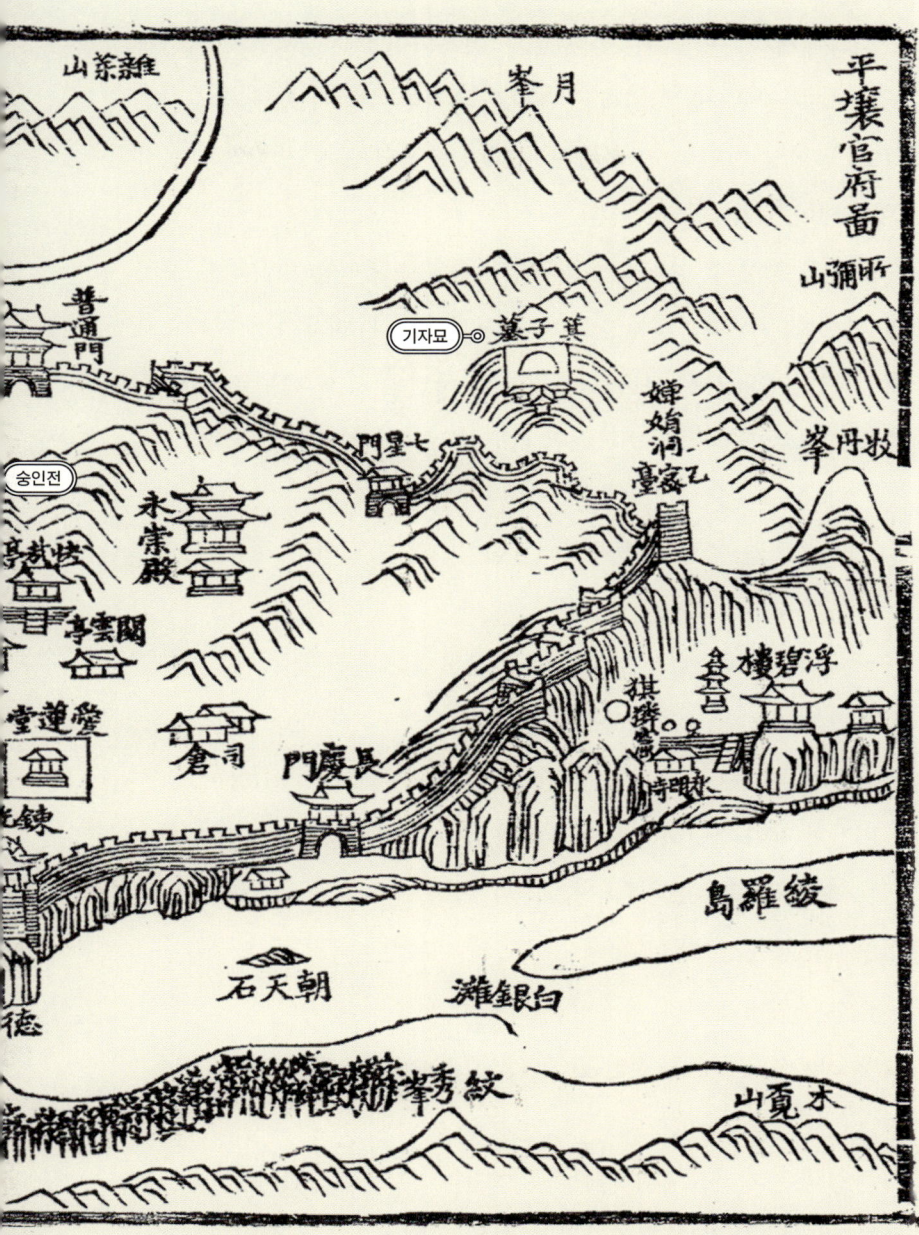

10장 단군과 기자 사적을 찾다

평양에서 기자 찾기는 이후로도 계속되어 기자궁箕子宮, 기자정箕子井, 기자장箕子杖 등 기자와 관련한 유적이 수없이 개발되기 시작하였다. 평양 지역의 기자 관련 유적이 조성되자 평양 지역은 점차 '핫플레이스'가 되었다.

이렇듯 평양이 기자의 성지로 발돋움하자 평양을 방문하는 중국의 사신들도 성지순례에 동참하기 시작하였다. 현재까지 기록으로 확인되는 가장 빠른 사례로는 1367년 하남왕 코케 테무르廓擴帖木兒의 사신으로 고려를 방문하였던 곽영석郭永錫이 있다.

1367년 12월, 곽영석이 원으로 돌아가는 길에 평양부 기자묘를 방문하여 시를 지었다.
어찌하여 거짓으로 미친 척하며 머리를 풀어헤쳤는가.
은의 왕업을 홀로 지탱하고자 한 것인가?
미자가 떠나간 것은 단지 제 한 몸만 길이 깨끗하게 하였음이요,
비간과 같이 간언하다 죽으면 누가 나라의 위기를 근심할 것인가.
노 땅 한 언덕에 소나무와 측백나무 남아 있으니
만고의 충성스러운 혼백은 귀신도 알아주리.
해질 무렵에 조선의 길에 말을 세우니,
맥수의 시가 들리는 것만 같구나.[53]

곽영석은 기자묘에서 자신의 감회를 시로 표현하였다. 구체적으로는 미자와 비간보다 기자의 처신을 긍정적으로 해석하고, 고려

에서 기자의 유적을 마주한 반가움을 드러냈다. 곽영석은 기자묘를 방문하기 전에도 관반사 임박林樸과의 대화에서 "고려에 아직 기자의 풍속이 남아 있다"는 소문을 들었다며 고려의 예악과 제도에 대해 알기를 원하였다. 몽골족이 세운 원은 공식 외교석상에서 기자를 활용하지 않았지만, 한족 지식인이었던 곽영석은 사신 개인의 신분으로 고려와 기자조선을 일체화시켰던 것이다. 평양의 기자 관련 유적은 이러한 인식의 기폭제가 되었다.

이후 고려와 조선을 방문하는 원과 명의 사신은 관행처럼 기자 유적을 방문하였고, 이들을 접대하는 원접사와 시문을 주고받았다. 이제 기자는 역사책에서나 볼 수 있는 인물이 아니었다. 평양의 다양한 유적을 통해 양국의 지식인은 기자의 자취를 눈으로 확인하였고, 이를 통해 양국의 동질성을 체감하였다.

그러나 이는 어디까지나 조선이 원과 명을 중화로, 그리고 원·명이 조선을 소중화로 인정하는 상황에서만 통용되었다. 다시 말해 전근대 한·중 관계의 향방에 따라 기자에 대한 양국 지식인의 반응과 인식에는 변화가 발생할 수밖에 없었다.

기자의 실체를 찾고자 한 실학자들

평양 지역에 유람을 갔다가 시문을 남긴 학자나 기자의 실체를 확인하기 위해 나선 실학자도 기자의 사적을 찾았다. 그 대표적 인물로는 한백겸, 이만부, 서명응, 이덕무, 유득공, 유만주, 이해응 등을 들 수 있다.

기자의 실체 확인 때문에 관심을 받았던 것은 정전이라 알려진 기전箕田이다. 한백겸은 1607년(선조40) 가을에 동생 한준겸韓浚謙이 평안도관찰사가 되자 어머니를 모시고 평양에 가서 기전유제를 살펴보고 「기전유제설箕田遺制說」을 썼다. 그리고 「기전도箕田圖」를 그리고 「기전도설箕田圖說」을 썼는데, 그는 "정전제에 대해서 선유들의 논의가 자세하지만, 그들의 설이 모두 맹자의 말을 근거로 하고 있기 때문에 주 왕실 제도에 대해서 자세히 말했을 뿐, 하나 은 제도에 대해서는 고증한 것이 없다. 주자의 조법助法에 관한 것 역시 추측과 짐작에서 나온 것으로 상고하여 증명한 것은 아니다"라고 하여 맹자나 주자의 설을 무작정 신뢰하기보다는 자신이 직접 살펴보고 난 결과를 주장하였다.⁵⁴

한백겸은 "함구문과 정양문 사이에 있는 구획이 가장 분명한데, 그 제도는 모두 '전田'자 형태로 되어 있다. 전田에는 4구區가 있고, 구는 모두 70무畝씩이다.…제전制田이 이미 '정井'자 형태가 아니라면, 『맹자』에 이른바 '가운데 공전이 있고 여덟 집이 모두 사전 100무를 경작한다'와는 현격한 차이가 있다"라고 하였는데, 자신이 조사한 기전유제가 『맹자』에서 논한 정전제와 같지 않은 점이 있다고 하였다. 즉 형태적으로 '정'자가 아니라 '전'자 형태이며, 제도적으로 공전이 가운데 있는 것이 아니라 형편에 따라 다른 곳에 위치할 수 있다고 한 것이다.55

다만 한백겸은 "맹자가 말하길, '은은 70무를 지급하여 조법을 시행하였다'라고 하였으니, 70무는 본래 은의 토지를 나누는 제도이고, 기자는 은 사람이므로, 그가 들판을 구획하고 토지를 나누는 데 은의 것을 본받았을 것이다"라고 하여 기전의 한 구획이 70무는 은의 유제라는 주장을 폈다. 유근柳根은 「기전도설발箕田圖說發」을, 허성許筬은 「기전도설후어箕田圖說後語」를 지어 그의 견해에 동의했다.56 한백겸의 설은 이후 안정복, 이종휘 등에게 계승되었다.

반면, 서명응은 평양에서 정전을 둘러보면서 변화를 살펴보고 「정전설井田說」과 「기자정전기적비箕子井田紀蹟碑」를 남겼다. 그는 정전을 실제로 조사하여 『주례』 「소사도小司徒」의 "구부가 정이 된다九夫爲井"와 「수인遂人」의 "십부에 구가 있다十夫有溝"가 서로 배치되지 않음을 밝혔으며, '십十'자 모양으로 구획을 나누어서 '전田'자 모양이 되므로 "'전'자 모형은 은 제도이고, '정'자 모형은 주 제도다"라는 옛사람의 설이 잘못되었다고 주장하였다.57 한백겸의 설에 반대한 것이다.

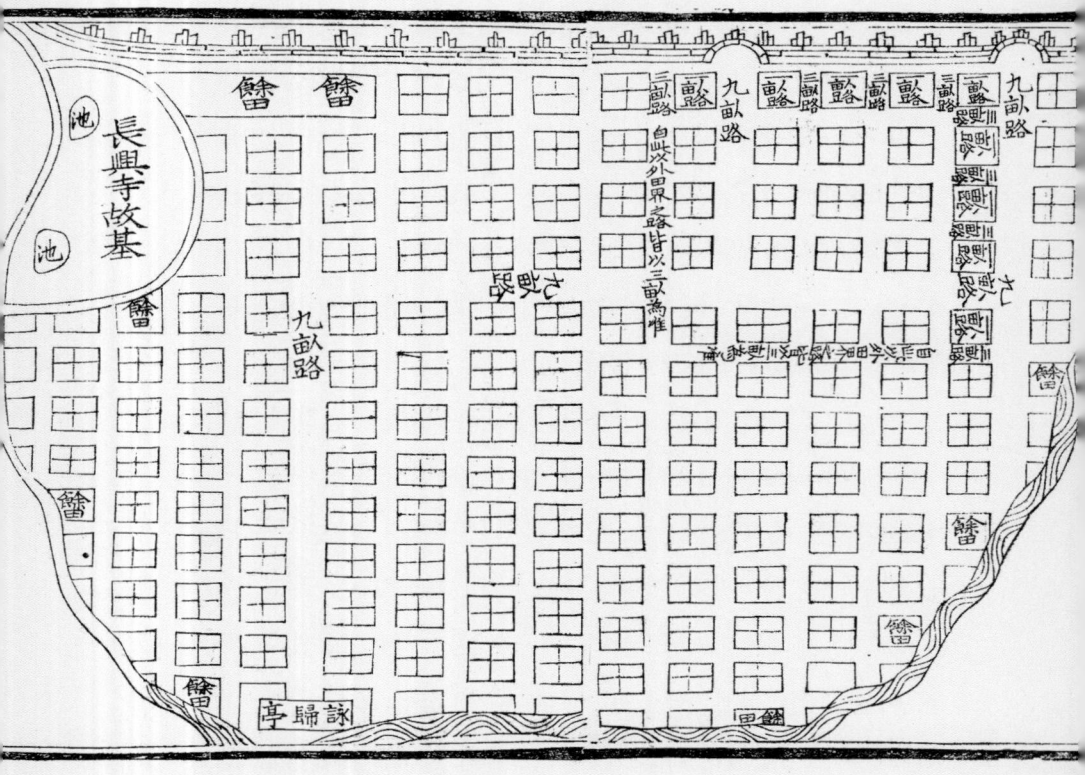

「기전도」(한백겸 편, 『구암유고』, 17세기)
서울대학교 규장각한국학연구원 소장

또한 서명응은 1776년(영조52) 평안도관찰사가 되어 삼익재三益齋를 확장하여 이전에 세워져 있던 기자 우물 근처의 건물까지 범위를 넓히고 '구주九疇'라 편액하였다. 삼익재는 1740년(영조16)에 평안도관찰사였던 그의 아버지 서종옥이 선비를 선발해 학업을 닦도록 하기 위해 세웠던 건물이다. 서명응은 여러 사람에게 이 건물을 세운 것은 정전을 위해서라고 밝혔다.[58]

이만부, 이덕무, 유득공 등은 평양의 기자 사적을 살펴보고 시문을 남겼다. 이만부는 전 왕조의 도읍을 답사하고 시문을 남겼는데, 단군과 관련하여 강화도 마니산의 참성단, 황해도 구월산 등을, 기자와 관련하여 평양의 금수산 등을 답사하고 『지행록地行錄』과 『지행부록地行附錄』에 「마니摩尼」, 「구월九月」, 「금수錦繡」 등과 같은 시문을 남겼다.[59]

유득공 역시 단군조선·기자조선·위만조선·고구려의 평양, 한韓의 금마金馬, 신라의 경주 등 전 왕조의 도읍을 답사하고 「이십일도회고시」를 남겼는데, '기자조선(평양부)'에서 "누가 알았을까? 창망한 요동 바다 밖에 밭 갈고 씨 뿌리던 은 사람의 70무 전이 있었음을"이라고 하여 기전을 특징적인 모습으로 기술하였다.[60] 이덕무는 평양에서 기자의 분묘와 숭인전을 배알하고 「기자의 분묘를 배알함謁箕子墓」, 「숭인전을 뵘謁崇仁殿」 등의 시를 지었다.[61] 이처럼 조선 후기 다양한 사람이 기자의 사적을 찾아보고 그 감회를 시문으로 남겼다.

한편, 유만주는 1784년 4월 1일에 평양에서 기자 사적을 둘러보

평양 기자정(일제강점기)
국립중앙박물관 소장

평양 숭인전(일제강점기)
국립중앙박물관 소장

고 자신의 일기인 『흠영欽英』에 자세히 기록하였다. 먼저 그는 평양성의 내성 북문인 칠성문을 나와 기자묘를 찾았다. '정丁'자형 누각의 문을 열고 돌계단을 올라가면 아래는 네모지고 위는 둥근 모양의 몹시 큰 무덤이 하나 나오는데, 무덤 앞에는 '기자묘' 세 글자가 새겨진 작은 비석과 문무석 및 석양 한 쌍이 있다고 하였다.[62]

이어서 그는 칠성문 밖에 있던 기생의 공동묘지인 선영동, 을지문덕과 김양언을 모신 사당인 충무사를 거쳐 인현서원으로 갔다. 개성문으로 들어가 홍범당에 앉아 벽 속 감실에 보관된 것을 열어볼 수 있었다. 그가 본 것은 '봉림대군'이라고 쓴 효종의 친필, 기자화상, 홍범도였다. 그는 "대체로 기자의 초상과 홍범도는 몹시도 어린애 장난 같을 뿐 근엄하고 정대한 느낌이 없으니 결국 성인을 함부로 대했다는 혐의를 면치 못했다"라고 평하였다.[63]

홍범당을 나와 방명록에 이름을 쓴 유만주는 개래문으로 나와 큰 들판을 거쳐 성의 정남문인 정양문을 지났다. 그리고 기자궁터가 있던 곳을 갔다. 앞문을 들어가니 '팔교八敎'라 적혀 있는 편액과 '구주단九疇壇'이라 새겨진 사면이 반듯한 석대를 보았다. 그리고 구삼원으로 가서 기자가 마셨다는 우물을 보았다. 우물 왼쪽에 있는 구주각九疇閣, 그 동쪽 문 밖에 있는 서명응이 찬술한 「기자정전기적비」를 보고 평안도관찰사 서종옥이 만들고 그 아들 서명응이 평안도관찰사 되었을 때 개축한 삼익재에 올라가 보았다.[64] 유만주는 기자묘箕子墓, 인현서원, 기자궁, 기자정 순으로 기자 사적을 둘러보았던 것이다.

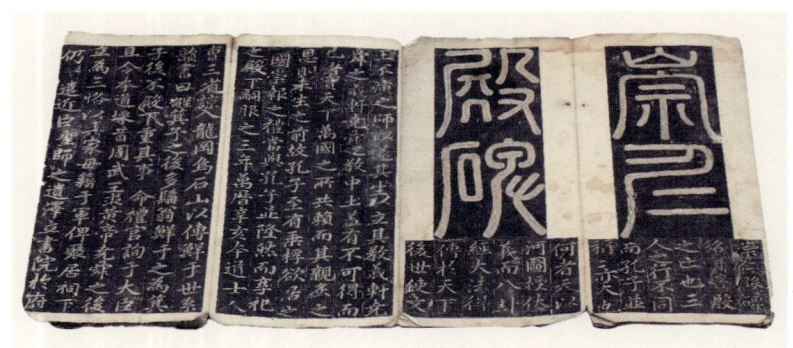

숭인전비 탁본첩(조선시대)
국립고궁박물관 소장

약 20년 뒤인 1803년(순조3)에 이해응 역시 평양에 들러 기자의 사적을 둘러보았다. 그는 동지사 서장관으로 가는 친구 서장보徐長輔의 수행원으로 따라갔다. 11월 2일에 그는 주작문과 함구문으로 나와 정전의 옛터를 찾아 나섰다. 분명한 구획과 1정#의 한계를 표시하기 위해 모퉁이에 세워진 돌을 보았다. 또 정전 가까이에 있는 기자궁터, 기자궁구기箕子宮舊基 비석, 기자정, 인현서원 등을 둘러보았다. 인현서원에서는 기자의 영정을 자세히 살펴보았으며, 어서각에 봉안된 효종의 글씨도 보았다.[65]

이튿날인 3일에는 칠성문을 통해 길을 나서 기자 분묘를 찾아갔다. 일반적으로 연행 시에는 보통문을 통해 나가는데, 이때는 기자의 분묘를 찾아가기 위해 칠성문으로 나간 것이다. 당시 기자 분묘는 네모나고 위가 뾰족했으며, 앞에 '기자묘'란 작은 비석이 있었다. 또 다른 비석이 있었는데, 가운데가 부러지고 '묘' 한 글자만 남아 있었고, 쇠못으로 붙여 놓았다. 이는 임진왜란 때 왜적이 비석을 부러뜨렸는데, 후세 사람이 고쳐 세우면서 새것을 도모하나 옛것을 남기자는 뜻에서 그대로 합쳤다고 한다.[66]

조선 전기부터 정비되었던 평양 지역 기자 사적은 기자묘箕子墓, 뒤에 숭인전이 되는 기자묘箕子廟, 인현서원, 정전 등이었다. 조선에 오는 명 사신은 대체로 기자에 대한 존숭의식을 나타내기 위해 주로 기자의 분묘나 사당을 찾았고, 기자의 실체를 확인하려 한 실학자들은 주로 정전을 찾았다. 이외에도 다양한 사람이 평양의 기자 사적을 찾았다. 아마도 평양을 방문하는 조선시대 학자는 실체를 확인하기 위해 기자 사적을 찾고 존숭의식을 표현하고자 시문을 남겼을 것이다.

기자묘에 참배하는 명 사신들

조선에 오는 명 사신은 기자에 대한 존숭의식을 나타내기 위해 기자 사적을 찾아 참배하였다.67 명 사신은 고윤高閏, 동월, 당고唐皐, 공용경龔用卿 등이 대표적이다.

고윤은 태상시박사, 형부낭중 등을 역임한 인물로, 1457년(세조 3)에 정통제 복위 조서를 가지고 부사로 조선을 다녀갔다. 이때 정사는 한림원수찬 진감陳鑑이었다.68 고윤은 기자의 사당에 나아가 분향하고 배알한 다음 비석을 바라보았다. 자신의 감흥을 담아 "무왕이 상을 이기고 기자를 조선에 봉하였다. 선유들이 그 도를 전한 것은 가하고 맡았다는 것은 불가하니 만세의 공론이라고 하였다. 삼가 가려 모아 사辭를 만들어 크게 우러러 보는 뜻을 다하고자 한다"라고 시작하는「기자묘사(병서)箕子廟辭(幷序)」를 지었다.69

동월은 1468년에 진사 제2명으로 급제하고 한림원편수, 남경南京 공부상서 등을 역임한 인물로, 1488년(성종19)에 홍치제 즉위 조서를 가지고 정사로 조선을 다녀갔다. 이때 부사는 공과우급사중 왕창王敞이었다.70 동월은 명에서 조선으로 올 때 평양성 안에 있는 사당만을 참배하면서 분묘를 찾아가지 못해 아쉬워했었다. 이후 그는 조선에서 명으로 돌아가는 길에 평양을 경유하여 기자의 분묘를 참배하고는 "비바람이 처량하고 쓸쓸하였는데 사람으로 하여금 눈물 흘리게 하려는 뜻이 있음을 깨닫지 못하였다. 대개 떳떳한 도리를 지키고 덕을 좋아해서 일어난 것으로 억지로 권하지 않았다. 이에 사 3장을 만들어 조문하니 다음과 같다"라고 시작하는「기자묘사(병서)箕子廟辭(并序)」를 지었다.[71]

당고는 1514년에 장원으로 급제하고 한림원수찬을 역임한 인물로, 1521년(중종16)에 가정제의 즉위 조서를 가지고 정사로 조선을 다녀갔다. 이때 부사는 병과급사중 사도史道였다.[72] 당고는 명을 출발해 조선에 들어와 평양을 지나며 기자의 분묘를 살펴보고 감흥이 들어 "외로운 봉분을 바라보니, 어디쯤인가?", "서리와 눈에 비석이 벗겨졌구나"라는 내용을 담은 글을 지었다.[73]

공용경은 1526년에 장원으로 급제하고 한림원 수찬과 시독, 남경 국자감좨주 등을 역임한 인물로, 1536년(중종31)에 황태자의 탄생을 기념한 조서를 가지고 정사로 조선을 다녀갔다. 이때 부사는 호과급사중 오희맹吳希孟이었다.[74] 공용경과 오희맹은 기자의 분묘에 분향하고 절을 하였으며, 존숭의 마음을 나타내는 글을 지었다.[75]

이처럼 명 황제의 조서를 가지고 조선에 온 중국 사신은 평양을 지나는 길에 기자의 분묘나 사당을 들러 분향하고 절을 한 다음 그 감회나 존숭의 마음을 표하는 글을 지었다.

미주

1장 고조선 이해의 기초

1 『사기(史記)』, 「朝鮮列傳」, "【集解】張晏曰. 朝鮮有濕水·洌水·汕水, 三水合爲洌水, 疑樂浪·朝鮮取名於此也."

2 『사기』, 「朝鮮列傳」, "【索隱】案. 朝音潮. 直驕反. 鮮音仙. 以有汕水, 故名也. 汕一音訕."

3 『산해경(山海經)』, 「海內北經」, "朝鮮在列陽東, 海北山南, 列陽屬燕朝鮮今樂浪縣."

4 리지린, 1989, 「고대 숙신과 고조선의 관계」, 『고조선연구』, 열사람, 211~213쪽(리지린, 1963, 『고조선연구』, 과학원출판사).

5 이병도, 1976, 「단군신화의 해석과 아사달 문제」, 『한국고대사연구』, 박영사, 40~41쪽.

6 윤내현, 2015, 『고조선연구(상)』, 만권당, 112쪽.

7 『신증동국여지승람(新增東國輿地勝覽)』, 「平安道 平壤府」, "居東表, 日出之地, 故名朝鮮."

8 『순암집(順菴集)』, "朝日鮮明, 故稱爲朝鮮."

9 『동사강목(東史綱目)』 부권하, 「雜說」, 朝鮮名號, "箕子之世, 遼地太半, 在其封域, 而在鮮卑山之東, 故稱爲朝鮮." '조선'이란 나라 이름을 선비산과 연결시킨 이는 성호 이익으로, 제자 안정복도 이 견해를 따랐다. 박종기, 2017, 『동사강목의 탄생』, 휴머니스트, 151~154쪽 참조.

10 『만주원류고(滿洲源流考)』 권1, 「部族」, "國初, 舊稱所屬日珠申, 亦卽肅愼轉音."

11 신채호, 1987, 「조선상고문화사」, 『단재신채호전집(상)』, 형설출판사, 368~369쪽.

12 정인보, 1947, 『朝鮮史研究(下)』, 서울신문사, 51~52쪽.

13 양주동, 1995, 『(증정)고가연구』, 일조각, 390~391쪽.

14 『태조실록(太祖實錄)』, 태조1년(1392) 7월 17일, "又有早朝之語, 人莫諭其意, 及

國號朝鮮, 然後乃知早明卽朝鮮之謂也."

15 현재 전하는 『위서』에는 이러한 내용이 없어 일연이 언급한 『위서』가 어떤 책인가에 대해서 여러 의견이 있다.
16 『목은집(牧隱集)』, 「詩藁」 권3, 詩 婆娑府; 「文藁」 권9, 序 周官六翼序.
17 박대재, 2015, 「檀君紀年과 「古記」」, 『韓國史學報』 61, 29~30쪽.
18 박대재, 2015, 18~24쪽.
19 이성계가 나라를 세운 때는 1392년이고, '조선'이란 나라 이름을 정한 때는 1393년이다.
20 『삼국유사(三國遺事)』, 「紀異」, 南扶餘·前百濟; 『삼국유사』, 「王曆」, 後高麗; 『삼국유사』, 「塔像」, 高麗靈塔寺, "前高麗龍岡縣人也." '고려영탑사'의 고려는 주몽이 세운 전고려를 말한다. 궁예가 처음 세운 나라는 고려다. 고려에서 나중에 마진, 태봉으로 나라 이름을 바꾸었다. 따라서 후삼국시기 궁예의 고려를 말할 때는 후고구려가 아니고 후고려라고 불러야 한다. 고구려는 4~5세기 나라 이름을 고려로 바꾸었거나 고려란 나라 이름을 더 많이 사용했다. 따라서 궁예가 고려(고구려)를 계승한다는 취지에서 나라 이름을 고려로 하였던 것이다. 후고려는 『삼국유사』, 『제왕운기』, 『조선경국전』, 『조선왕조실록』 등에 보인다. 후고구려는 20세기 들어와서 새로 만들어진 나라 이름이다. 조경철, 2018, 「주몽고려, 궁예고려, 왕건고려, 코리아의 단절과 계승」, 『역사와현실』 109.
21 『삼국유사』, 「紀異」, 古朝鮮(王儉朝鮮), "昔有桓因(謂帝釋也)."
22 조경철, 2021, 「일연 사상의 고유성과 독특성」, 『불교철학』 9.
23 수미산 정상의 하늘을 도리천이라고도 하고 그 주인을 도리천이라고도 한다. 마찬가지로 도리천의 주인을 제석이라고도 하고 제석천이라고도 한다.
24 『삼국유사』, 「紀異」, 古朝鮮(王儉朝鮮), "雄率徒三千, 降太伯山頂(卽太伯今妙香山) 神壇樹下, 謂之神市, 是謂桓雄天王也."
25 보통 홍익인간의 '인간'을 인간세상이 아닌 인간 또는 사람으로 해석하여 '널리 인간을 이롭게 하다' 또는 '널리 사람을 이롭게 하다'라고 해석하는데 정확한 해석이 아니다. 전근대 '인간'은 인간세상을 말하고, 사람을 말할 때는 '인' 한 글자만 쓴다. 『삼국사기』에 강수가 한 말로 '인간인(人間人)'이 있는데 '인간세상의 인간'이란 뜻이다. 한편 홍익인간이 불교의 '자익중생' 또는 '자익인간' 또는 '홍익중생'에서 왔다고 보기도 하지만(조경철, 2017, 「단군

신화 속 홍익인간의 유래와 그 의미」, 『정신문화연구』 148), 홍익중생과 홍익인간은 그 강조점이 다르다. 홍익인간도 환인과 마찬가지로 불교에서 온 용어가 아니다. 다만 일연이 홍익인간을 불교와 관련 있는 용어로 이해했을 수는 있다.

26　『삼국유사』, 「紀異」, 南扶餘·前百濟·北扶餘, "至十三世近肖古王, 咸安元年, 取高句麗南平壤, 移都北漢城."

27　조경철, 2018, 152쪽.

28　적어도 태조 왕건의 고려시대 사람들은 고구려가 고려로 나라 이름을 바꾼 것으로 알고 있었다.

2장 단군 기록의 이모저모

1　『삼국유사』, 「紀異」, 古朝鮮(王儉朝鮮), "古記云, 昔有桓因(謂帝釋也), 庶子桓雄, 數意天下, 貪求人世, 父知子意, 下視三危太伯, 可以弘益人間, 乃授天符印三箇, 遣往理之, 雄率徒三千, 降於太伯山頂(卽太伯, 今妙香山), 神壇樹下, 謂之神市, 是謂桓雄天王也. 將風伯雨師雲師, 而主穀主命主病主刑主善惡, 凡主人間三百六十餘事, 在世理化."

2　『제왕운기(帝王韻紀)』, 「東國君王開國年代」, 前朝鮮紀, "本紀曰, 上帝桓因有庶子, 曰雄 云云. 謂曰, 下至三危太白, 弘益人間歟. 故雄受天符印三箇, 率鬼三千, 而降太白山頂神檀樹下, 是謂檀雄天王也."

3　『삼국유사』, 「紀異」, 古朝鮮(王儉朝鮮), "時有一熊一虎, 同穴而居, 常祈于神雄, 願化爲人. 時神遺靈艾一炷, 蒜二十枚曰, 爾輩食之, 不見日光百日, 便得人形. 熊虎得而食之, 忌三七日, 熊得女身, 虎不能忌, 而不得人身."

4　『제왕운기』, 「東國君王開國年代」, 前朝鮮紀, "令孫女飮藥成人身."

5　『삼국유사』, 「紀異」, 古朝鮮(王儉朝鮮), "熊女者, 無與爲婚, 故每於壇樹下, 呪願有孕. 雄乃假化而婚之, 孕生子, 號曰, 壇君王儉. 以唐高卽位五十年庚寅, 都平壤城, 始稱朝鮮. 又移都於白岳山阿斯達, 又名弓忽山, 又今彌達. 御國一千五百年."

6　『제왕운기』, 「東國君王開國年代」, 前朝鮮紀, "與檀樹神婚而生男, 名檀君. 據朝鮮之域爲王. 故尸羅高禮南北沃沮東北扶餘穢與貊, 皆檀君之壽也. 理一千三十八年, 入阿斯達山爲神, 不死故也."

7　『고려사(高麗史)』, 「地理志」, 江華縣, "江華縣, 本高句麗 穴口郡. … 有摩利山(在

	府南, 山頂有塹星壇, 世傳, 檀君祭天壇), 傳燈山(一名三郞城, 世傳, 檀君使三子, 築之)."
8	『용비어천가(龍飛御天歌)』, "平壤本三朝鮮舊都也. 唐堯戊辰歲, 神人降于檀木之下, 國人立爲君. 都平壤, 號檀君, 是爲前朝鮮."
9	『용비어천가』, "神誌檀君時人, 世號神誌仙人."
10	『응제시주(應製詩註)』, 「始古開闢東夷主」, "昔神人降于檀木下, 國人立以爲王, 因號檀君, 時唐堯元年戊辰也."
11	『응제시주』, 「始古開闢東夷主」, "上帝桓因有庶子, 曰雄, 意欲下化人間. … 娶非西岬河伯之女, 生子曰夫婁, 是爲東夫餘王. 至禹會諸侯塗山, 檀君遣子夫婁, … 至商武丁八年乙未, 入阿斯達山, 化爲神, 今黃海道文化縣九月山也."
12	『응제시주』, 「題鴨綠江」, "扶餘王解夫婁, 檀君之子也."
13	『응제시주』, 「道經西京」, "西京卽今平壤府, 本三朝鮮舊都, 檀君始都, 是謂前朝鮮."

3장 기자조선 인식의 변천

1	위만의 출신에 대해서는 연의 장수라는 의견이 있으나, 고조선이 연과의 전쟁에서 패하고 상실한 지역의 토착계 엘리트, 즉 고조선계 인물이라는 견해가 우세하다. 위만이 고조선계 인물이었기 때문에 노관을 따라 흉노로 망명하지 않고 고조선에 망명하였으며, 왕위를 차지한 후에도 조선이라는 나라명을 그대로 사용했다는 주장이다.
2	『상서대전(尙書大傳)』, 「周書」, 洪範, "武王勝殷, 繼公子祿父, 釋箕子之囚. 箕子不忍周之釋, 走之朝鮮, 武王聞之, 因以朝鮮封之. 箕子旣受周之封, 不得無臣禮, 故於十三祀來朝, 武王因其朝而問洪範."
3	고려대학교 한국사연구소 편, 2019b, 『역주 고조선 사료집성(중국 편)』, 새문사, 372~373쪽.
4	조원진, 2023a, 「기자동래설의 성립 과정에 대한 검토」, 『한국고대사연구』 109, 34~38쪽.
5	조원진, 2015, 「고려시대의 기자 인식」, 『한국사학사학보』 32, 183쪽.
6	조원진, 2022, 「준왕남래설과 전북지역」, 『고조선단군학』 48, 17쪽.
7	遼寧省博物館·朝陽地區博物館, 1973, 「遼寧喀左縣北洞村發現殷代靑銅器」, 『考古』 4,

225~226, 257쪽; 喀左縣文化館·遼寧省博物館·朝陽地區博物館, 1974, 「遼寧喀左縣北洞村出土的殷周青銅器」, 『考古』 6, 364~372쪽.

8 張博泉, 1985, 『東北地方史稿』, 吉林大學出版社; 張博泉, 1994, 『箕子與朝鮮論集』, 吉林文史出版社; 楊軍, 1999, 「箕子與古朝鮮」, 『吉林大學社會科學學報』 3; 閆海, 2001, 「箕子東走朝鮮探因」, 『北方文物』 2.

9 중국 학계의 시각에 대한 문제점은 이유표 편, 2019, 『요서지역의 청동기문화: 문화접경·다양성·상호작용』, 동북아역사재단에서 상세히 검토되었다.

10 서주 초기 연이 봉건되는 과정과 문화에 대해서는 다음 연구가 있다. 배진영, 2009, 『고대 북경과 연문화: 연문화의 형성과 전개를 중심으로』, 한국학술정보; 민후기, 2020, 「燕 封建의 재구성: 琉璃河 출토 有銘 청동기의 분석을 중심으로」, 『東洋史學硏究』 151.

11 조원진, 2010, 「요서지역 출토 상주 청동기와 기자조선 문제」, 『백산학보』 88, 113~115쪽; 조원진, 2021a, 「상말주초 하북-요서지역 문화변동과 기자조선 문제」, 『인문학연구』 49, 89~93쪽.

12 상대부터 춘추시대까지 시대별 기족의 활동과 이동에 대해서는 심재훈, 2008, 「商周 청동기를 통해 본 䣊族의 이산과 성쇠」, 『歷史學報』 200에서 상세히 검토되었다.

13 유리하유적은 북경(北京) 방산현(房山縣) 유리하(琉璃河)에 위치한다. 서주시기 연의 도읍이다. 전체 묘역은 경광(京廣)철도를 경계로 북서쪽 구역과 남동쪽 구역으로 나뉘는데, Ⅰ구역은 상 유민의 무덤이며, Ⅱ구역은 주나라 사람의 무덤으로 본다. 기족 관련 청동기는 253호 무덤에서 발견되었는데, 이는 서주 초 기족이 연을 따라 북경 지역으로 이주했음을 알려준다.

14 마초촌유적은 하북성(河北省) 천안현(遷安縣) 하관영진(夏官營鎭) 마초촌(馬哨村) 남쪽에 위치한다. 발굴보고서는 출토된 궤(簋)의 명문을 '기(箕)' 혹은 '기(其)'로 파악하여 기자와 관련된 기자국의 족휘(族徽)로 보았다. 또한 이 지역이 고죽국의 위치와 부합되기 때문에 고죽국에 시집간 기녀(箕女)의 무덤이라 파악했다.

15 우란산유적은 북경시(北京市) 순의현(順義縣) 우란산(牛欄山)에 위치한다. 발견된 무덤에서 출토된 8점의 유물에는 모두 '기(䣊)자'가 새겨져 있었다. 이 유물들은 조형, 장식무늬, 명문 등으로 볼 때 모두 유리하에서 출토된 연 유물

과 비슷한 서주 초기에 해당한다. 우란산유적은 기족 집단이 연의 통치 집단
의 주요 구성원으로 편입되는 상황을 보여준다.

16 북동유적은 요령성(遼寧省) 객좌현(喀左縣) 북동촌(北洞村)에 위치하며 2개의
교장 유적에서 청동예기가 발견되었다. 1호에서 발견된 6점의 청동예기에는
고죽과 관련된 것으로 보이는 고죽명 뢰(罍)가 포함되어 있다. 북동 2호에서
발견된 청동예기는 6점인데 기자와 관련된 것으로 추정되는 기후방정(冀侯方
鼎)이 특히 주목받았다.

17 北京市文物研究所, 1995, 『琉璃河西周燕國墓地 1973-1977』, 文物出版社, 172~173쪽; 尹小燕, 1996, 「遷安縣發現商代器物」, 『文物春秋』 1, 89~90쪽; 程長新, 1983, 「北京市順義縣牛欄山出土一組周初帶銘靑銅器」, 『文物』 11, 65쪽; 遼寧省博物館·遼寧省文物考古硏究所, 2006, 『遼河文明展: 文物集萃』, 67쪽; 조원진, 2021a, 95쪽.

18 『고려도경(高麗圖經)』, 「始封」, "高麗之先, 蓋周武王封箕子胥餘於朝鮮, 寔子姓也. 歷周秦, 至漢高祖十二年, 燕人衛滿亡命. 聚黨椎結, 服役蠻夷, 浸有朝鮮之地而王之. 自子姓有國八百餘年, 而爲衛氏. 衛氏有國八十餘年. 先是, 夫餘王得河神之女, 爲日所照, 感孕而卵生. 旣長善射, 俗稱善射爲朱蒙, 因以名之 … 高氏旣絶, 久而稍復, 至唐末遂王其國. 後唐同光元年, 遣使來朝, 國王姓氏, 史失不載. 長興二年, 王建權知國事, 遣使入貢, 遂受爵以有國云."

19 한영우, 1983, 「高麗圖經에 나타난 徐兢의 韓國史體系」, 『규장각』 7, 18~20쪽.

20 『삼국사기(三國史記)』, 「年表」, "海東有國家久矣, 自箕子受封於周室, 衛滿僭號於漢初, 年代綿邈, 文字踈略, 固莫得而詳焉."

21 『삼국사기』, 「高句麗本紀」, 寶藏王, "玄菟樂浪, 本朝鮮之地, 箕子所封. 箕子敎其民, 以禮義田蠶織作, 設禁八條."

22 한영우, 1982, 「高麗~朝鮮前期의 箕子認識」, 『한국문화』 3, 26~27쪽.

23 김철준, 1976, 「高麗中期의 文化意識과 史學의 性格」, 『韓國의 歷史認識: 韓國史學史論選』 上, 創作과批評社, 107쪽.

24 조원진, 2015, 197쪽.

25 『고려사』, 「世家」, 태조16년(933) 3월, "踵朱蒙啓土之禎, 爲彼君長, 履箕子作蕃之跡 宣乃惠和. 俗厚知書, 故能導之以禮義."

26 『고려사』, 「世家」, 문종9년(1055) 7월, "當國襲箕子之國以鴨江爲疆."

27 『고려사』, 「世家」, 신종2년(1199) 5월, "粵箕子之故區, 寔卞韓之舊壤."
28 한영우, 1994, 「고려시대의 역사의식과 역사서술」, 『한국의 역사가와 역사학(상)』, 창작과비평사, 46쪽.
29 정구복, 1999, 『한국중세사학사(1)』, 집문당, 216~217쪽.
30 조원진, 2009, 「기자조선 연구의 성과와 과제」, 『단군학연구』 20, 402~403쪽.
31 조원진, 2015, 191~192쪽.
32 『삼국유사』, 「紀異」, 古朝鮮(王儉朝鮮), "周虎王卽位己卯, 封箕子於朝鮮, 壇君乃移於藏唐京."
33 차광호, 2009, 「《三國遺事》 '紀異편'의 저술의도와 고구려인식」, 『사학지』 41, 64~65쪽.
34 『제왕운기』, 「東國君王開國年代」, 前朝鮮紀, "初誰開國肇風雲, 釋帝之孫名檀君. 並與帝高興戊辰, 經虞歷夏居中宸. 於殷虎丁八乙未, 入阿斯達山爲神. 享國一千二十八, 享國一千二十八, 無奈變化傳桓因. 却後一百六十四, 仁人聊復開君臣."
35 『제왕운기』, 「東國君王開國年代」, 後朝鮮紀, "後朝鮮祖足箕子, 周虎元年己卯春, 逋來至此自立國, 周虎遙封降命綸. 禮難不謝乃入覲, 洪範九疇問彝倫. 四十一代孫名準, 被人侵奪聊去民. 九百二十八年理, 遺風餘烈傳熙淳. 準乃移居金馬郡, 立都又復能君人."
36 조원진, 2009, 403쪽.
37 『제왕운기』, 「東國君王開國年代」, 地理紀, "遼東別有一乾坤, 斗與中朝區以分. 洪濤萬頃圍三面, 於北有陵連如線. 中方千里是朝鮮, 江山形勝名敷天. 耕田鑿井禮義家, 華人題作小中華."
38 채웅석, 2012, 「《제왕운기》로 본 李承休의 국가의식과 유교관료정치론」, 『국학연구』 21, 279~282쪽.
39 이강한, 2010, 「1325년 箕子祠 祭祀 再開의 배경 및 의미」, 『한국문화』 50, 20쪽.
40 신채호, 1911, 『讀史新論』, 在美韓人少年書會, 19~30쪽; 신채호 저, 이만열 주석, 1983, 『주석 조선상고사(상)』, 형설출판사, 133~136쪽.
41 최남선, 1927, 『兒時朝鮮』, 東洋書院, 33~36쪽; 최남선, 1929, 「朝鮮史의 箕子는 支那의 箕子가 아니다」, 『怪奇』 2; 최남선, 1973, 『六堂崔南善全集』 2, 玄岩社.
42 정인보, 1946, 『朝鮮史研究(上)』, 서울신문사, 57~63쪽.

43	안재홍, 1947, 「箕子朝鮮考」, 『朝鮮上古史鑑』 上, 民友社, 1~59쪽.
44	이병도, 1933, 「所謂箕子八條敎에 就いて」, 『市村博士古稀記念 東洋史論叢』, 富山房, 1185~1202쪽; 이병도, 1976, 『韓國古代史研究』, 博英社, 44~64쪽.
45	白鳥庫吉, 1910.8.31, 「箕子は朝鮮の始祖に非ず」, 『東京日日新聞』; 白鳥庫吉, 1970, 『白鳥庫吉全集』3(朝鮮史研究), 岩波書店, 500~503쪽.
46	今西龍, 1922, 「箕子朝鮮傳說考」, 『支那學』 第2卷 10~11號, 弘文堂; 今西龍, 1937, 『朝鮮古史の研究』, 近澤書店, 131~173쪽.
47	顧頡剛, 2011, 『顧頡剛古史論文集』 卷10(下), 中華書局.
48	김육불 저, 동북아역사재단 역, 2009, 『김육불의 동북통사』 상, 동북아역사재단, 136~175쪽.
49	부사년 저, 정지호 역, 2017, 『동북사강』, 주류성, 33~71, 216~239쪽.
50	苗威, 2019, 『箕氏朝鮮史』, 中國社會科學出版社.
51	조원진, 2021b, 「최근 중국학계의 기자조선 연구 동향 검토」, 『韓國史學報』 85, 18~29쪽.

4장 위만조선을 둘러싼 논쟁

1	김남중, 2014, 「위만의 출신 종족에 대한 再考」, 『先史와 古代』 42, 8~13쪽.
2	『한서(漢書)』 권1, 高帝紀1上, 4년 8월.
3	『한서』 권16, 高惠高后文功臣表4.
4	三上次男, 1966, 「朝鮮半島における初期古代國家形成過程の研究」, 『古代東北アジア史研究』, 吉川弘文館, 5쪽.
5	박시형, 1963, 「만 조선(滿朝鮮) 왕조에 관하여」, 『력사과학』 1963-3, 1~5쪽; 李丙燾, 1976, 「衛氏朝鮮興亡考」, 『韓國古代史研究』, 博英社, 78~82쪽; 서영수, 1996, 「衛滿朝鮮의 形成過程과 國家的 性格」, 『韓國古代史研究』 9, 95~96쪽; 김남중, 2014.
6	『사기』 「조선열전」, 『한서』 「조선전」 등에 王險으로 되어 있다.
7	『삼국유사』, 「紀異」, 魏滿朝鮮.
8	『잠부론(潛夫論)』 권9, 志氏姓35.
9	『삼국지(三國志)』 권30, 「烏丸鮮卑東夷傳」 30, 濊·韓.

10　박시형, 1963, 1~5쪽.
11　김남중, 2020a, 「『삼국유사』 위만조선 관련 기록의 서술 의도」, 『사학연구』 139, 69~70쪽.
12　『쌍매당협장문집(雙梅堂篋藏文集)』 권22, 「雜著」, 魏滿朝鮮.
13　『제왕운기』, 「東國君王開國年代」, 衛滿朝鮮紀.
14　김남중, 2020a, 55~64쪽.
15　『쌍매당협장문집』 권22, 「雜著」, 魏滿朝鮮.
16　고려대학교 한국사연구소 편, 2019b, 『역주 고조선 사료집성(국내 편)』, 새문사, 143쪽.
17　『동국사략(東國史略)』 권1, 衛滿朝鮮.
18　『동국통감제강(東國通鑑提綱)』 朝鮮紀 下, 箕準王.
19　『수산집(修山集)』 권11, 「東史本紀」, 後朝鮮本紀.
20　『기언(記言)』 권32 外篇, 「東事」 1, 衛滿世家.
21　『해동역사(海東歷史)』 권2, 「世家」 2, 衛滿朝鮮.
22　『기년아람(紀年兒覽)』 권5, 箕子朝鮮·衛滿朝鮮.
23　『임하필기(林下筆記)』 권11, 「文獻指掌編目錄」 1, 衛滿朝鮮.
24　『대동장고(大東掌攷)』 권1, 「歷代攷」, 後朝鮮.
25　김남중, 2022, 「전북 지역 고조선 계승 의식의 형성과 확산 과정」, 『고조선단군학』 48, 79~81쪽.
26　『동국통감(東國通鑑)』, 進東國通鑑箋.
27　『제왕운기』, 「東國君王開國年代」, 漢四郡及列國紀.
28　『제왕운기』, 「東國君王開國年代」, 後朝鮮紀.
29　『해동잡록(海東雜錄)』 권1, 衛滿朝鮮.
30　『해동잡록』 권1, 三韓.
31　『동사절요(東史節要)』 권1, 朝鮮, 衛滿.
32　『삼국사기』, 「列傳」 6, 崔致遠.
33　『제왕운기』, 「東國君王開國年代」, 新羅紀·高句麗紀·百濟紀.
34　조법종, 1998, 「高句麗의 馬韓繼承 認識論에 대한 檢討」, 『韓國史研究』 102, 54~64쪽.
35　『동국통감』, 「外紀」, 三韓.

36 『태종실록(太宗實錄)』, 태종9년(1409) 2월 14일, 權近 卒紀.
37 김남중, 2022, 62~63쪽.
38 『신당서(新唐書)』 권220, 「列傳」145, 新羅, "新羅, 弁韓苗裔也. 居漢樂浪地…."
39 『삼국지』 권30, 「烏丸鮮卑東夷傳」30, 韓.
40 김남중, 2022, 62~63쪽 주71.
41 민현구, 1989, 「高麗中期 三國復興運動의 역사적 의미」, 『한국사시민강좌』 5, 90~100쪽.
42 하현강, 1976, 「高麗時代의 歷史繼承意識」, 『이화사학연구』 8, 12~15쪽.
43 『제왕운기』, 「東國君王開國年代」, 漢四郡及列國紀.
44 김남중, 2020a, 66~78쪽.
45 『표제음주동국사략(標題音註東國史略)』 「前朝鮮」의 '기자'조에서는 후조선의 준왕이 금마로 내려와 한 왕이 되었다고 했고, '삼한'조에서는 나라 이름을 변한이라 했다고 서술하였다. 마한의 시조를 모른다고 하였다.
46 준왕을 기자의 후예라 여기고 '기(箕)'자를 붙인 것은 후대의 일로, 준왕의 이름이 본래 기준이었던 것은 아니다. 기준이라는 표현은 고려 후기 국내 사서에서부터 확인된다.
47 『동국통감제강』, 「朝鮮紀」下, 箕準王.
48 『동국역대총목(東國歷代總目)』, 凡例.
49 『성호전집(星湖全集)』 권47, 「雜著」, 三韓正統論.
50 『동사강목』, 凡例.
51 『동문광고(同文廣考)』 제1책, 「東夷考」, 衛滿朝鮮.
52 『양와집(養窩集)』 책13, 「雜著」下, 東國三韓四郡古今疆域說.
53 『여암전서(旅庵全書)』 권5, 「疆界考」, 三韓, 箕準馬韓國.
54 『기년동사약(紀年東史約)』, 凡例.
55 『동사(東史)』, 箕子朝鮮.
56 김남중, 2022, 「전북 지역 고조선 계승 의식의 형성과 확산 과정」, 『고조선단군학』 48, 82~83쪽.
57 『수산집』 권11, 「東史本紀」, 三韓本紀.
58 『해동역사』 續集 권3, 「地理考」3, 三韓.
59 『총사(叢史)』 外篇, 「東史辨疑」, 三韓之始.

60 『대동장고』 권1, 「歷代攷」, 三朝鮮所統諸屬國.
61 『대동장고』 권1, 「歷代攷」, 馬韓.

5장 선조들의 고조선 강역 찾기

1 『지봉유설(芝峯類說)』 권2, 「諸國部」, 本國.
2 『동국지리지(東國地理志)』, 後漢書 三韓傳, "愚按, 我東方在昔自分爲南北, 其北本三朝鮮之地. … 其南乃三韓之地也. … 此見之, 湖西湖南合爲馬韓, 而嶺南一道, 自分爲辰弁二韓, 又何疑乎"; 『동국지리지』, 三國 百濟, "馬韓舊地【今全羅道公洪道京畿江南皆其地…】"; 『동국지리지』, 三國 新羅, "辰韓舊地【今慶尙東北之地…】弁韓舊地【今慶尙西部之地, 智異一帶之地, 有時爲百濟所侵據】."
3 고려대학교 한국사연구소 편, 2019a, 『역주 고조선 사료집성(국내 편)』, 새문사, 326쪽.
4 『동국역대총목』, 三韓.
5 『동사』, 三韓.
6 박인호, 2001, 「조선전기 지리서에 나타난 역사지리인식과 특성」, 『朝鮮史研究』 10, 226~229쪽.
7 『동사보유(東史補遺)』 권1, 三韓.
8 『동사회강(東史會綱)』 권1, 新羅 始祖 朴赫居世 元年.
9 『수산집』 권14, 「東國興地雜記」, 三韓地方辨.
10 『임하필기』 권36, 「扶桑開荒攷」, 三韓.
11 『연려실기술(燃藜室記述)』 別集 권19, 「歷代典故」, 衛滿朝鮮.
12 『연려실기술』 別集 권19, 「歷代典故」, 論東國地方.
13 『삼국유사』, 「紀異」, 南帶方.
14 『쌍매당협장문집』 권22, 「雜著」, "二府【本名朱里, 眞番語名, 音訛爲女眞. 或曰, 慮眞避契丹興宗名. 又曰, 女眞金國臨屯, 未敢的知所在也】."
15 『동국통감』, 「外紀」, 四郡.
16 『동국사략』 권1, 四郡; 『표제음주동국사략』 권1, 四郡.
17 『고려사』, 「志」12, 地理 3, 北界, 平壤留守官 平壤府.
18 『고려사』, 「志」12, 地理 3, 東界, 溟州.

19 『동사찬요(東史纂要)』 권1상, 四郡.
20 이승호, 2022, 「玄菟郡의 변천과 對고구려·부여 관계」, 『고조선단군학』 47, 209~224쪽.
21 『동사찬요』 권1상, 箕子朝鮮.
22 『지봉유설』 권2, 「諸國部」, 本國.
23 『동국지리지』, 四郡.
24 『삼국사기』, 「雜志」4, 地理2, 朔州.
25 『여암전서』 권4, 「疆界考 衛滿朝鮮國」.
26 『동사강목』 附 卷下, 「地理考」, 四郡考, 眞番考.
27 『동사강목』 附 卷下, 「地理考」, 四郡考, 臨屯考.
28 『동사강목』 附 卷下, 「地理考」, 浿水考.
29 『열하일기(熱河日記)』 권1, 渡江錄, 6월 28일.
30 노태돈, 1990, 「古朝鮮 중심지의 변천에 대한 연구」, 『한국사론』 23.
31 서영수, 2008, 「요동군의 설치와 전개」, 『요동군과 현도군 연구』, 동북아역사재단.
32 박대재, 2017, 「고조선 이동설에 대한 비판적 검토」, 『동북아역사논총』 55.
33 서영수, 1999, 「고조선의 대외관계와 강역의 변동」, 『동양학』 29; 김남중, 2001, 「衛滿朝鮮의 領域과 王儉城」, 『한국고대사연구』 22; 박준형, 2012, 「기원전 3~2세기 고조선의 중심지와 西界 변화」, 『사학연구』 108; 박경철, 2014, 「古朝鮮 對外關係 進展과 衛滿朝鮮」, 『동북아역사논총』 44.

6장 고조선과 삼국을 잇다

1 『삼국유사』, 「紀異」, 北扶餘.
2 『삼국유사』, 「紀異」, 高句麗.
3 『제왕운기』, 「東國君王開國年代」, 前朝鮮紀.
4 『세종실록(世宗實錄)』, 「地理志」, 平安道, 平壤府.
5 『응제시주』, 命題十首, 始古開闢東夷主.
6 방선주, 1987, 「韓·中 古代紀年의 諸問題」, 『아시아문화』 2, 한림대학교 아시아문화연구소, 6쪽.

7	박대재, 2015,「檀君紀元과「古記」」,『韓國史學報』61, 20쪽.
8	『회헌선생실기(晦軒先生實記)』권1, 詩.
9	『표제음주동국사략』권1, 前朝鮮.
10	『표제음주동국사략』권1, 高句麗, 始祖 東明王.
11	『필원잡기(筆苑雜記)』권1.
12	『대동운부군옥(大東韻府群玉)』권10, 上聲, 禹.
13	『대동운부군옥』권8, 下平聲, 婁.
14	『반계잡고(磻溪雜藁)』, 與進士自振論東國地志.
15	『풍암집화(楓巖輯話)』권1, 檀君史記辯疑.
16	『해동역사』권4, 世家4, 夫餘.
17	『순오지(旬五志)』上.
18	『동국역대총목』, 檀君朝鮮.
19	『동국역대총목』, 高句麗 東明王.
20	『동사강목』, 권1상,「朝鮮」, 箕子元年.
21	『연려실기술』別集 권19,「歷代典故」, 檀君朝鮮.
22	『기년아람』권5, 檀君朝鮮.
23	『대동장고』권1,「歷代攷」, 朝鮮國.
24	『대동장고』권1,「歷代攷」, 三朝鮮所統諸屬國, 扶餘.
25	『총사(叢史)』外篇,「東史辨疑」, 檀君後裔.
26	『기년동사약』권1, 檀君朝鮮紀, 丙子.
27	『삼국유사』,「紀異」, 北扶餘·東扶餘.
28	『해동잡록』권1, 檀君朝鮮.
29	『대동운부군옥』권2, 上平聲, 餘.
30	『기언』권32 外篇,「東事」1, 檀君世家.
31	『기언』권48 續集,「四方」2, 關西誌.
32	『동사절요』권1, 朝鮮, 檀君.
33	『동사절요』권1, 高句麗, 始祖 東明王.
34	『동문광고』第1책,「東夷考」, 檀君朝鮮.
35	『수산집』권11,「東史世家」, 扶餘世家.

7장 고조선을 추앙하는 조선 관료들

1 『삼봉집(三峯集)』, 「조현경국전상국호(朝縣經國典上國號)」.
2 『태조실록』, 태조1년(1392) 8월 11일.
3 『태조실록』, 태조2년(1393) 2월 15일.
4 『세종실록』, 세종7년(1425) 9월 25일.
5 『세종실록』, 세종10년(1428) 4월 29일.
6 『세종실록』, 세종12년(1430) 4월 8일.
7 『동국세년가(東國世年歌)』, "遼東別有一乾坤, 山川風氣自區分. 三方濱海北連陸, 中有萬里之古國. 厥初檀君降樹邊, 始開東國號朝鮮 … 却後一百六十四, 周武己卯箕子至【箕子紂諸父名胥餘 箕國名子爵 武王克殷釋箕子囚 因訪洪範封於朝鮮】傳祚九百廿八年, 流風遺俗至今傳. 四十一代遷金馬, 迫于衛滿遂南下."
8 한영우, 2019, 『세종평전』, 경세원, 357~361쪽.
9 『태조실록』, 태조1년(1392) 8월 11일.
10 『태조실록』, 태조7년(1398) 9월 12일.
11 중국 곡부(曲阜)에 있는 공자의 사당이다.
12 『태종실록』, 태종11년(1411) 4월 27일.
13 『태종실록』, 태종12년(1412) 6월 6일.
14 『태종실록』, 태종12년(1412) 7월 17일.
15 『태종실록』, 태종13년(1413) 11월 4일.
16 『태종실록』, 태종14년(1414) 9월 8일.
17 『세종실록』, 五禮, 吉禮, 序例, 辨祀·時日·神位·祝版·牲牢.
18 『세종실록』, 오례 길례 중에 관련 내용이 나오니, 자세한 내용은 동북아역사재단이 펴낸 『한국고대사자료집: 고조선·부여 편』 V(관찬사서)를 읽어보기를 권한다.
19 『세종실록』, 세종10년(1428) 4월 29일.
20 『세종실록』, 세종12년(1430) 4월 16일.
21 『세종실록』, 세종10년(1428) 8월 14일.
22 『세종실록』, 세종12년(1430) 8월 6일.
23 『세종실록』, 세종19년(1437) 3월 13일.

24 『세조실록(世祖實錄)』, 세조2년(1456) 7월 1일.
25 『세조실록』, 세조6년(1460) 10월 17일.
26 『선조실록(宣祖實錄)』, 선조26년(1593) 1월 28일; 『광해군일기(光海君日記)』, 광해군4년(1612) 윤11월 6일; 『인조실록(仁祖實錄)』, 인조1년(1623) 9월 21일; 『인조실록』, 인조1년(1623) 윤10월 14일; 『숙종실록(肅宗實錄)』, 숙종5년(1679) 11월 28일; 『영조실록(英祖實錄)』, 영조7년(1731) 6월 16일; 『영조실록』, 영조15년(1739) 5월 23일; 『순조실록(純祖實錄)』, 순조25년(1825) 9월 11일; 『고종실록(高宗實錄)』, 고종22년(1885) 10월 14일; 『순종실록(純宗實錄)』, 순종2년(1909) 1월 31일.
27 『세종실록』, 五禮, 吉禮, 序例, 時日, "仲春, 仲秋享朝鮮 檀君, 後朝鮮始祖箕子, 高麗始祖."
28 『세조실록』, 세조6년(1460) 10월 17일. 신위·제기·참석자·제사의식에 대해 상세하게 규정하고 있다.
29 국가 제사의 정사(正祀) 가운데 중간 등급인 제사다. 조선에서는 풍운뇌우(風雲雷雨), 악해독(嶽海瀆), 우사(雩祀), 역대 시조 등에게 중사를 지냈다. 역대 시조는 단군, 기자, 삼국 시조, 고려 태조를 가리킨다.
30 『경국대전주해』, 「禮典」, 春官 宗伯 祭禮條 歷代始祖, "唐堯戊辰歲, 有神人降太伯山檀木下, 國人立爲君, 都平壤, 號檀君. 箕子殷太師, 周武王克殷, 封于朝鮮, 以遂不臣之志[요임금 무진년(기원전 2333)에 신인이 태백산 단목 아래에 내려오니, 국인들이 세워서 임금으로 삼고 평양에 도읍을 하여 단군이라고 불렀다. 기자는 은의 태사로, 주 무왕이 은을 치자 기자를 조선에 봉하여 주의 신하가 되지 않는 뜻을 이루었다.]."
31 『고려사』, 「志」17, 禮5 吉禮 小祀 雜祀, "八月甲申, 遣使祭東明聖帝祠, 獻衣幣."
32 『태조실록』, 태조1년(1392) 8월 11일, "朝鮮 檀君, 東方始受命之主, 箕子, 始興教化之君, 令平壤府以時致祭."
33 『태종실록』, 태종12년(1412) 6월 6일.
34 『세종실록』, 세종7년(1425) 9월 25일.
35 『세종실록』, 세종12년(1430) 8월 6일.
36 『세조실록』, 세조2년(1456) 7월 1일.
37 『세조실록』, 세조6년(1460) 10월 17일.

38 『승정원일기(承政院日記)』, 숙종5년(1679) 11월 10일.
39 『승정원일기』, 숙종23년(1697) 7월 4일.
40 왕이 사당, 서원 등에 이름을 지어서 새긴 편액을 내리던 일이다. 대개 편액을 내리면서 서적, 노비 등을 함께 내렸다.
41 『고려사』, 「志」17, 禮5 吉禮 小祀 雜祀; 『고려사』, 「列傳」8, 諸臣 鄭文의 내용에 따르면 당시 사당의 건립을 청한 사람은 정당문학(政堂文學) 정문이라고 한다.
42 『고려사』, 「志」32 食貨1 田制 公廨田柴, "文宣王, 油香田十五結. 先聖, 油香田五十結【先聖卽箕子】."
43 『고려사』, 충숙왕12년 10월 날짜 미상.
44 『고려사』, 「志」17, 禮5 吉禮 小祀 雜祀.
45 『세종실록』, 세종10년(1428) 4월 29일.
46 기자의 후손이라고 주장하는 가문은 선우씨 이외에 한씨(韓氏), 기씨(奇氏), 공씨(孔氏), 인씨(印氏)도 있었다. 『승정원일기』 기사를 보면 당시 조선의 관료들이 선우씨 뿐만 아니라 한씨와 기씨도 기자의 후손으로 인식하고 있었다는 점을 알 수 있다. 영조 19년 영조가 기자의 자손이 성을 바꾸어 선우씨와 한씨가 되었다고 하자 원경하가 기씨도 기자의 자손이며 양반이라고 아뢰는 내용이 나온다. 이에 영조는 기씨가 양반인데 어찌 거두어 쓰지 않는가라며 이조참판을 추고하라는 명을 내린다[『승정원일기』, 영조19년(1743) 8월 9일, "上曰, 箕子子孫, 改姓爲鮮于與韓哥矣. 景夏曰, 韓哥則卽今京中大族, 皆其子孫也. 奇哥亦有之, 而此亦兩班也. 上曰, 嚴瑀, 頃以金枝玉葉, 謂之來歷不明, 而奇哥若是兩班, 則何不收用耶? 吏參當初除拜時, 有濟牧除授之敎, 而旣知有奇氏後孫, 不爲收用, 吏參推考."].
선우씨가 기자의 후손으로 인정받게 된 것은 평안도 유생 정민 등이 올린 상소를 올려 선우씨가 기자의 후손이라고 주장한 것이 계기가 되었다. 그 상소에서 마한 때 기자의 후손인 양이 평안도 용강 오석산에 들어가 선우씨가 되었다는 기록이 있고, 기자의 후손 '중'이 '우' 땅을 식읍으로 받아 선우를 성씨로 삼게 된 기록이 있다고 하였다[『월사집(月沙集)』, 「箕子廟碑銘」, "本道士人鄭旻等抗疏言, 史稱箕子之後傳四十一, 而至準爲衛滿所逐. 馬韓末有孱孫三人, 曰親, 其後爲韓氏, 曰平, 爲奇氏, 曰諒, 入龍岡烏石山, 以傳鮮于. 世系韻書曰, 鮮于子姓, 周封箕子于朝鮮, 支子仲食采於于, 因氏鮮于."]. 이런 주장이 당시 조정 관료들에게 인정받게 됨에 따라 선우씨가 기자의 후손으로 정해졌다.

47 『광해군일기(중초본)』, 광해4년(1612) 4월 27일.

48 『대전통편(大典通編)』, 「吏典」外官職 平安道 崇仁殿, "숭인전 속증 기자묘로 평양에 있다. 영은 종5품이고 감은 종6품이다. 증 선우씨가 세습한다.(崇仁殿 續增 箕子廟, 在平壤. 令從五品, 監從六品. 增 鮮于氏世襲.)."

49 『은대편고(銀臺便攷)』, 「禮房攷」, 前代始祖祠殿 崇仁殿, "숭인전은 평안도 평양부 성 밖에 있는데 기자를 배향한다. 참봉을 두는데 선우씨가 세습한다. 숙묘조 치제할 때 특별히 문신에게 명하여 제문을 짓게 하고 승지로 하여금 치제하게 한 후 묘우의 무너진 곳을 서계하도록 하고 자손을 탐방하여 녹용하도록 전교를 내렸다. 변계량이 지은 비는 사우의 아래에 있으며 기자의 화상을 모신 영전은 평안도 용강현 황룡산성에도 있고 평안도 성천부 백령산에도 있다(崇仁殿在平安道平壤府城外, 享箕子. 有參奉, 鮮于氏世襲, 肅廟朝, 致祭時, 特命主文之臣撰祭文. 承旨致祭後, 廟宇如有頹圮處書啓, 子孫訪問錄用事, 下敎. 卞季良撰碑, 在祠下箕子影殿, 又在平安道龍岡縣黃龍山城, 又在平安道成川府白嶺山.)."

50 나라에 중대한 일이 있을 경우 조정의 신하 또는 유생들이 상소를 올리고 그 요청이 받아들여질 때까지 대궐 앞에 엎드려 청하던 일이다.

51 『은대편고』, 「禮房攷」, 前代始祖祠殿, "三聖祠在黃海道文化縣九月山, 享檀君. 檀君祖桓因·檀君父桓雄, 幷享. 春秋, 降香祝, 行祭."

52 『승정원일기』, 순종3년(1910) 1월 10일, "東方首出之聖, 廟貌有血. 崇靈殿에 遣平安南道觀察使致祭ᄒᆞ고 聞衣履之藏, 在江東地, 至今指點謂檀君陵, 而蕪沒不治, 殊欠崇奉之禮. 其自今封植守護之節를 磨鍊擧行ᄒᆞ라신 旨를 奉承흠이라."

53 이 내용이 처음 나온 것은 『숙종실록』, 숙종40년 7월 24일 황해도 장연의 유생 김경유(金景游) 등의 상소인데, 이 상소는 『승정원일기』에 남아 있지 않다. 아마도 1744년(영조20) 승정원의 화재 때 소실되어 1746년 개수할 때 복구하지 못한 것으로 보인다. 다만 『승정원일기』, 영조8년(1732) 5월 1일 장연 유학 김태규의 상소에 김경유 등의 상소의 내용과 김경유가 상소 때문에 처벌받은 내용이 담겨 있어 전후 상황을 이해할 수 있다.

54 선조 혹은 선현의 신주나 영정을 모셔 두고 해마다 몇 차례씩 제향을 행하는 장소이다.

55 『승정원일기』, 영조13년(1737) 12월 20일, "日躋曰, 我東方文物之至今彬彬者,

何莫非箕聖之化, 而旣有崇奉之殿宇, 則韓哥之如是請祠, 極涉煩猥, 而且箕子畫像, 安有尙今宛然之理乎? 非但此事也. 凡遐鄕士子輩, 稱以求言之下, 呈疏到院者甚多, 而恐有後弊, 故一幷退却, 則至於擊錚如此者, 或有之矣."

56 『승정원일기』, 영조17년(1741) 2월 5일.
57 『승정원일기』, 영조17년(1741) 2월 5일, "趙顯命啓曰, 襄陽文官崔逵泰, 致書於臣, 送玉圭一片來, 蓋得之於壬辰亂江陵義將留陣處云. 上笑曰, 渠或以木, 錯認爲玉乎? 趙顯命曰, 圭長廣厚薄, 一如周禮考工記所畫尺子. 崔逵泰說是殷制, 非周制也, 必箕氏舊物云, 今置於備邊司矣. 上命假注書韓泰增, 出取圭來. 臣泰增, 敬奉聖旨, 卽出閤外, 取圭奉獻于御前. 圭靑黑色, 長五寸許, 上親以手受之. 上曰, 箕子是殷太師, 此用殷制乎? 趙顯命曰, 箕子不臣于周, 其必用殷制矣. 上曰, 較今圭樣, 大相不同, 今制如笏矣. 當時制度, 果自異矣. 上又曰, 此不是無心之物, 誠古玉也, 寧不奇哉? 後世若欲知衣冠文物之制, 則必於我國考之, 此圭宜置之政院, 俟後之審法度者得之."
58 『승정원일기』, 영조17년(1741) 2월 8일.
59 『승정원일기』, 영조17년(1741) 2월 22일.
60 『승정원일기』, 순조11년(1811) 윤3월 1일, "儀泳曰, 箕子東來時, 戴折風巾而來, 箕子畫像, 有所着之笠, 其圍簷向下而低垂, 殆近方笠樣子, 漢書註, 亦有折風巾矣. 以衣服言之, 東人之尙白者, 殷人尙白, 故箕子出來時, 衣白而來, 因敎東人衣白矣."
61 『월사집』 권45, 「箕子廟碑銘」, 幷序應製;『인조실록』, 인조11년(1633) 10월 9일.
62 『기자외기(箕子外紀)』 하편 제7, 廟享 平壤仁賢書院.
63 『기자외기』 하편 제7, 廟享 平壤仁賢書院.
64 『서원등록(書院謄錄)』 8책, 경신 5월 20일, "一. 幼學韓世台等上言據, 曺啓目粘連云云. 觀此上言, 則殷太師揭處之所, 只是平壤一處, 則實非永世壽傳之道乙仍于. 故相臣柳尙運任箕伯時, 狀請模出三件, 其二則各奉於成川·龍岡, 權奉於中宗派後裔韓德欽家矣."
65 『서원등록』 2책, 을유 11월 초7일, "一. 今十一月初四日入診時, 禮曹判書閔鎭厚所啓: 年前江東儒生韓後亨等, 以成川箕子書院請額事, 上疏, 自上不令該曹稟處, 而直命依施. 本曹, 以箕子君臨本國, 建院賜額, 事體未安之意, 入啓防塞矣. 後亨等, 又爲上疏, 引平壤仁賢書院及他道孔子書院爲證, 而申請賜額事, 下本曹矣."
66 『숙종실록』, 숙종31년(1705) 11월 3일.

67　『서원등록』5책, 갑진 2월 초10일, "一. 曺啓目: 粘連云云. 觀此平安監司李眞儉狀啓, 則以爲: 龍岡縣令柳敬時牒呈內. 咸從及本縣韓姓諸人, 以箕聖子孫, 私取財力, 創設一宇, 奉安箕子畫像, 于本縣黃龍山城之後. 鄰近數三邑士林, 與其子孫, 論報請額之意, 縷縷程文, 參商事狀啓, 聞請額亦爲白有置. … 箕子畫像, 雖是傳本, 百餘年之後, 旣失還出, 爲稀貴. 祠宇旣成, 道臣至於狀請宣額是白乎矣, 箕子畫像, 奉安於平壤仁賢書院, 仍爲宣額, 今亦似當依此施行. 而院宇之弊, 近來莫甚, 疊設之禁, 前後申飭, 不啻嚴明是白如中. 箕子畫像, 旣爲奉安於仁賢書院, 又爲奉安於成川影殿, 今此所請事, 係疊設有難聽許, 以此回移何如. 雍正二年二月初十日, 行都承旨臣李萬選次知啓, 依允."

68　『서원등록』8책, 경신 5월 20일, "一. 幼學韓世台等上言據, 曺啓目: 粘連云云. 觀此上言, 則…粤在乙酉年成川影殿, 依仁賢書院賜額例, 擧行事, 陳達蒙允爲白遣. 其後乙巳年龍岡影殿請額時, 與書院疊設有異, 依成川影殿例定額事, 覆啓蒙允是白乎."

69　『용강현지(龍岡縣誌)』, 「箕聖影殿延額祭祝文(英宗乙巳. 校理洪鉉輔製進.)」.

70　『승정원일기』, 영조2년(1726) 9월 5일.

71　『서원등록』8책, 경신 5월 20일, "一. 幼學韓世台等上言據, 曺啓目: 粘連云云. 觀此上言, 則殷太師揭處之所, 只是平壤一處, 則實非永世壽傳之道乙仍于. 故相臣柳尙運任箕伯時, 狀請模出三件. 其二則各奉於成川·龍岡, 權奉於中宗派後裔韓德欽家矣. 德欽家敗散之後, 影幀無所依歸, 其矣等, 依成川·龍岡影殿例, 乃於癸丑秋, 遂構一殿於谷山府之東高達山天王洞, 而移奉焉. … 谷山影幀奉安之所, 獨未蒙宣額之典, 一依成川·龍岡賜額例, 宣額爲白良結, 有此呼籲爲白有臥乎所. 殷太師之有大功德於我東, 卽一國舍生之所, 追慕崇奉之節, 比他有別是白乎矣. 影幀所安, 旣有成川·龍岡兩家賜額之典, 則谷山之又設影殿, 實徒重疊. 至於疊許賜額, 亦有違於疊設之禁. 今姑置之何如. 乾隆五年五月二十日, 右副承旨臣洪聖輔次知啓, 依允."

72　『서원등록』8책, 신유 2월 초7일;『서원등록』8책, 신유 4월 22일;『서원등록』8책, 신유 5월 18일;『서원등록』8책, 신유 7월 초4일;『서원등록』8책, 신유 9월 14일.

73　『기자외기』하편 제7. 廟享 平壤仁賢書院;『정조실록(正祖實錄)』, 정조5년(1781) 7월 23일.

74　『서원등록』8책, 신유 5월 18일.

75　『정조실록』, 정조3년(1779) 2월 15일.

76　『정조실록』, 정조5년(1781) 7월 23일.
77　『승정원일기』, 영조8년(1732) 1월 11일.
78　『승정원일기』, 영조34년(1758) 5월 16일.
79　『승정원일기』, 고종5년(1868) 11월 29일. "傳曰, 是歲, 卽檀君立國舊甲也, 肇基東土, 歷年千餘, 而今此正宸, 又適告成, 迺納景命, 事不偶然矣. 崇靈殿, 遣道臣行祭, 祭文, 令文任撰進."
80　미국의 법학자 휘턴(Henry Wheaton)의 저서로서, 1868년 일본어로 번역되었고, 1880년 조선에 유입된 후 개화파, 위정척사파를 가리지 않고 지식인에게 널리 수용되었다. 특히 국제관계에 있어서 각국의 주권을 존중하고 상호 평등하게 왕래해야 한다는 원칙은 당시 지식인에게 많은 영향을 끼쳤다.
81　『춘관지(春官志)』, 「書院(祠宇付) 顯宗朝」.
82　『승정원일기』, 영조17년(1741) 7월 19일. "館學儒生沈履之等疏曰, 伏以臣等, 忝守國學, 目見先師·先賢院宇撤毁之擧, 不勝悲憤隱痛之忱. … 輕毁箕·朱諸聖賢之院宇, 曾不知其爲喪邦之階也, 則臣等雖被萬戮, 豈忍見箕·朱之院宇, 一朝撤毁, 而不爲殿下盡言耶? 夫殿下之意, 必以爲旣有學校, 尊奉先賢, 若祠若院, 雖毁之, 非辱先賢也. 然四方之士, 見朝廷別定差員, 督毁州縣之祠宮, 至使箕·朱諸聖賢之神位遺像, 盡瘞于地, 則孰謂殿下尊聖賢哉? … 今乃毁箕·朱之院宇, 黜箕·朱之位版, 使旣享之聖祠, 曾無前之大厄, 豈不痛哉?"
83　『승정원일기』, 정조5년(1781) 7월 23일. "四學儒生朴宗堯等疏曰, … 宣廟朝諸儒臣獻政, 有曰, 箕聖之於我東, 功德巍巍, 與天同大, 豈可只建一廟於故都而止乎? … 粤在萬曆二十八年, 平安監司臣徐渻, 以我東無箕子畵像, 金購趙孟頫所畵箕子對武王陳洪範圖, 藏于平壤仁賢書院矣. 天啓六年, 禮曹判書臣李廷龜, 啓于上前, 遣畵師宦臣欽, 摹出晬容, 未及奉安, 翌年丁卯虜難, 院傍神護菴僧韓姓者, 自以箕聖遺裔, 躬奉眞本聖像, 逃亂來住於長淵府南箕山下鶴樓寺, … 肅廟癸巳, 連吾玄孫重海, 偶發箕子畵像在家家言, 固以傳播士林間, 於是, 始有遵奉之議, 而傳來旣久, 眞贗莫辨, 己亥冬, 重海族子晉泰, 與京外人士, 敬奉眞像, 往較於仁賢書院所藏本, 則果無毫髮具爽, 且考其院中所埋, 考故事, 則有丁卯虜難, 眞本見失之語, 始知其十分無疑矣. … 景廟癸卯, 道內儒生韓壽禎等, 呈于禮曹. 請建影殿於箕山, 禮曹許其立祠, 且自營府, 助其物力, 以竣其役, 奉安眞像, 名其講堂曰, 洪範. … 至於辛酉, 因朝家未賜額書院撤之令, 箕子影殿, 亦未免一例撤去. 眞像則移送故都, 樻藏于崇仁殿中, 時則文敬公臣朴弼周, 以箕·孔·朱

三聖所奉院宇之不可撤, 再上章力爭, 聖批, 有已擧行者外, 依施之敎, 而其時孔·朱二院之在於江陵·尼城等兩邑者, 因士林之觀望持重, 卒蒙恩命, 幸得不□而惟此箕聖之初, 徑先撤去, 使聖祖藹然尊聖之意, 闕而不明, 則可勝痛哉?"

8장 외교에 호출된 기자

1 『신당서』, 「裴矩列傳」, "從帝巡塞北, 幸啓民帳. 時高麗遣使先在突厥, 啓民引見帝. 矩因奏言, 高麗本孤竹國, 周以封箕子, 漢分三郡. 今乃不臣先帝疾之, 欲討久矣."

2 『고려사』, 「世家」, 태조16년(933) 3월 5일, "十六年春三月辛巳, 唐遣王瓊·楊昭業來册王. 詔曰, 王者法天而育兆庶, 體地而安八紘, 允執大中, 式彰無外.…咨. 爾權知高麗國王事建, 身資雄勇,…踵朱蒙啓土之禎, 爲彼君長, 履箕子作蕃之跡, 宜乃惠和,…永爲唐臣, 世服王爵."

3 『송사(宋史)』, 「高麗列傳」, "四年春, 降制曰, 古先哲后, 奄宅中區, 曷嘗不同文軌於萬方, 覃聲敎於四海. 顧予涼德, 猥被鴻名, 爰致賓王, 宜優錫命.…高麗國王昭, 日邊鍾粹, 遼左推雄, 習箕子之餘風, 撫朱蒙之舊俗.…永保東裔, 聿承天休."

4 『고려사』, 「世家」, 신종2년(1199) 5월 10일, "王受金詔於大觀殿. 詔曰, 昨土尙規, 所以就傳於國政, 象賢立德, 亦惟安享於世封. 粵箕子之故區, 寔卞韓之舊壤, 根本固而所庇者久, 枝葉茂而其承者蕃.…宜克念於綿遠, 以無忘於寵綏, 往敬乃心, 其服朕命."

5 『구당서(舊唐書)』, 「東夷列傳」, "其俗多淫祀, 事靈星神·日神·可汗神·箕子神."

6 『고려사』, 「世家」, 문종9년(1055) 7월 1일, "秋七月, 致書東京留守曰, 當國襲箕子之國, 以鴨江爲疆. 矧前太后皇帝, 玉册頒恩, 賜茅裂壤, 亦限其江."

7 『고려사』, 「禮志」, "十月壬子朔, 禮部奏, 我國敎化禮義, 自箕子始, 而不載祀典. 乞求其墳塋, 立祠以祭. 從之."

8 『제왕운기』 卷上, 「日月竝昌爭奈何」, "大元興, 遍使黔蒼成疊疊. 巍巍蕩蕩無能名, 我君同德揚光彼.…土地之廣人民衆, 開闢已來無有譬."

9 『고려사』, 「世家」, 공민왕12년(1363) 3월 2일, "遣贊成事李公遂密直提學許綱如元, 進陳情表曰,…豈意遭罹寇賊, 俄而隔絶朝廷, 前平壤之蔓延, 後開城之燹及.…渙發德音,…不寧耀今, 于以示後, 則臣謹當勸歌七德, 移箕封按堵之風, 祝壽萬年, 奉舜殿垂衣之化."

10 『해동역사』, 「藝文志」, "高麗乃箕子胥餘之邦.…實存先王之遺風焉, 正當以中夏視

之, 未可以外國例言之也. … 然於守禮之國, 必寵綏而懷柔之, 唯恐有所不及."

11 『고려사』, 「世家」, 공민왕21년(1372) 3월 7일, "又請遣子弟入學表曰, … 儻容互鄉之童, 得齒虞庠之冑, 臣謹當奉揚聲教, 永綏箕子之封, 罄竭忠誠, 益貢華人之祝."

12 『태조실록』, 태조2년(1393) 3월 9일, "遣門下侍郎贊成事崔永沚赴京, 奉表謝恩. 其表曰, … 切惟昔在箕子之世, 已有朝鮮之稱, 玆用奏陳, 敢干聰聽, 俞音卽降, 異渥尤偏."

13 『동문휘고(同文彙考)』, 「賜物勑」, "朕惟荷寵荷休, 惕君師之任重, 丕承丕顯, 念謨烈之貽長. … 睠爾朝鮮, 藩鎭于東, 拱極乎北, 王事大以禮, 每抒上藎之忠, 朕字小以仁, 亦出中心之貺. 特賜貂馬·文錦, 以示遐邇均霑, 王其職守時修, 攸賴漢江之砥柱, 忠勤日茂, 永恃箕甸之長城."

9장 한·중 사신의 단군과 기자 활용기

1 『고려사』, 「列傳」, 池龍壽, "又榜金復州等處曰, 本國與堯並立, 周武王封箕子于朝鮮, 而賜之履, 西至于遼河, 世守彊域."

2 표전문사건에 대해서는 김경록, 2011, 「麗末鮮初 洪武帝의 高麗·朝鮮 認識과 外交關係」, 『명청사연구』35에 잘 정리되어 있다.

3 『양촌집(陽村集)』, 「應制詩」, 始古開闢東夷主, "鴻荒日, 檀君降樹邊. 位臨東國土. 時在帝堯天. 傳世不知幾. 歷年曾過千. 後來箕子代, 同是號朝鮮."

4 『목은시고(牧隱詩藁)』, 「雜興」, "帝堯戊辰歲, 東方始有君. 其時與天通, 秋怪成三墳. 壽考至千載, 奄有東海濱. 質朴禮向簡, 麤疏言不文. 奈何子之生, 世變如浮雲."

5 『목은시고』, 「送偰符寶使還詩序」, "予惟朝鮮氏立國, 實唐堯之戊辰歲也. 雖世通中國, 而中國未嘗臣之. 是以, 武王封殷太師而不之臣."

6 『양촌집』, 「道經西京」, "千載箕封枕海門, 八條遺俗至今存. 峩峩遠岫圍平野, 袞袞長江繞古村. 萬里梯航常入貢, 三韓疆域永爲藩. 殷勤寄與居民說, 得逢生生是聖恩."

7 『보한재집(保閑齋集)』, 「送侍講倪先生使還詩序」, "惟吾東邦, 自箕子受封, 禮樂文物, 夙慕中夏. 太祖高皇帝之御宇也, 我康獻王受命作藩, 世篤忠款."

8 『모재집(慕齋集)』, 「送禮曹尹參議朝京師序」, "其一視無外之恩, 實與內諸侯比者, 何也. 豈不以其守箕子之遺化, 秉道義治禮教, 修文獻篤彝倫, 謹侯度導正統, 一遵中夏之風."

9 『황화집(皇華集)』, 「謁箕子墓」.

10 『황화집』, 「寄題箕子廟」.

11 『황화집』,「次韻」.

12 『황화집』,「黃州近體十律 承雅教奉酬」.

13 『사류재집(四留齋集)』,「送皇朝譚都司詩序」, "惟我朝鮮, 僻在海外, 而殷太師受封以後, 遵八條之教, 服仁賢之化. 或興廢不常, 幅裂瓜分, 而享上之誠, 前後如一, 見稱于中國, 久矣."

14 『서경집(西坰集)』,「敬次副使平壤十六景韻」, "用夏變夷喬木遷, 箕疇遺法儘堪傳. … 聖代恩波浩蕩然, 箕封盡入禹山川."

15 『사서집(沙西集)』,「送沙西赴京序」, "吾東之事上國久矣, 自周封殷太師之後, 始通中國. 其在隋唐宋元, 或通或絶, 而逮我朝至誠事大, 歲無間缺者垂三百年矣."

16 『청태종실록(清太宗實錄)』, 숭덕7년(1642) 10월 6일, "上遣多羅額駙英俄爾岱·戶部承政車爾格·內院大學士剛林·學士羅碩等, 偕其世子, 往鳳凰城, 逮崔鳴吉等鞫訊. 比訊, 鳴吉·林慶業等, 與平壤觀察使林尚和, 會於平壤箕子廟中, 作書遣高調文, 及僧人多克坡, 送往明國是實."

17 『병곡집(屛谷集)』,「麗史彙纂疑義」, "蓋我東雖僻處海隅, 地形則與中國體勢相似, 天文則與燕齊星宿同分, 以至人才物産運氣興廢, 無不一與之相符. 誠海外一中華, 與彼自非種族. 又箕子以中夏聖人, 惠然來臨, 創開文治, 禮讓之俗, 忠順之風, 著於天下, 亦與他外國自別."

18 『북헌집(北軒集)』,「箕子陳洪範於武王」, "史云, 周封箕子於朝鮮, 殆非也. 意者, 箕子既陳洪範, 則遂不欲處周之中土. 乃自遯于朝鮮, 朝鮮之人, 樂其仁也. 奉以爲君, 而箕子不屑去之也. 若夫朝周之事, 麥秀之歌, 其亦出於齊東野人哉."

19 『익계당시집(益戒堂詩集)』,「謁箕子墓」, "爲訪千秋仁聖蹟, 一杯親歷兔山陲. 琉璃出土標遺井, 松栢祭天護斷碑. 八教尙傳絃誦俗, 九疇曾作帝王師. 鳳嬉亦有乘桴意, 俎豆眞同闕里垂."

20 『승정원일기』, 숙종43년(1717) 12월 28일, "又達曰, 頃日勅使回還時, 黃州太虛樓·平壤箕子墓有所製詩, 願爲懸板. 故太虛樓, 則板刻藏置, 以待勅使, 臨時懸揭, 箕子墓, 則事體自別, 不可許施之意, 自都監入達分付矣. 今番勅行時, 太虛樓, 則固當臨時懸揭, 箕子墓, 彼人如有歷見之事, 則不無致訝詰問之慮. 箕子墓前, 別無殿閣, 只有丁字閣, 而乃是祀享之地, 事體自別, 與他樓觀題詠之處, 不可同比. 以此意, 善爲言說, 俾無生事之端宜當."

21 『승정원일기』, 숙종45년(1719) 2월 26일, "又達曰, 戊戌年勅行出來時, 自迎接都

監入達, 勅使如以其丁酉所製箕子墓詩, 不爲懸板, 致訝詰問, 則以丁字閣與樓觀題詠之處, 不可比同之意, 行關于遠接使. 則回移內, 古有天使所製之懸板, 張廷枚見而次韻, 則不可以此周遮. 今欲以張廷枚所製之詩, 刻板以待, … 以爲勅使歷拜時, 刻板暫揭之地, 宜當云."

10장 단군과 기자 사적을 찾다

1 『고려사』, 「世家」, 태조16년(933) 3월.
2 『고려사』, 「世家」, 충숙왕12년(1325) 10월.
3 『고려사』, 「世家」, 공민왕원년(1352) 2월.
4 『고려사』, 「志」, 禮5, 吉禮 小祀 雜祀.
5 『고려사』, 「志」, 地理3, 北界 西京留守官平壤府; 『세종실록』 「지리지」 평양부조에 "옛 성이 2개 있는데, 그중 하나가 기자 때 축성된 것으로 둘레가 6,767보이며, 성안을 구획하여 팔가동정(八家同井: 1리의 땅을 여덟 집이 경작하되 가운데는 공동으로 경작하여 세금으로 내는 정전제를 말함)하게 하였다"라는 내용이 수록되었다. 이를 통해 정전제의 유풍이 지속되고 있음을 알 수 있다.
6 『고려사』, 「志」, 禮5, 吉禮 小祀 雜祀; 『고려사』, 「世家」, 숙종7년(1102) 10월, 충숙왕12년(1325) 10월, 공민왕5년(1356) 6월, 공민왕20년(1371) 12월 등 참고.
7 『신증동국여지승람』, 「江東縣」, 古跡, "大塚【一在縣西三里, 周四百四十尺, 諺傳檀君墓. 一在縣北三十里刀亇山, 諺傳古皇帝墓.】"
8 김성환, 2000, 「단국신화의 기원과 고구려의 전승」, 『단군학연구』 3, 121~124쪽; 조법종, 2005, 「고구려 고분벽화에 나타난 단군 인식 검토: 한국고대 동물 숭배전통과의 관련성을 중심으로」, 『단군학연구』 12, 365~386쪽; 윤명철, 2008, 「단군신화를 통해서 본 고구려고분벽화」, 『단군신화, 또다른 해석』, 백산자료원, 229~230쪽.
9 김성환, 2009, 『조선시대 단군묘 인식』, 경인문화사, 22~38쪽; 김성환, 2021, 『마니산 제사의 변천과 단군전승』, 민속원, 171~172쪽.
10 『표제음주동국사략』, 「前朝鮮」, "檀君, 姓桓氏, 名王儉. … 薨, 葬于松壤【在江東縣】 後嗣避箕子來封, 移都於藏唐京【在文化縣】. 傳世凡一千五百年."

11 김성환, 2009, 199~200쪽.
12 사회과학원 고고학연구소, 2009, 『단군릉과 고대성곽 및 제단』(한국고고학전서 10-고대 편 1), 진인진.
13 하문식, 2006, 「대동강문화론에서 본 북한 학계의 연구 경향」, 『단군학연구』 14, 26~29쪽.
14 최몽룡, 1994, 「단군릉 발굴에 대한 몇가지 이견」, 『한국상고사학보』 15, 455~457쪽.
15 『태종실록』, 태종8년(1408) 5월 9일.
16 『세종실록』, 「지리지」, 평안도 평양부에 따르면, 기자의 분묘는 평양부성의 북쪽 토산(兎山) 위에 있었는데, 정자각(亭子閣)·석인(石人)·석양(石羊)이 모두 남쪽으로 향해 있었다고 한다. 즉 사당에 세워진 비석을 제외하고 기자의 분묘는 윤목의 의견대로 정비되었던 것이다.
17 『세종실록』, 세종1년(1419) 2월 25일.
18 『세종실록』, 「지리지」, 평안도 평양부.
19 『세종실록』, 세종10년(1428) 8월 14일.
20 『세조실록』, 세조2년(1456) 4월 28일.
21 『세종실록』, 세종32년(1450) 윤1월 13일.
22 『성종실록(成宗實錄)』, 성종19년(1488) 2월 28일; 『성종실록』, 성종19년(1488) 3월 3일; 『성종실록』, 성종19년(1488) 3월 9일.
23 『성종실록』, 성종24년(1493) 12월 22일.
24 『성종실록』, 성종24년(1493) 12월 22일; 『성종실록』, 성종25년(1494) 1월 21일; 『성종실록』, 성종25년(1494) 1월 22일.
25 『중종실록(中宗實錄)』, 중종32년(1537) 3월 4일; 『중종실록』, 중종34년(1539) 4월 5일; 『중종실록』, 중종34년(1539) 4월 7일.
26 『선조실록』, 선조26년(1593) 1월 11일; 『선조실록』, 선조26년(1593) 1월 14일.
27 『선조실록』, 선조26년(1593) 1월 24일.
28 『선조실록』, 선조26년(1593) 1월 28일.
29 『기자묘개갈지(箕子廟改碣識)』, "箕子墓舊有碣. 癸巳兵亂中, 上頭一字見缺. 易石新之, 將其舊附立于後, 蓋圖新存舊之意也. 萬曆二十二年三月 日 [기자묘에는 옛날에

묘갈이 있었는데, 계사년(1593) 병란 중에 윗부분 한 글자가 깨져버렸다. 돌을 바꾸어 새로 만들었는데, 옛것을 그 뒤에서 세우고자 하니, 이는 새것을 도모하되 옛것을 보존하려는 뜻에서 그러한 것이다. 만력 22년(1594) 3월 일]."

30 『선조실록』, 선조36년(1603) 9월 9일.

31 『승정원일기』, 영조7년(1731) 6월 16일; 『승정원일기』, 영조7년(1731) 6월 23일.

32 『영조실록』, 영조15년(1739) 5월 23일.

33 『정조실록』, 정조대왕 행장.

34 『고종실록』, 고종26년(1889) 11월 28일; 『고종실록』, 고종44년(1907) 4월 20일.

35 『고종실록』, 고종25년(1888) 11월 25일.

36 『고종실록』, 고종25년(1888) 12월 22일.

37 『동문선』 제22권, 七言絶句, 題九月山小庵, "山中猶在戊辰雪, 柳眼初開己巳春. 世上榮枯吾已見, 此身無恨付窮貧."

38 『사가집(四佳集)』, 「四佳詩集」 권21, 제4 詩類, 送文化李使君(文興), "九月山前路, 六年別後思, 簿書多暇日, 爲我醉檀祠."

39 『고려사』, 「지리」, 江華縣, "有摩利山【在府南, 山頂有塹星壇. 世傳檀君祭天壇.】傳燈山【一名三郞城, 世傳壇君, 使三子築之】."

40 김성환, 2021, 『마니산 제사의 변천과 단군전승』, 민속원, 100~131쪽.

41 '연기(延基)'는 "기업(基業, 왕업)을 연장한다"는 의미를 담고 있다. 고려 왕실에서는 풍수도참과 관련하여 다양한 연기업이 실행되었다.

42 김성환, 2022, 『강화 참성단 A to Z』, 글누림, 191~195쪽.

43 서영대, 2008, 「참성단(塹城壇)의 역사와 의의」, 『강화도 참성단과 개천대제』, 경인문화사, 188~193쪽.

44 『표제음주동국사략』, 「前朝鮮」, "築塹城壇于海島中以祭天. 又命三子築城【今俱在江華府】."

45 김성환, 2021, 334~368쪽.

46 『동사강목』, 「地理考」, 檀君疆域考, "麗史地志, 江都摩尼山塹城壇, 世傳檀君祭天壇, 傳燈山一名三郞城, 世傳檀君使三子築之, 然則其南亦當限以漢水矣."

47 서영대, 2009, 「단군 관련 구전자료의 검토」, 『단군학연구』 21, 152~160쪽;

조원진, 2020, 「북한지역의 단군유적과 전승」, 『단군학연구』 43, 222~230쪽.

48 윤내현, 1994, 『고조선 연구』, 일지사, 258~268쪽.
49 서영대, 1999, 「강화도의 참성단에 대하여」, 『한국사론』 41·42, 215~222쪽.
50 정경일, 1997, 「마리산 참성단 연구」, 『청람사학』 창간호, 104~110쪽.
51 김성환, 2002, 『고려시대의 단군전승과 인식』, 경인문화사, 203~210쪽.
52 『삼연집(三淵集)』 권8, 詩, 檀君臺 次定而韻, "躑躅林中太始苔, 緣雲繚繞上層臺, 悲吟坐撫神明迹, 地老天荒獨後來."
53 『고려사』, 「世家」, 공민왕15년(1366) 12월 12일, "郭永錫還, 至平壤府, 題箕子廟詩曰, 何事佯狂被髮爲, 欲將殷祚獨扶持. 去之祇爲身長潔, 諫死誰嗟國已危. 魯土一丘松栢在, 忠魂萬古鬼神知. 晚來立馬朝鮮道, 髣髴猶聞麥秀詩."
54 동북아역사재단 한국고중세사연구소 편, 2021a, 『한국고대사 자료집: 고조선·부여 편』 Ⅳ(문집-상), 동북아역사재단, 345~347쪽.
55 동북아역사재단 한국고중세사연구소 편, 2021a, 347~349쪽.
56 동북아역사재단 한국고중세사연구소 편, 2021a, 347~355쪽.
57 동북아역사재단 한국고중세사연구소 편, 2021b, 『한국고대사 자료집: 고조선·부여 편』 Ⅳ(문집-하), 동북아역사재단, 360~365쪽.
58 동북아역사재단 한국고중세사연구소 편, 2021b, 365~366쪽.
59 동북아역사재단 한국고중세사연구소 편, 2021b, 316~325쪽.
60 『영재집(泠齋集)』 권2, 「二十一都懷古詩」, 箕子朝鮮(平壤府).
61 동북아역사재단 한국고중세사연구소 편, 2021b, 225~228쪽.
62 유만주 지음, 김하라 편역, 2015, 『일기를 쓰다』 2, 돌베개, 151쪽.
63 유만주 지음, 김하라 편역, 2015, 152~153쪽.
64 유만주 지음, 김하라 편역, 2015, 153~154쪽.
65 동북아역사재단 한국고중세사연구소 편, 2020b, 『한국고대사 자료집: 고조선·부여 편』 Ⅲ(19세기 이후 사료), 동북아역사재단, 15~19쪽.
66 동북아역사재단 한국고중세사연구소 편, 2020b, 19~20쪽.
67 명에서 황제의 조서를 반포하거나 책봉할 때 조선에 보내는 사신에 대해 『명회전』에서는 한림원 소속 학사 등 관료를 정사로 파견한다고 규정하였다[『명회전(明會典)』, 「翰林院」, "凡朝鮮·安南國, 頒詔及册封, 學士等官, 充正使, 從禮部奏請點差."]. 다만 실제로 명이 조선에 파견했던 159회 칙사 중에서 85회는 환

관이 파견되었다. 반면, 청 사신은 정사는 내대신(內大臣), 산질대신(散秩大臣), 일등시위(一等侍衛), 부사는 내각의 만주학사(滿洲學士), 한림원의 만주장원학사(滿洲掌院學士), 예부의 만주시랑(滿洲侍郞) 중에서 정해 보냈다. 즉 청에서 보낸 조선 사신은 3품 이상 만주족으로 구성되었던 것이다(구범진, 2012, 『청나라, 키메라의 제국』, 민음사, 187~195쪽). 한족인 명 사신과는 달리 청 사신은 만주족으로 평양을 지나며 기자 사적을 찾아 예를 표할 이유가 없었기 때문에 이와 관련된 시문이 잘 드러나지 않는 것으로 추정된다.

68 『세조실록』, 세조3년(1457) 4월 12일; 『세조실록』, 세조3년(1457) 6월 3일; 『영종예황제실록(英宗睿皇帝實錄)』, 정통13년(1448) 6월 25일.

69 동북아역사재단 한국고중세사연구소 편, 2020a, 『한국고대사 자료집: 고조선·부여 편』Ⅱ(18세기 사료), 동북아역사재단, 196~197쪽; 『기자외기』 하편 제9, 「箕子廟辭(幷序)」, "武王克商, 封箕子於朝鮮. 先儒謂: 其傳道則可, 仕則不可, 萬世之公論也. 敬掇拾爲辭, 以致景仰之意."

70 『성종실록』, 성종19년(1488) 2월 28일; 『성종실록』, 성종19년(1488) 3월 3일; 『성종실록』, 성종19년(1488) 3월 9일; 『헌종순황제실록』, 성화5년(1469) 3월 24일; 『효종경황제실록』, 성화23년(1487) 12월 5일; 『효종경황제실록』, 홍치13년(1500) 7월 30일.

71 동북아역사재단 한국고중세사연구소 편, 2020a, 197~198쪽; 『기자외기』 하편 제9, 「箕子墓辭(幷序)」, "墓在平壤城之西北隅. 予自東國歸取道展拜時, 風雨淒迷不覺, 使人有泫然意. 蓋秉彝好德所發, 非強勉也. 因爲辭三章, 以吊云."

72 『중종실록』, 중종16년(1521) 9월 20일; 『중종실록』, 중종16년(1521) 10월 8일; 『무종의황제실록』, 정덕9년(1514) 3월 20일.

73 동북아역사재단 한국고중세사연구소 편, 2020a, 199~201쪽; 『기자외기』 하편 제9, 「箕子墓辭(幷序)」, "望孤墳兮何許?"; 『기자외기』 하편 제9, 「箕子墓辭(幷序)」, "碑剝落兮霜雪侵."

74 『세종숙황제실록』, 가정5년(1526) 4월 1일; 『세종숙황제실록』, 가정15년(1536) 11월 5일.

75 동북아역사재단 한국고중세사연구소 편, 2020a, 201쪽.

참고문헌

사료

『사기(史記)』,『한서(漢書)』,『산해경(山海經)』,『구당서(舊唐書)』,『신당서(新唐書)』,
『송사(宋史)』,『명회전(明會典)』,『익계당시집(益戒堂詩集)』.

『무종의황제실록(武宗毅皇帝實錄)』,『세종숙황제실록(世宗肅皇帝實錄)』,
『효종경황제실록(孝宗敬皇帝實錄)』,『헌종순황제실록(憲宗純皇帝實錄)』,
『청태종실록(淸太宗實錄)』.

『삼국유사(三國遺事)』,『제왕운기(帝王韻紀)』,『해동역사(海東繹史)』,『고려사(高麗史)』,
『승정원일기(承政院日記)』,『신증동국여지승람(新增東國輿地勝覽)』,
『경국대전주해(經國大典註解)』,『속대전(續大典)』,『대전통편(大典通編)』,
『대전회통(大典會通)』,『서원등록(書院謄錄)』,『용강현지(龍岡縣誌)』,『춘관지(春官志)』.

『기자외기(箕子外紀)』,『구암유고(久菴遺稿)』,『금계일기(錦溪日記)』,『기자지(箕子誌)』,
『동문휘고(同文彙考)』,『동사강목(東史綱目)』,『만주원류고(滿洲源流考)』,
『모재집(慕齋集)』,『병곡집(屛谷集)』,『보한재집(保閑齋集)』,『북경록(北京錄)』,
『북헌집(北軒集)』,『사류재집(四留齋集)』,『사서집(沙西集)』,『서경집(西坰集)』,
『순암집(順菴集)』,『양촌집(陽村集)』,『영재집(泠齋集)』,『월사집(月沙集)』,
『월사집(月沙集)』,「기자묘비명(箕子廟碑銘)」,『은대편고』,「예방고(禮房攷)」,
『평양지(平壤誌)』,『황화집(皇華集)』,
『기자묘개갈지(箕子廟改碣識)』(한국학중앙연구원 장서각 소장, RD04054).

『태조실록(太祖實錄)』,『태종실록(太宗實錄)』,『세종실록(世宗實錄)』,
『세조실록(世祖實錄)』,『성종실록(成宗實錄)』,『중종실록(中宗實錄)』,

『선조실록(宣祖實錄)』, 『광해군일기(光海君日記)』, 『인조실록(仁祖實錄)』,
『숙종실록(肅宗實錄)』, 『영조실록(英祖實錄)』, 『정조실록(正祖實錄)』,
『고종실록(高宗實錄)』.

한국 논저

동북아역사재단 한국고중세사연구소 편, 2020a, 『한국고대사 자료집: 고조선·부여 편』Ⅱ(18세기 사료), 동북아역사재단.
동북아역사재단 한국고중세사연구소 편, 2020b, 『한국고대사 자료집: 고조선·부여 편』Ⅲ(19세기 이후 사료), 동북아역사재단.
동북아역사재단 한국고중세사연구소 편, 2021a, 『한국고대사 자료집: 고조선·부여 편』Ⅳ(문집-상)』, 동북아역사재단.
동북아역사재단 한국고중세사연구소 편, 2021b, 『한국고대사 자료집: 고조선·부여 편』Ⅳ(문집-하)』, 동북아역사재단.
동북아역사재단 한국고중세사연구소 편, 2022, 『한국고대사 자료집: 고조선·부여 편』Ⅴ(관찬사서), 동북아역사재단.

고려대학교 한국사연구소 편, 2019a, 『역주 고조선 사료집성(국내 편)』, 새문사.
고려대학교 한국사연구소 편, 2019b, 『역주 고조선 사료집성(중국 편)』, 새문사.
구범진, 2012, 『청나라, 키메라의 제국』, 민음사.
김성환, 2002, 『고려시대의 단군전승과 인식』, 경인문화사.
김성환, 2009, 『조선시대 단군묘 인식』, 경인문화사.
김성환, 2021, 『마니산 제사의 변천과 단군전승』, 민속원.
김육불 저, 동북아역사재단 역, 2009, 『김육불의 동북통사』 상, 동북아역사재단.
박종기, 2017, 『동사강목의 탄생』, 휴머니스트.
박춘섭, 2018, 『조선과 명나라 문사들의 기자 담론의 전개: 『황화집』 연구』, 박문사.
배진영, 2009, 『고대 북경과 연문화: 연문화의 형성과 전개를 중심으로』, 한국학술정보.
부사년 저, 정지호 역, 2017, 『동북사강』, 주류성.
사회과학원 고고학연구소, 2009, 『단군릉과 고대성곽 및 제단』(한국고고학전서

10 - 고대 편 1), 진인진.

서영대, 2008, 「참성단(塹城壇)의 역사와 의의」, 『강화도 참성단과 개천대제』, 경인문화사.

신태영, 2005, 『明나라 사신은 朝鮮을 어떻게 보았는가』, 다운샘.

신채호, 1911, 『讀史新論』, 在美韓人少年書會.

신채호, 1987, 「조선상고문화사」, 『단재신채호전집(상)』, 형설출판사.

신채호 저, 이만열 주석, 1983, 『주석 조선상고사(상)』, 형설출판사.

안재홍, 1947, 「箕子朝鮮考」, 『朝鮮上古史鑑』上, 民友社.

양주동, 1995, 『(증정)고가연구』, 일조각.

유만주 지음, 김하라 편역, 2015, 『일기를 쓰다』 2, 돌베개.

윤내현, 1994, 『고조선 연구』, 일지사.

윤내현, 2015, 『고조선연구(상)』, 만권당.

윤명철, 2008, 「단군신화를 통해서 본 고구려고분벽화」, 『단군신화, 또다른 해석』, 백산자료원.

이병도, 1976, 『韓國古代史研究』, 博英社.

이유표 편, 2019, 『요서지역의 청동기문화: 문화접경·다양성.상호작용』, 동북아역사재단.

이지린, 1963, 『고조선연구』, 과학원출판사.

정구복, 1999, 『한국중세사학사』 1, 집문당.

정인보, 1946, 『朝鮮史研究(上)』, 서울신문사.

정인보, 1947, 『朝鮮史研究(下)』, 서울신문사.

최남선, 1927, 『兒時朝鮮』, 東洋書院.

최남선, 1973, 『六堂崔南善全集』 2, 玄岩社.

한영우, 2019, 『세종평전』, 경세원.

한영우, 1994, 「고려시대의 역사의식과 역사서술」, 『한국의 역사가와 역사학(상)』, 창작과비평사.

김경록, 2011, 「麗末鮮初 洪武帝의 高麗·朝鮮 認識과 外交關係」, 『명청사연구』 35.

김경태, 2016, 「임진왜란 시기 朝鮮·明 관계와 箕子 인식의 양상」, 『韓國史學報』 65.

김남중, 2001, 「衛滿朝鮮의 領域과 王儉城」, 『한국고대사연구』 22.

김남중, 2014, 「위만의 출신 종족에 대한 再考」, 『先史와 古代』 42.
김남중, 2020a, 「『삼국유사』 위만조선 관련 기록의 서술 의도」, 『사학연구』 139.
김남중, 2020b, 「『제왕운기』에 인용된 단군본기의 저자와 성격」, 『한국학연구』 74.
김남중, 2022, 「전북 지역 고조선 계승 의식의 형성과 확산 과정」, 『고조선단군학』 48.
김성은, 2012, 「조선과 청나라 사신간의 시문 교류」, 『中國學論叢』 35.
김성환, 2000, 「단군신화의 기원과 고구려의 전승」, 『단군학연구』 3.
김창수, 2022, 「조선후기 기자의 위상과 평양의 지역성」, 『서울학연구』 89.
김철준, 1976, 「高麗中期의 文化意識과 史學의 性格」, 『韓國의 歷史認識: 韓國史學史論選』 上, 創作과批評社.
김한규, 2001, 「箕子와 韓國」, 『震檀學報』 92.
노태돈, 1990, 「古朝鮮 중심지의 변천에 대한 연구」, 『한국사론』 23.
민현구, 1989, 「高麗中期 三國復興運動의 역사적 의미」, 『한국사시민강좌』 5.
민후기, 2020, 「燕 封建의 재구성: 琉璃河 출토 有銘 청동기의 분석을 중심으로」, 『東洋史學硏究』 151.
박경철, 2014, 「古朝鮮 對外關係 進展과 衛滿朝鮮」, 『동북아역사논총』 44.
박광용, 1980, 「箕子朝鮮에 대한 認識의 변천: 高麗부터 韓末까지의 史書를 중심으로」, 『韓國史論』 6.
박대재, 2015, 「檀君紀年과 「古記」」, 『韓國史學報』 61.
박대재, 2017, 「고조선 이동설에 대한 비판적 검토」, 『동북아역사논총』 55.
박선미, 2018, 「고조선의 정체성(正體性) 탐색을 위한 초론(初論)-중국이라는 타자의 눈에 비친 고조선의 종족적 정체성」, 『동북아역사논총』 62.
박선미, 2021, 「고조선과 고구려의 계승 관계 탐색」, 『백산학보』 119.
박시형, 1963, 「만 조선(滿朝鮮) 왕조에 관하여」, 『력사과학』 1963-3.
박인호, 2001, 「조선전기 지리서에 나타난 역사지리인식과 특성」, 『朝鮮史研究』 10.
박준형, 2012, 「기원전 3~2세기 고조선의 중심지와 西界 변화」, 『사학연구』 108.
방선주, 1987, 「韓·中 古代紀年의 諸問題」, 『아시아문화』 2.
서영대, 1999, 「강화도의 참성단에 대하여」, 『한국사론』 41·42.
서영대, 2009, 「단군 관련 구전자료의 검토」, 『단군학연구』 21.
서영수, 1996, 「衛滿朝鮮의 形成過程과 國家의 性格」, 『韓國古代史研究』 9.
서영수, 1999, 「고조선의 대외관계와 강역의 변동」, 『동양학』 29.

서영수, 2008, 「요동군의 설치와 전개」, 『요동군과 현도군 연구』, 동북아역사재단.
신주엽, 2022, 「17~18세기 箕子 유적의 정비와 기자 인식」, 『대구사학』 148.
유미나, 2015, 「조선시대 箕子에 대한 認識과 箕子 遺像」, 『강좌미술사』 44.
윤희면, 1999, 「고종대의 서원 철폐와 양반 유림의 대응」, 『한국근현대사연구』 10, 한국근현대사학회
이남옥, 2023, 「조선시대 箕子 추숭의 과정과 그 의미」, 『한국서원학보』 16.
이남옥, 2024, 「『箕田攷』와 조선후기 箕子 遺田에 대한 논의」, 『조선시대사학보』 109.
이도학, 2012, 「檀君 國祖 意識과 境域 認識의 變遷: 『舊三國史』와 관련하여」, 『韓國思想史學』 40.
이명제, 2019, 「강희 연간 淸使의 사행 기록과 조선 인식의 양상: 揆叙와 阿克敦을 중심으로」, 『한국문화』 88.
이명제, 2023a, 「조선후기 기자의 위상 변화와 조·청 외교에서의 활용 양상」, 『국학연구』 51.
이명제, 2023b, 「강희 42년 청 사신 揆叙가 그렸던 조·청 관계」, 『만주연구』 36.
이병도, 1976, 「衛氏朝鮮興亡考」, 『韓國古代史硏究』, 博英社.
이승호, 2022, 「玄菟郡의 변천과 對고구려·부여 관계」, 『고조선단군학』 47.
이정일, 2009, 「조선 후기 기자인식에 나타난 유교 문명과 보편성」, 『韓國史學報』 37.
정경일, 1997, 「마리산 참성단 연구」, 『청람사학』 창간호.
정만조, 1998, 「서원 정책의 추이」, 『신편 한국사 31-조선 중기의 사회와 문화』, 국사편찬위원회.
조경철, 2017, 「단군신화 속 홍익인간의 유래와 그 의미」, 『정신문화연구』 148.
조경철, 2018, 「주몽고려, 궁예고려, 왕건고려, 코리아의 단절과 계승」, 『역사와 현실』 109.
조경철, 2021, 「일연 사상의 고유성과 독특성」, 『불교철학』 9.
조법종, 1998, 「高句麗의 馬韓繼承 認識論에 대한 檢討」, 『韓國史研究』 102.
조법종, 2005, 「고구려 고분벽화에 나타난 단군 인식 검토: 한국고대 동물 숭배전통과의 관련성을 중심으로」, 『단군학연구』 12.
조원진, 2009, 「기자조선 연구의 성과와 과제」, 『단국학연구』 20.
조원진, 2010, 「요서지역 출토 상주 청동기와 기자조선 문제」, 『백산학보』 88.

조원진, 2015, 「고려시대의 기자 인식」, 『한국사학사학보』 32.

조원진, 2020, 「북한지역의 단군유적과 전승」, 『단군학연구』 43.

조원진, 2021a, 「상말주초 하북-요서지역 문화변동과 기자조선 문제」, 『인문학연구』 49.

조원진, 2021b, 「최근 중국학계의 기자조선 연구 동향 검토」, 『韓國史學報』 85.

조원진, 2022, 「준왕남래설과 전북지역」, 『고조선단군학』 48.

조원진, 2023a, 「기자동래설의 성립 과정에 대한 검토」, 『한국고대사연구』 109.

조원진, 2023b, 「조선시대 기자조선에 대한 비판적 인식」, 『동북아역사논총』 81.

차광호, 2009, 「《三國遺事》 '紀異편'의 저술의도와 고구려인식」, 『사학지』 41.

채웅석, 2012, 「《제왕운기》로 본 李承休의 국가의식과 유교관료정치론」, 『국학연구』 21.

최남선, 1929, 「朝鮮史의 箕子는 支那의 箕子가 아니다」, 『怪奇』 2.

최몽룡, 1994, 「단군릉 발굴에 대한 몇가지 이견」, 『한국상고사학보』 15.

최종석, 2018, 「조선 건국의 대외적 정당화 작업과 중화 보편의 추구」, 『韓國史研究』 180.

하문식, 2006, 「대동강문화론에서 본 북한 학계의 연구 경향」, 『단군학연구』 14.

하현강, 1976, 「高麗時代의 歷史繼承意識」, 『이화사학연구』 8.

한영우, 1982, 「高麗~朝鮮前期 의 箕子認識」, 『한국문화』 3.

한영우, 1983, 「高麗圖經에 나타난 徐兢의 韓國史體系」, 『규장각』 7.

중국 논저

苗威, 2019, 『箕氏朝鮮史』, 中國社會科學出版社.

北京市文物研究所, 1995, 『琉璃河西周燕國墓地 1973-1977』, 文物出版社.

遼寧省博物館·遼寧省文物考古研究所, 2006, 『遼河文明展: 文物集萃』.

張博泉, 1985, 『東北地方史稿』, 吉林大學出版社.

張博泉, 1994, 『箕子與朝鮮論集』, 吉林文史出版社.

喀左縣文化館·遼寧省博物館·朝陽地區博物館, 1974, 「遼寧喀左縣北洞村出土的殷周青銅器」, 『考古』 6.

楊軍, 1999, 「箕子與古朝鮮」, 『吉林大學社會科學學報』 3.

聞海, 2001, 「箕子東走朝鮮探因」, 『北方文物』 2.
遼寧省博物館·朝陽地區博物館, 1973, 「遼寧喀左縣北洞村發現殷代青銅器」, 『考古』 4.
尹小燕, 1996, 「遷安縣發現商代器物」, 『文物春秋』 1.
李宗山·尹曉燕, 1995, 「河北省遷安縣出土兩件商代銅器」, 『文物』 6.
程長新, 1983, 「北京市順義縣牛欄山出土一組周初帶銘青銅器」, 『文物』 11.

일본 논저

今西龍, 1937, 『朝鮮古史の研究』, 近澤書店.
白鳥庫吉, 1970, 『白鳥庫吉全集』 3(朝鮮史研究), 岩波書店.

今西龍, 1922, 「箕子朝鮮傳說考」, 『支那學』 第2卷 10~11號, 弘文堂.
今西龍, 1937, 「檀君考」, 『朝鮮古史の研究』, 近澤書店.
三上次男, 1966, 「朝鮮半島における初期古代國家形成過程の研究」, 『古代東北アジア史研究』, 吉川弘文館.
이병도, 1933, 「所謂箕子八條教に就いて」, 『市村博士古稀記念 東洋史論叢』, 富山房.

우리 문헌 속 고조선을 읽다

초판 1쇄 발행 2024년 11월 20일

지은이 박선미, 김남중, 오현수, 이남옥, 이명제, 조경철, 조원진, 최진욱
펴낸이 박지향
펴낸곳 동북아역사재단

등 록 제312-2004-050호(2004년 10월 18일)
주 소 서울시 서대문구 통일로 81 NH농협생명빌딩
전 화 02-2012-6065
홈페이지 www.nahf.or.kr
제작·인쇄 역사공간

ISBN 979-11-7161-140-9 03910

- 이 책은 저작권법에 의해 보호를 받는 저작물이므로 어떤 형태나 어떤 방법으로도 무단전재와 무단복제를 금합니다.
- 책값은 뒤표지에 있습니다. 잘못된 책은 바꾸어 드립니다.